U0520061

数字时代的人论文库·汉译系列

洪亮 主编

First published in English under the title

Resilient Cyborgs: Living and Dying with Pacemakers and Defibrillators

by Nelly Oudshoorn

Copyright © Nelly Oudshoorn, 2020

This edition has been translated and published under licence from Springer Nature Singapore Pte Ltd.

学术支持

华中科技大学德国哲学研究中心

华中科技大学解释学研究中心暨伽达默尔文献馆

数字时代的人论文库·汉译系列
洪亮 主编

韧性赛博格
与起搏器和除颤仪同生共死

［荷］娜莉·奥德肖恩 著　苏夜阳 译

Resilient Cyborgs
Living and Dying with Pacemakers and Defibrillators

商务印书馆
创于1897　The Commercial Press

图书在版编目（CIP）数据

韧性赛博格——与起搏器和除颤仪同生共死／（荷）娜莉·奥德肖恩著；苏夜阳译．—北京：商务印书馆，2025．—（数字时代的人论文库）．
ISBN 978 – 7 – 100 – 24931 – 7

Ⅰ．B086

中国国家版本馆 CIP 数据核字第 2025Y8D753 号

权利保留，侵权必究。

韧性赛博格
与起搏器和除颤仪同生共死
〔荷〕娜莉·奥德肖恩　著
苏夜阳　译

商　务　印　书　馆　出　版
（北京王府井大街36号　邮政编码100710）
商　务　印　书　馆　发　行
山东临沂新华印刷物流
集团有限责任公司印刷
ISBN 978 – 7 – 100 – 24931 – 7

2025 年 5 月第 1 版　　开本 890×1240　1/32
2025 年 5 月第 1 次印刷　印张 12¼
定价：98.00 元

娜莉·奥德肖恩是荷兰特温特大学技术动力学和医疗保健专业的名誉教授。她的研究关注医疗技术、身体和日常生活之间的关系，尤其关注技术与使用者的共同创建。她的著作包括《超越自然身体：性激素考古学》(1994)、《男性药丸：一项制作中技术的传记》(2003)、《远程护理技术与医疗保健转型》(2011)和《技术机构的联合编辑：女性参与生殖医学》(2000)、《用户为何重要：使用者与技术的共同创建》(2003)以及《使用者的新生产：改变参与策略和创新集体》(2016)。她的著作曾获得多个奖项，包括科学社会学研究学会的雷切尔·卡森奖(2005)、英国社会学协会的健康与疾病社会学基金会图书奖(2012)和欧洲科学技术研究协会的弗里曼奖(2016)。

苏夜阳，独立学者，英国萨塞克斯大学社会人类学博士、社会学研究方法硕士，欧洲 Erasmus Mundus 项目生命伦理学硕士，中国科学院研究生院人类遗传学硕士。研究方向为"当代"(the Contemporary)研究、社会人类学、科学技术研究等。

本辑五卷出版项目受华中科技大学双一流建设项目基金资助

（文科创新团队—科技伦理与"哲学+"前沿创新团队）

数字时代的人论文库
学术委员会

（按姓名首字拼音为序）

· 学术顾问 ·

安乐哲（北京大学）

邓安庆（复旦大学）

董尚文（华中科技大学）

傅有德（山东大学）

黄裕生（清华大学）

李秋零（中国人民大学）

刘森林（山东大学）

托马斯·福克斯（海德堡大学）

汪民安（清华大学）

杨慧林（中国人民大学）

赵敦华（北京大学）

卓新平（中国社会科学院）

· 编 委 ·

程　炜（北京大学）

丁　辉（中山大学）

钱雪松（中国政法大学）

陶乐天（北京大学）

王咏诗（武汉大学）

吴天岳（北京大学）

吴　彦（同济大学）

肖怀德（中国艺术研究院）

杨海斌（华中科技大学）

曾　毅（中国科学院）

张　俊（岳麓书院）

张若愚（华中科技大学）

张新刚（山东大学）

周伟驰（中国社会科学院）

总　序

我们已经生活在一个广泛应用二进制计算机语言复制、存储、传输、生成信息的数字时代。在这个时代，人工智能透过大语言模型及其应用场景的强劲表现，一方面引发针对人类不可替代性的普遍焦虑，另一方面似乎又在助力会聚技术[1]乐观愿景的实现：纳米技术、生物技术、信息技术与认知科学的交叉融合成果，将带来人类的增强与繁荣，释放其天性的无限潜能；同样在这个时代，气候变化的严峻挑战催生了意图逃离地球的多行星生存想象，以及人类灭绝主义的悲观愿景。数字时代，何以为人？在这个触及人类未来前途的根本问题上，我们似乎已不再拥有明确答案。

在这个时代，哲学与人文社会科学面对技术领域热点新词的日新月异，几近应接不暇。数字时代，何以为人？超级人工智能（ASI）充满压迫感的未来蓝图将"何以为人"的意义抽空殆尽，会聚技术则把这个问题简化为人（human being）——作为智人物种的后代——在科学主

---

[1] 会聚技术是对 NBIC Converging Technologies 的通行汉译，四个大写字母依次指代纳米技术、生物技术、信息技术与认知科学，这个概念诞生于二十一世纪初的美国科学技术界，中国科学技术界很早便注意到这个技术发展趋势，参见国家自然科学基金委员会在 2004 年对会聚技术的介绍：https://www.nsfc.gov.cn/publish/portal0/tab440/info59901.htm。

义意义上的增强与进化,然而对哲学与人文社会科学而言,追问"何以为人",在于深究"人之为人"(being human)的丰富意蕴。"人之为人"并不等于人的增强和进化,两者之间的混淆对应着方法论反思的缺位:是竞逐新概念,在技术话语的下游端承接客场议题?还是立足学科传统及其问题脉络,在对等高度上提出主场议题?从"人之为人"这个人论层次切入数字时代,这是哲学与人文社会科学应当回归的本己进路,更是不矮化自身,提出主场议题的关键基础之一。聚焦"人之为人",兼顾其概念规范性维度和经验描述性维度,这将导致对一系列先入之见的批判性重估:人类的脆弱性与有限性意义何在?以电脑隐喻人脑是否恰当?脱实向虚的数字永生是否值得追求?人类是地球的唯一主宰还是其居民之一?

中国思想界对人论的兴趣始于二十世纪八十年代初,文学与哲学引领了当时关于主体性和思想解放的讨论,德国的哲学人论获得广泛关注;进入九十年代,围绕人论的务虚探讨渐次被经济学、法学等学科的"理性人"预设悬置,继而淡出;千禧年初,基因工程以及克隆技术引发涉及生命伦理的争议反思,昙花一现。不同于以上三个阶段,当下的数字时代显然提出了更加高阶的人论挑战,关涉的问题领域和学科类型空前复杂,非哲学与人文社会科学中某个单一学科所能应对,学界亟须跨越一级学科和二级学科的界限,从宏观整体协作呈现"人之为人"的复杂内涵与多重维度,参与数字时代世界观的未来建构。

基于这一理解,数字时代的人论文库将透过汉译系列与原创系列,一方面系统引入国际学界的前沿人论议题,另一方面逐步呈现中国学界在这些议题上的自主探索。文库特别关注以人类增强、超人类主义、赛博格、后人类主义和人类世等为代表的关键议题,这不仅因为国际学界在相关议题方向上已有可观积累,更是因为它们为中国的哲学与人文社会科学基于自身关切,探讨数字时代的"人之为人"提供了具有内在张力的多重参考视角:人类增强力图透过技术工程,增强人类的认知、道德、情绪与健康,消除痛苦,延缓衰老,使其达致数字永生;超人类主义许诺,借助理性、科学和技术,人类能够突破其智力限度、心理限度与生理限度,进入高于其现有物种水平的超人状态;作为控制论和有机体的组合表达,赛博格发源于二十世纪六十年代的空间科学领域,但自八十年代起先后经历了女性主义转向和"日常生活"转向,其含义逐渐演变为人类与机器、动物之间的动态共生关系;后人类主义拒绝人类—动物、有机—机械、自然—人工、灵魂—身体等传统二元论,批判近代人类中心主义,倡议以物种平等为前提,更新生命概念;人类世警示大众,自十八世纪下半叶开始,人类活动成为深刻塑造地球面貌的地质营力,由此引发的生态恶化难以逆转,人类濒临灭绝危境。

  从历史的长时段视野来看,这些议题方向彼此交汇,正在撼动近代以降的世界观结构及其在"人之为人"上的重大思想遗产。十七世纪三十年战争结束之后,威斯特伐利亚条约体系确立近代民族国家的主权原则,古典契约论强调自然人性和自然法,自然与自由成为近代早期至启蒙运动时期定义"人之为人"的关键,这个定义同时是一项道德承诺,承认人类具有理性认识能力与道德行为能力,尽管十九世纪至二十世纪上半叶全球史的实际历程使这一承诺蒙上阴影。第二次世界大战结束之后,纽伦堡审判与联合国的建立标志着国际反法西斯多边政治秩序的形成,世界人权宣言反省奥斯威辛,批判种族主义,强调人类不分彼此,在尊严与权利上一律平等,针对"人之为人",此次道德承诺将平等置于核心。在当下时代,技术、文化、地缘政治和生态领域的加速裂变并未消解这两次道德承诺的意义,但使其承负巨大的思想压强,我们是否已经接近要对这两次道德承诺进行扩展和更新的前夜?如果有此必要,那么在前两次承诺的基础上,数字时代针对"人之为人"的第三次道德承诺必须能够说明,为什么横跨自然与文化、族群与物种的脆弱人类应该成为一个因彼此相异而彼此依存的韧性共同体,在这个他们唯一被给予、仍然值得抱有希望的星球上。

人类应当拥有一个更加光明的未来。

数字时代的人论文库愿与学界携手并进,共同探索,是为序。

洪亮
乙巳年春于喻家山

中译本序言

自从唐娜·哈拉维（Donna Haraway）发表其发人深省的《赛博格宣言》(*Cyborg Manifesto*，1985）以来，赛博格这个概念激励了许多学者研究人类与技术的融合问题。例如，文化和文学研究提供了许多关于人类（通常只有男性！）如何在科幻文学和电影中被描绘得引人入胜的描述。其结果是，赛博格仅被理解为一种语言学或比喻性的实体。

我在本书中提出，这种方法是有问题的，因为它忽略了当今许多实际上如赛博格一般生活的人的生活现实。近几十年来，我们看到越来越多在体表运行的技术被引入，包括人工髋关节、膝盖和心脏，人工乳房和耳蜗，心脏起搏器和除颤仪，脊髓刺激器和大脑植入芯片。与这些医疗植入物共同生活的人证明，赛博格不仅是对未来的虚构或推测想象。

与人类增强技术的发展相关，人们重新燃起对人类与技术的新的和新兴的融合的兴趣。尽管这种对新混合体的关注仍然有意义，但我认为研究"更老"和更熟悉的赛博格也很重要。这就是为什么我决定写一本关于起搏器和除颤仪的书，这些都是调节心跳的植入物。研究"既有的"很重要，因为它使我们得以将与混合身体一起生活意味着什么的具身体验纳入其中。

对现存的、活着的赛博格的关注将研究人类与技术关系的注意力从推测性未来转移到此时此地维持混合体所涉及的工作上。在访谈与起搏器和除颤仪共同生活的人时,他们尝试应对经技术改造的身体的脆弱性的方式给我留下了深刻印象并打动了我。由于这些植入物会发出电脉冲和电击来干预不规则的心律,它们引入了一种对心脏脆弱性的新的认识。起搏器和除颤仪终生提醒着经技术改造的身体的存在和脆弱性。因此,在女性主义后人文主义文献基础上,我将赛博格当作一种概念性工具来描述成为一个韧性赛博格所需的大量工作。

我很荣幸这本书在中国有了一个双胞胎姐妹,非常感谢洪亮提出出版中文版的《韧性赛博格》(*Resilient Cyborgs*),还要特别感谢苏夜阳对本书娴熟而细致的翻译。我希望这本中文版能激励不同学术领域的许多人拓展赛博格研究的范围,将身体与技术之间的亲密的具身关系纳入其中。

译者序

最早接触娜莉·奥德肖恩的研究是我在做博士课题研究期间[①]找寻与医疗"用户"(User)相关的文献,读到她与特里弗·平齐(Trevor J. Pinch)共同主编的《用户为何重要:使用者与技术的共同创建》(*How Users Matter: The Co-construction of Users and Technology*,2003年出版)。该书收录了十余篇论文,它们从不同角度理解用户如何通过不同方式,在使用、选择性使用甚至不使用的过程中,既被技术工具影响,又通过其实践参与技术工具的塑形过程,进而打破了技术决定论及身份认同的不可变性,论证了两者流动多样的共建关系。奥德肖恩所在的荷兰特温特大学,也因安娜玛丽·摩尔(Annemarie Mol)等在行动者网络(Actor-Network-Theory)、照护实践(Care Practices)等方面的共同研究,成为欧洲乃至全球科学技术研究(Science and Technology Studies)的重镇之一。在本书中,奥德肖恩一方面继续借用用户、行动者网络、照护实践等研究视角,另一方面通过对戴内置心脏起搏器或除颤仪的人的日常生活的细致观察与描述,与研究赛博格和韧性的

[①] 我阐述了生物医药的"工具化"与"工具化工作",从使用者角度理解生物医药的属性和实现过程是关键的切入口之一。

多学科文献展开了批判性对话,以"连线心脏赛博格"为例,开启了"韧性赛博格社会学"的理论构建。

此书英文版发表于2020年,书中描绘连线心脏赛博格日常韧性工作的章节多已经以论文的方式发表。这些较为具象的章节通过第一部分引言(第一、二章)和第十章结论联系起来。第一部分是奥德肖恩回顾"赛博格"概念的提出和发展,并与不同学科已有研究和理论发展进行紧密对话的空间。在第一章,奥德肖恩旗帜鲜明地提出:"把注意力局限在新的和新兴的赛博格上会带来创造和固化'赛博格是由力量无穷的生命科学通过手术干预提高人类身体机能'这一形象的风险,却忽略了为维系人与技术的融合……我提出要理解混合身体靠什么保持存活,打开人和体内设备既定融合的'黑箱'是重要的。为研究这一问题,我们需要对与体内技术共生的人的能动性进行概念化。"(p. 12)为打开这一黑箱,奥德肖恩选择将植入心脏设备"这类既有的(混合身体)"作为研究对象,以"将注意力从尝试创造新混合身体的实验室与临床工作及推测这些工作未来将如何影响人与技术关系,向此时此刻正维系着混合身体的场所、行动者和所涉及的工作转移"(p. 12)。

奥德肖恩借用吉尔·哈多(Gill Haddow)等提出的"日常赛博格"概念并将其作为一种启示性方法,通过对戴着内置心脏起搏器或除颤仪的人的日常生活的描述分析,"超越赛博格是虚构的、男性的或暂时的形象"(p. 18)。与此同时,通过引入对身体的物质性的关注,将人和技术的物质能动性,包括身体与技术的亲密关系作为研究重点,在一再致敬唐娜·哈拉维(Donna Haraway)就赛博格标志性研究的基础上,进行了重要的"再物质化赛博格"的理论创新。奥德肖恩还敏锐地看到"起搏器和除颤仪不仅作为可能起到救命作用的技术通过干预心律问题来行动，还同时通过引入新的脆弱性来改变脆弱的身体"(p.39)，这构成了《韧性赛博格》一书与韧性研究进行对话的起点。与科学技术研究惯常采用建构主义来研究技术脆弱性和韧性不同，奥德肖恩引入了心理学的发展性视角，"将韧性概念化为一个过程而非固定的个人特征"(p.44)。

因此，奥德肖恩首先跳出了将心脏赛博格认作"植入物的被动'受害者'"这种固有观念，提出并细数了植入心脏起搏器或除颤仪后，为建立与维持与这些设备的共生，连线心脏赛博格所发展出的种种"韧性技法"：他们不仅要通过摸索如何让设备与自身身体协调、稳定发挥功效，在赛博格身体允许的情况下开展工作与生活，还要学会倾听内置设备发出的信号，分辨警告音的真假和内容，并采取对应措施，维系或重获韧性。当电池寿命到期或因安全问题设备被召回时，他们还要在医生的协助下，取出已驯化好的设备，植入新设备并重新开始摸索让身体与植入设备协调共生的韧性。

奥德肖恩注意到在连线心脏赛博格日常生活中，不仅是植入这些设备的人及医师参与建立和维持这些韧性，他们的家人乃至朋友和陌生人都会以不同方式影响具体个体、场景和生命阶段的韧性建设、维持或恢复。不仅是设备出现故障会给心脏赛博格带来困扰，家用电器、机场的检测设备，街边是否安放急救设备，海关工作人员的检测方式，陌生人的窃窃私语，设备被黑客攻击的风险等也都可能进一步加强或削弱他们所处的危险或困境，他们需要与所遇之人做出不同的应对与准备。为描述这一现象，奥德肖恩提出了"韧性的技术地理"，在本书的第二部分（第三至五章），通过一个个鲜活的事例为我们展示了韧性技术责任所涉及的多主体、多方式及时空维度。

奥德肖恩还关注到不同年龄、不同性别、身处全球南北方的心脏病患者和心脏赛博格们所体验和经历的——包括面对死亡时——情感与脆弱性及与之对应的韧性工作有所不同，在本书的第三部分和第四部分（第六至九章）展开了对"韧性与差异"和赛博格的死亡的讨论。例如，在植入设备、摸索如何成为赛博格的过程中，连线心脏赛博格们会通过网络寻找经历相似的人，建立属于自己的社群，交流与这些内置设备共生的经验，其中年轻的女性心脏赛博格会为她们所面对的困扰和歧视相互打气、分享反抗的方式、共同庆祝这些设备的生日。又如老年心脏赛博格在非设备原因带来的死亡临近时，心脏起搏器或除颤仪的独立性又重新凸显。在这种死亡阶段，是否选择停用这些设备、谁应该决定何时停用等也成为多主体需要面对解决的有关定义赛博格死亡、何为"善终"、死亡尊严等的核心问题。这种差异还涉及考虑和尝试解决公平性等伦理议题。例如，面对全球南方受心脏病困扰的人群逐渐增加而心脏起搏器和除颤仪的价格居高不下严重影响其可及性，专业机构、公益组织、医生和医疗机构等通过跨机构跨国协作，探索出解决这一问题的一条途径：在身处全球北方的首位佩戴者去世后，他们所捐赠的心脏起搏器和除颤仪，经过一系列处理，得以重新植入身处全球南方的心脏病患者体内，获得新生。

因此，正是本书中间这七章，通过对这些不同群体在不同场景不同时空背景下，与内置心脏起搏器或除颤仪同生共死的日常生活的描述，奥德肖恩延续了哈拉维在撰写《赛博格宣言》时触类旁通的写作风格，融合女性主义、交叉性研究、残障研究所提供的多视角，将各种文献、研究资料和素材与对连线心脏赛博格们一次次生动的韧性工作的描述连接并相互佐证起来，将之前更多经由文学作品呈现的赛博格形象具体化、具象化到身边的普通人。更重要的是，在将赛博格从科幻世界经由连线心脏赛博格们拉回日常生活的同时，此书也完成了提出"韧性赛博格社会学"的使命，其中有许多待完成的工作，奥德肖恩还期许后来人拓展丰富（第十章）。

这也是将此书作为"数字时代的人论文库"中的一本引入国内的主编和译者的初衷。虽然此书主要描述的是欧美心脏赛博格的日常生活及其韧性工作，心血管疾病已成为我国居民死亡的首要原因。国家心血管中心发布的《中国心血管健康与疾病报告2023》①显示，2022年心律失常住院患者达832万例，起搏器植入超12万例；心肌病住院患者达56.2万人次，其中0.5%接受植入型心律转复除颤仪治疗，0.6%接受了心脏再同步化治疗。换言之，在当代中国，已有许多植入心脏起搏器和除颤仪的人，或许正经历着与本书所描述的生活在荷兰和美国等地的连线心脏赛博格们相似的事。这些人及他们的医生、家庭成员、同事、邻居、偶遇之人等为与内置心脏设备共生所构建的韧性工作，不仅需要得到相关方的理解与配合，他们与书中所描述的连线心脏赛博格们经历的不同，也值得我国对韧性赛博格研究感兴趣的学者予以关注。

因为这些同与异，不仅能用来理解、评估和落实心脏内置设备日常化使用给我国医疗照护、社会支持系统提出的新要求，还能为研究我国快速研发的新一代义肢、元宇宙、脑机接口等技术正在塑造怎样

---

① 见国家心血管病中心：《中国心血管健康与疾病报告2023》，2024年11月25日，https://www.nccd.org.cn/Sites/Uploaded/File/2024/12/中国心血管健康与疾病报告（2023）-最后版.pdf。

的赛博格，这些赛博格将如何影响这些技术的研发应用，这些技术-赛博格们又将如何与周边人建立关系、在彼此互动中影响共塑我们身处的社会等议题，提供一个参照物。如奥德肖恩在本书中一再提醒我们的，与内置心脏设备同生共死的韧性建立与维持工作多发生在医疗体系之外，对这些设备的效能和价值的评估因此需要多方参与，在发展应用过程中更需考虑（全球）社会公平。在一个赛博格走进日常生活的时代，如何理解和对待形式愈加多样的韧性赛博格，与一个社会是否愿意和准备好迎接和评估这些新技术的研发应用是分不开的。知晓这些可能性正在实现的过程中而同样应当参与其讨论和做好准备的，应不只是新技术的研发者、投资人、潜在用户和监管者们，还应尽可能包括我们每一个人。

苏夜阳

廊坊，2025 年 2 月

目 录

致　谢　/ 3

第一部分　引言：理论化混合身体的韧性　/ 7

第一章　再物质化赛博格：理解那些与植入体内技术共同生活的人的能动性　/ 9

第二章　脆弱的身体，变革性技术与韧性赛博格　/ 43

第二部分　韧性的技术地理　/ 65

第三章　创造物质韧性赛博格：感知和调试起搏器和除颤仪的能动性　/ 67

第四章　故障机器的被动受害者？预测和驯服除颤仪电击　/ 99

第五章　连线心脏赛博格和日常生活的物质性　/ 125

第三部分　韧性与差异　/ 159

第六章　"你的疤痕哪来的？"性别和适应标记可见的身体　/ 161

第七章　年龄如何起作用：与除颤仪共同生活的年轻人和老年人的情感工作　/ 199

第四部分　赛博格身体如何分崩离析　/ 239

第八章　"我们应该关闭起搏器吗?"死亡的轨迹和权利与责任的地理　/ 241

第九章　起搏器的二次生命:在南方国家为起搏器的再利用创建韧性植入物和基础设施　/ 277

第十章　结论:走向韧性赛博格社会学　/ 315

索　引　/ 343

图片目录

图 1.1　起搏器　/　12

图 1.2　起搏器在体内的位置　/　13

图 3.1　技术人员为控制检查做准备　/　70

图 3.2　放置两台编程器的技术人员工作台　/　71

图 5.1　提供给安保人员的图示，应该做什么以确保安全通过机场安检门　/　131

图 5.2　植入起搏器或除颤仪的身体加厚的部分　/　139

图 6.1　基于 2015 年 4 月 5 日发表在 Wired4life 上的漫画制作　/　184

图 9.1　火化身体的金属遗骸藏品　/　278

图 9.2　爆炸的起搏器　/　279

图 9.3　世界医疗救援组织的志愿者从捐赠的起搏器中筛选用于翻新的起搏器　/　295

献给罗伯特与鲍勃

致　谢

若是没有与起搏器和除颤仪共同生活的人的合作和无价的经验分享，这本书不会成型。我首先深深地感激他们和他们的家人，这些人邀请我到家中进行长时间访谈和对话。他们无私地告诉我体内技术如何影响他们的生活，给我留下深刻印象与感动。虽然大多数人对拥有这些设备心存感恩，他们也告诉我与技术改造的身体共同生活的矛盾心理与失望。聆听并从他们那里学习真是一种荣幸。尽管出于隐私保护原因，他们在书中是匿名的，但他们是我想首先感谢的。我希望本书让与起搏器和除颤仪同生共死需要做什么工作变得可见。我也非常感激威姆·施密特（Wim Smit），施密特是我的前同事，是他告诉我接受一个起搏器所需要做的工作。我们在茶歇期间的讨论让我意识到，与医疗植入物共同生活的人不是让技术自动运行的消极接受者，这成为激励我撰写此书的主要原因。我还深深感激鲍勃·迪克斯特拉（Bop Dijkstra），他把我介绍给不久前接受起搏器或除颤仪的病人。在访谈中，我深刻认识到为病人提供持续性个人照护的医生的重要性，这种照护常伴随他们一生大部分时间；而如许多病人告诉我的，鲍勃是一个非常棒的、值得信赖的家庭医生。

对为与起搏器和除颤仪共同生活的人提供专业照护的人，特别是起搏器技术人员／护士和心脏科医师，我也心存感激。若没有他们同意与配合，与我交谈、让我观察他们的照护实践，我也写不成此书。因保密性原因，我在此谢谢这些匿名的人。还有，我想感谢编辑约书亚·皮特（Joshua Pitt）、系列丛书编辑安德鲁·韦伯斯特（Andrew Webster）与莎丽·怀特（Sally Wyatt）的鼓励和帮助，以及两位提出启发性建议、帮助我提升书稿质量的匿名审稿人。对审阅第三章、第四章和第五章前一版本的《科学的社会学研究》（Social Studies of Science）、《科学、技术与人类价值》（Science, Technology & Human Values）及《健康与疾病的社会学》（Sociology of Health & Illness）的审稿人，我也表示感谢。与在特温特大学的同事和在欧美从事科学与技术的社会学研究的同事与友人的讨论与鼓励对我帮助也很大。在整个学术生涯，科学社会学研究学会会议始终是一个温暖知性的家，我喜爱并受益于这些关于我们如何能理解技术、医学、照护和日常生活之交汇的讨论。我深深感激阿黛尔·克拉克（Adele Clarke）和简·萨默顿（Jane Summerton）无价的友谊、洞见和作为科学技术研究者在当下意味着什么的对话。我将永远珍惜我们在全球不同地方会议前工作中分享的快乐和道义上的支持。再次特别感谢吉恩·摩尔（Gene Moore）对我英文写作熟练细致的编辑。

最后，我最深感恩和需要感谢的是罗伯特·弗拉奎因（Rob Vrakking），在我写书的这些年及整个学术生涯，他都给予了充满爱意的持续支持。谢谢你的创造性、爱护和幽默，让与你共同生活变得像场丰富的冒险。还有相伴的音乐♪♫♬♪。

本书中有些素材首先以期刊文章发表。第三章有部分发表于《科学的社会学研究》2015年卷45第1期第56—76页，第四章的前版发表于《科

致　谢

学、技术与人类价值》2016年卷41第5期第767—793页，第五章的简版此前也发表于《健康与疾病的社会学》2018年卷40第1期第171—187页。我想感谢世界医疗救援组织的约瑟芬·贾巴拉（Josephine Jabara），荷兰除颤仪携带者基金会（STIN）的基斯·斯拉格特（Kees Slagter）和罗伯特·弗拉奎因准许我使用他们的照片和绘图。

第一部分

引言:理论化混合身体的韧性

第一章

再物质化赛博格：理解那些与植入体内技术共同生活的人的能动性

心脏装置的植入改变了生活。以琼（Joan）的故事为例。琼生活在荷兰的一个小村庄，是一位活力四射的女药剂师。在她43岁时，在午餐休息间隙购物过程中，突然心脏骤停，倒在街上。有一位路人注意到她瘫倒在地，及时实施心脏复苏救了她一命。送到医院后，琼被告知，因考虑到再次发生心力衰竭的风险，需要给她体内安装植入式心律转复除颤仪。① 因为不熟悉这一技术，琼询问心脏科医师植入的设备到底是什么样的。当向我复述那一段经历时，琼告诉我说，当时并没有真正意义上的选择。"你不能跟他们说：'不，我只想回家，看看后面会发生什么。'"回到家后，琼的丈夫告诫孩子们，妈妈刚在胸口安装了

© The Author(s) 2020

N. Oudshoorn, *Resilient Cyborgs*, Health, Technology and Society,

https://doi.org/10.1007/978-981-15-2529-2_1

① 植入式心律转复除颤仪（Internal cardioverter defibrillator），属于除颤仪的一种。用于心脏病治疗的除颤仪有不同种类，见作者在第七章的介绍。本书主要关注的是植入式心律转复除颤仪，在本书稿的翻译中，除特别指出，一般用"（心脏）除颤仪"指代这种除颤仪。本书脚注均为译者注，下同，不再一一注明。

一个像"守护犬一般"保护她的设备,要格外小心,别撞到她的胸口。对第一次除颤仪发射电击时的感受,琼记忆犹新。当时她正在卧室更衣准备出门工作,刚感到一点头晕,除颤仪就击打了她。"我记得当时转身张望,心想是哪个孩子用力拍打了我的背部;当时的感觉真是太奇怪了。"不幸的是,琼还将继续承受不必要的电击。第一次发生这类非必要电击是在除颤仪植入的过程。在安装除颤仪半年后,由于植入设备一端的导线发生断裂引发短路,她不得不在承受一系列不需要的电击后,更换一个除颤仪。在植入手术后的一年半时间里,体内植入一个设备的事实一直困扰着琼。琼跟我说她时刻能感觉到这个设备,感觉"它跟我并不相融"。然而,她学会了把这个植入设备看作她生命的"再保险"和"保障",因为若再次发生心脏骤停,身边哪怕没有人实施复苏术,她的生命也将有所保护。逐渐地,这个设备成为一个让琼可以"用平稳的心"生活的技术,一个"她不敢不戴着生活"的设备。她还意识到,因为除颤仪降低了心力衰竭发生"早死"的概率,它也可能改变她的死亡方式。她在想,她的死亡过程"可能不会经历那么沉重的苦难",她也在考虑是不是最后会(向医生提出)请求移除除颤仪。[1]

琼的故事是当人们使用植入式心脏装置调控心跳时可能要经历巨大变化的一个缩影。尽管在除颤仪和起搏器如何影响穿戴者的生活与死亡、这些设备本身的能动性、为何需要植入这些设备等方面各不相同,穿戴者在与我分享他们的经历时,不约而同都会非常细致地提到,在学会如何与在物质层面发生了变化的赛博格身体共同生活时所遇到的种种问题。他们体验到,在除颤仪和起搏器解决其心律问题、成为有可能挽救其生命的技术的同时,也给他们原本脆弱的身体引入新的脆弱性,上述不需要的电击和断裂的导线仅是两个例子。聆听他们时而痛苦的描述，我不禁被这些需要与植入体内的心脏装置共同生活的人们的韧性震撼和打动，这激励我撰写此书。怎样才能成为韧性赛博格呢？

在北方国家已成常规医疗的起搏器和除颤仪 ①

作为侵入性技术的心脏起搏器和除颤仪

1960年初被引进医疗行业时，对心脏起搏器②最好的描述可能是：当发生心跳过缓，给心脏提供电脉冲的用电池供电的小发电机。[2] 起搏器由三部分组成：一个装着电池和电路的金属壳；一根或多根被称为导线的绝缘电线，一端连着发动机，一端连着心肌；以及安装在每根导线末端，通过心电图（Electrocardiogram，简称ECG，图1.1）上存储的数据监控心脏电活动的电极。起搏器通过一套算法探测可能出现的心律不齐；当心率出现低于设定值下限时，起搏器发射电脉冲提高心率。这个设备的能动性即体现在"起搏"上，也因此得名。心律过缓会引发头晕、疲乏，甚至昏厥，让人无法过上活力四射的生活。起搏器起到让心脏回归正常速率的作用，对提高生活质量甚至延长寿命都有贡献。技术人员可以为穿戴者在体外设置起搏器最优起搏模式（Snipes et al. 2011, 1）。除颤仪与起搏器看着很像，但具有相反的设计。[3] 如琼的故事展示的[4]，当心律过快、危及生命时，除颤仪通过发出极速脉冲

---

① Global North 是与下文 Global South 相对的概念。社会经济发展水平较高的国家大多位于北半球，常被统称为"北方国家"；相对地，位于南半球经济欠发达国家常被统称为"南方国家"。这种划分近年来也受到不少批评，见 Khan, T., et al. (2022). How we classify countries and people——and why it matters. *BMJ Global Health*, 7 (6), e009704。

② 下文用起搏器简称指代心脏起搏器。

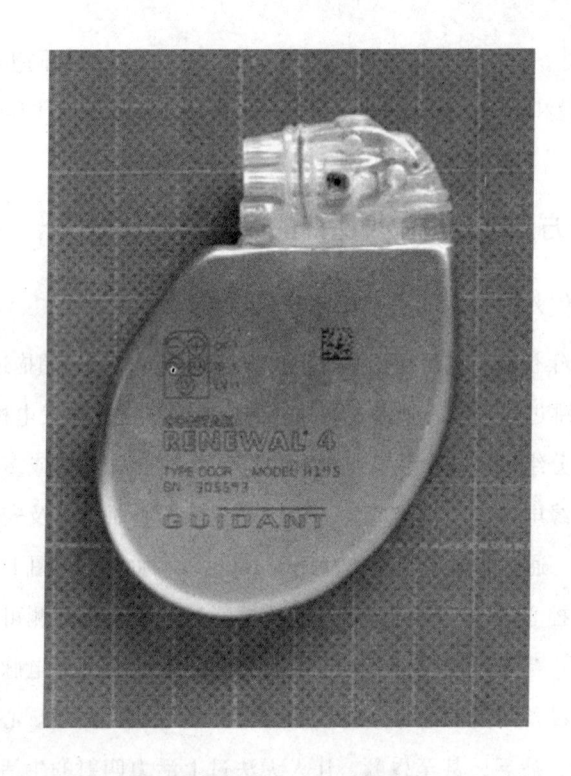

图 1.1 起搏器（起搏器照片。Pixabay 的 Olafpicture 供图。2019 年 10 月 14 日免费下载）

（称作过度起搏）、小电击（称作心脏复律）或大电流（称作除颤）让心律恢复正常。现在，绝大多数除颤仪包括起搏器功能。

作为侵入性技术，起搏器和除颤仪通过手术植入患者身体。手术期间，患者接受局部麻醉后，在 X 射线成像引导下，导线先通过静脉导入心脏下腔室，即心室（图 1.2）。心脏科医师再将导线与设备连通、设置好程序。随后，心脏科医师会把起搏器或除颤仪放进肌肉之间（通常在左锁骨下方）由其创造的被称为"口袋"的空间。最后，在手术室

第一章 / 再物质化赛博格

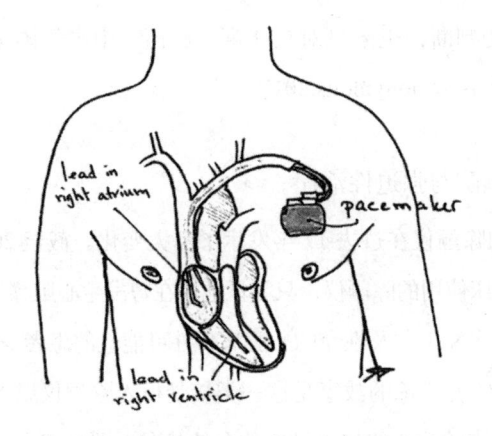

图 1.2　起搏器在体内的位置（网站包含起搏器在体内位置的示意图，https://www.cwz.nl/patient/behandelingen/pacemaker/，2018 年 11 月 13 日访问。罗伯·弗拉金［Rob Vrakking］供图）

内待命的技术人员会测试已安装的设备，确保其能正常工作。患者通常留院观察一晚，第二天回家。起搏器和除颤仪的运行都需要依赖电池，但电池又无法进行体外充电，因此当电池消耗到一定程度时，就需要通过另一场手术用新设备替换原有设备。电池寿命一般五到十年，这导致穿戴者一生或许需要经历多次植入手术。[5] 对与起搏器和除颤仪共同生活的人的临床照护，因此不局限于植入这些设备，还需要在专科诊所由受过专业训练的技术人员、护士和心脏科医师开展定期随访。

起搏器和除颤仪主要由三家美国和一家德国医疗器械厂家生产。这几家公司在包括远程监测、更细的导线、无线设备[6]及开发更敏锐和个性化的植入物等技术层面不断精进这些设备（Afolabi & Kusumoto 2012）。[7] 这些公司在市场份额上竞争激烈，但分析家指出市场还将持续缓慢增长。这个判断不仅来自对心脏病发病率增长连同不断扩增的

13

老龄化群体的判断，也来自对在印度、巴西、中国等国家植入设备需求量增加的评估（Anonymous 2017）。[8]

论一级预防与强迫性治疗

起搏器和除颤仪在过去 17 年发生了巨大变化。截至 2002 年，1985 年首次进入临床使用的除颤仪，只零星地用在曾发生心脏骤停被心脏复苏术救回且有再次发生危及性命的心脏病事件可能性的患者身上（Yarnoz & Curtis 2007, 367）。[9] 琼的故事是这一类接受植入除颤仪患者的代表。他们接受除颤仪来治疗心律快得可能致命的状况，即由于心律过快，心脏供血功能严重降低引发心脏骤停（Snipes et al. 2011, 1）。但如今，医师也向从未经历过心律问题但存在心律失常风险的人开除颤仪处方，包括有潜在心脏病病症的人，如心力衰竭[10]、心电图异常、出现可能由心律失常引发不明原因的昏厥及有中度或重度心律失常遗传易感性的人（Anonymous 2017; Gillick 2004; Goldstein & Lynn 2006; Hlatky 2004; Kaufman et al. 2011, 9）。在很短时间，除颤仪的使用即从为一类特定患者提供最后的治疗方案，转变为在数量扩大许多的群体中降低由于心脏病致死风险的预防工具。

从二级向一级预防治疗转变影响的既有老人也有年轻人。对老人而言，在完成工业化发展的富裕国家，植入除颤仪已成为一项常规标准化治疗（Jeffrey 2001）。如萨朗·考夫曼（Sharon Kaufman）及其同事指出的，将心力衰竭作为考虑植入除颤仪的指标之一提高了这些设备在高龄老人中的使用；这一现象在美国（但不限于美国）尤其明显：80 岁及以上的老人约有 20% 植入了这些设备（Kaufman et al. 2011, 9; Swindle et al. 2010）。然而，植入量的增长不能仅从向一级预防的转变来看，还应注意到当代临床医学中"强迫性治疗"的兴起。卫生经济学家维克多·福克斯（Victor Fuchs）用"强迫性治疗"一词描述医疗决定被技术干预的可及性及其被赋予的价值驱动的现象，最新和最先进的技术影响尤甚（Fuchs 1968）。由于医学进步的概念已经与药物和医疗器械的技术创新变得密不可分，强迫性治疗已逐渐变成医师对年纪越来越大的人持续实施医疗干预的道德义务，特别是但不局限于如除颤仪这样治疗心脏疾病的疗法（Kaufman et al. 2011, 15; Koenig 1988, 467; Shim et al. 2008）。[11]

不断增长的治疗方法的普及不仅影响医师，还影响被诊断出有心律问题的人及其家庭。如琼的故事所示，对能维持生命的技术说"不"是极其困难的事。当患者，哪怕是80岁以上的老人拒绝治疗，都常被认为是可疑的（Dickerson 2002; Kaufman 2015, 1）。换言之，如安妮·波洛克（Anne Pollock）所描述的，除颤仪已经变成"让选择不治疗被看作同于（选择）自杀的技术"（Pollock 2008, 99）。

医护人员、患者和他们的家庭逐渐陷入一个越来越多的治疗手段变成医疗保健标准治疗的系统。尽管医师和患者时常认为是否选择使用这些技术的决定权掌握在自己手中，萨朗·考夫曼令人信服地指出，美国老年人中生命延长技术使用的增长需要在生物医学研究的基础设施、医疗和制药行业日益增长的影响力，以及提高获取这些通常非常昂贵的治疗的可及性的报销政策相互交织的背景下去理解（Kaufman 2015）。尽管不同国家之间医疗保险制度和政策不尽相同，强迫性治疗在许多欧洲国家也已成为医疗保健的主要特征之一（与美国相比，持续性可能稍弱）。除颤仪也因此成为"新常态"并被看作"常规医疗"（Kaufman 2015, 1）。医疗保健行业的这一转变不仅影响80、90岁的人，而是涉及所有年龄段的人。哪怕原因与老年人不同,年轻人也可能接受除颤仪作为一级预防医疗措施。自20个世纪90年代中期,有家人死于心脏骤停的人可以做遗传筛查,看是否携带可能引发严重心律问题的遗传变异。检测到致病基因后,所有家人,包括年幼的儿童都有可能被植入除颤仪(Olde Nordkamp et al. 2013)。[12]

可及性差异

除颤仪使用的常规化带来除颤仪植入量快速增长。以美国为例,每年有超过10万人接受除颤仪手术;在不到15年间,除颤仪的年植入率增长了二十多倍。用于一级预防的植入量超过年植入量的三分之二(Tung et al. 2008; FDA 2011; Anonymous 2010)。尽管除颤仪植入率在欧洲也有所增长,但在美国的使用还是比欧洲高四倍。[13]欧洲的植入中心和电生理学家较少,向心脏科医师或植入中心转诊的数量自然就少的说法常被用来解释欧美之间的这一差距(Camm & Nisam 2010)。在许多中等、低等收入的"南方国家"[14],除颤仪的植入量与欧美相比低很多,甚至为零。这一差距不仅源于医疗基础设施缺乏,也因为这类先进技术价格高昂。[15]

与除颤仪相似,起搏器在全球经济发达地区也已成为常规医疗的一部分。[16]与除颤仪相比,尽管起搏器价格低很多[17],但一台上千美元的设备,许多南方国家的人根本供不起(Kirkpatrick et al. 2010; Baman et al. 2010; Greene 2018)。一项2009年开展的全球心脏植入设备调研显示,以百万人计算,植入率在美国达到每百万人767人安装,法国每百万人782人,但在秘鲁、孟加拉国和巴基斯坦,植入率仅分别达到每百万30、5和4人次。[18]起搏器在非洲许多国家的可及性非常有限,其植入率只有欧洲的二百多分之一。富饶与贫穷国家之间的差距似乎还在逐年拉大。在美国，适应症准入标准的扩大和人口老龄化把起搏器使用提高了二十倍，而在南方国家，植入率基本维持稳定（Butler 2013, 179; Baman et al. 2011）。因此，过去几十年间，起搏器和除颤仪在北方国家已成为常规医疗的一部分，但生活在中低收入南方国家的穷人几乎不太可能获取这些可能起到救命作用的技术。[19]

混合身体是消极被动的吗？

论既有的与新的赛博格

需要学会与被技术改变的身体共同生活的绝不仅是植入起搏器和除颤仪的人。过去几十年，越来越多的在体表下运行的技术地被引入医疗，包括人工髋关节、人工膝盖和人工心脏，人工乳房和耳蜗，手和腿的义肢，脊髓刺激器，以及新兴的人类增强技术，如可用于诊断和药物递送的脑植入物和纳米芯片。2018年《高德纳数字化政府技术成熟曲线》报告也描述了开发与人体融合的技术的趋势："未来十年为政府组织带来最具变革性益处"的技术中就有五项是"模糊人类和机器界限的技术，包括生物芯片、人造人体组织和脑机接口"（Moore 2018; Noort 2018）。考虑到这一趋势，以及在富饶社会，人-机混合身体持续与广泛的存在，理解这些如赛博格般生活的人的能动性、脆弱性与韧性已成为当务之急。[20] 人类增强技术的发展让（学者）重新对人与技术新的以及新兴的融合产生兴趣。[21] 尽管对这类新混合身体的关注是很重要，我提出对"旧有的"和更熟悉的赛博格的研究同等重要。那些在我们身边共同生活数十年的，身体由起搏器和除颤仪维持生命并

12　保持活力的赛博格们，他们都经历了什么？虽然这些混合身体广泛存在——或许还包括这本书的一些读者——令人惊奇的是，科学技术研究（Science and Technology Studies，简称STS）[22]中甚少有研究这类赛博格的。对平凡的忽视不局限在心脏装置，还包括诸如植入的人工膝关节和髋关节，尽管对义肢（Dalibert 2014; Nelson 2001; Sobchack 2006）和人工耳蜗（Blume 2010; Mauldin 2014; Virdi 2020）的研究已产出一些重要成果。

　　研究"这类既有的（混合身体）"让我们得以将与混合身体共同生活意味着什么的具身体验纳入在内，因此是重要的。聚焦已经存在的、活着的赛博格是将注意力从尝试创造新混合身体的实验室与临床工作及推测这些工作未来将如何影响人与技术关系，向此时此刻正维系着混合身体的场所、行动者和所涉及的工作转移。如我在本书所示，身体与技术的融合工作超出实验室和手术室之外。把注意力局限在新的和新兴的赛博格上会带来创造和固化"赛博格是由力量无穷的生命科学通过手术干预提高人类身体机能"这一形象的风险，却忽略了为维系人与技术的融合，这些干预包含对混合身体进行终身监测。[23] 因此，我提出要理解混合身体靠什么保持存活，打开人和体内设备既定融合的"黑箱"是重要的。为研究这一问题，我们需要对与体内技术共生的人的能动性进行概念化。

对人-机关系主流观点的重新思考

　　植入人体的技术挑战了科学技术研究和技术哲学中长期建立的人与机器关系的理论传统。很长时间以来，与人的能动性有关的理论只关注到体外技术。例如，布鲁诺·拉图尔（Bruno Latour 2005）提出,在研究人与机器关系时,我们应把物的能动性也考虑在内,但他只剖析了作用于特定时间和地点的、多少由人控制的体外技术,比如汽车安全带和门锁。有学者已经指出,拉图尔对人与非人行动者能动性呈对称性的强调,在描述人的能动性(包括赛博格身体的能动性)的独特之处方面有所欠缺。把各类活动都说成行动,实际上也把技术是如何成为身体组成部分并构成身体、身体实践和人能动性的独特性之问题悬置了(Barad 2007; Dalibert 2014; Lettow 2011; Oudshoorn et al. 2005)。与拉图尔相似,根据技术设备在人们感知、经历和解释世界过程中如何起媒介作用的方式,尝试对人与机器关系分类的唐·伊德(Don Ihde)的分类法使用甚广,但也仅聚焦体外技术(Ihde 1990)。[24]

　　植入人体技术对上述研究人与技术关系的路径提出两方面挑战。首先,在如何与这些技术互动方面,大多数植入体表下的设备没有委派给它"使用者"任何能动性。[25]因此,这些植入物与科学技术研究中强调设计者通过把行动程序刻入技术的方法,赋能或限制使用者能动性的研究路径相冲突(Woolgar 1991; Akrich 1992; Akrich & Latour 1992; Oudshoorn & Pinch 2003)。如史蒂夫·伍尔加(Steve Woolgar)描述的通过"确定可能用户身份、对其未来行为设置约束"的过程,技术可以被设计成对用户进行配置(Woolgar 1991, 59)。相似地,尽管提到把能动性委派给设备,玛德琳·阿克里奇(Madeleine Akrich)提出的"脚本"概念强调设计者如何把能动性委派给使用者(Akrich 1992)。起搏器和除颤仪代表的却是一类通过设计把能动性只委派给设备的技术。给它们设计的行动或脚本关注的是心脏与设备的互动,而不是与其使用者的互动。如我之前描述的,这些设备发出的电脉冲直接控制植入它们的患者的心跳。起搏器和除颤仪是第一批可以在不受使用者指导

13

14　的情况下，行使他们自身能动性的电子植入设备。其他具有能动性的植入物还包括一些新的和新兴技术，例如自带微处理器的人工膝关节和人工耳蜗。后者包括体内和体外设备，首要作用于调节人与世界的关系（即听到声音）而非重新定义与身体的关系（Dalibert 2014）。[26] 因此，植入体内技术不是对使用者进行配置，而是在与其融合中配置身体。故而，起搏器和除颤仪提供了一个理解人的能动性与技术间关系的重要案例。尽管体外设备邀请我们以特定方式行动，体内设备几乎不把能动性委派给使用者。这一差异在日常语言中即有体现：起搏器混合身体通常被称作"接受者"或"穿戴者"[27]，而不是"使用者"，提示其与这些技术相对被动的关系。与穿戴体外设备的人相比，在体内植入心律调节器的人，无法决定何时、何地或以什么方式来"使用"这些设备。尽管药品也是进入体内实施干预，但个人可以决定停药。与此相反，与起搏器和除颤仪共同生活的人无法关闭这些设备。另一个区别是药品在体内溶解后就不会再干预身体程序，而植入物是保持活动、稳定运行的物件，直到被移除。因此，与体内心脏设备共同生活的人面临崭新挑战。这些人不仅在植入起搏器或除颤仪时依靠医护人员，在更换或移除这些设备时（第二种情况极少发生）[28]，他们任然依靠医护人员；而且，如我们在上一节见到的，他们也很难影响是否应当接受这样一个植入物的决定。再者，与植入物共同生活的人也没有被赋予能动性做把哪种类型、哪个品牌的设备植入体内的决定。[29]

　　在身体内运行的技术挑战人与技术关系主流观念的第二个重要方式是，大多数植入体内的设备，植入后就留在那里，直至穿戴者死亡，或者如雪莉·特科尔（Sherry Turkle）描述的，"成为赛博格是不可逆的一步"（Turkle 2008, 12）。这类植入体内技术的新颖性也体现在欧洲对医疗技术的治理方面：欧盟在1993年《欧盟主动植入式医疗器械指令》（EU Active Implantable Medical Devices Directive）中定义了这些植入物的特征。指令的第二款将这类器械定义为"任何计划通过手术或医疗方式部分引进人体并保留……在该处的医疗器械"[30]。起搏器和除颤仪植入身体后是终生留存的。尽管理论上，植入身体后，起搏器和除颤仪是可以被关闭或移除的；当前实践中，除非是植入除颤仪的患者到了临终阶段，绝大多数医护人员和患者都不把移除看作一种选择。[31]因此，植入体内技术不由使用的时间性约束，而应当作为持续性设备去理解。然而，包括伊德和拉图尔在内的对人与技术关系的众多研究，在概念化人与技术互动时，都把人与技术互动当作在次数、长短等时间维度上有限的事件。这些研究方法故而无法解释那些人身体和技术间持续互动的技术（Dalibert 2014; Lettow 2011; Verbeek 2008）。在这类人与技术关系中，"使用者"也因而不再是恰当的术语。

因此，理解那些与植入体内技术共同生活的人的能动性是一个亟待研究的问题。这一紧迫性不仅源于学术研究需要。说到底，体内心脏设备提供了一个设备的正常运行对植入它们的人来说是事关生死的重要案例。当然，或许存在好的理由把最主要的能动性委派给设备。受心律问题困扰的人或许不想，体力或许也不允许由自身控制心脏管理设备。然而，患者行动程序的缺乏依然提出这样一个问题：与起搏器或除颤仪共同生活的人是否真的那么被动？如我在本书中论证的，任何假定安装植入设备的人只起被动作用的论述或政策都是对赛博格保持活力需要他们积极参与之事实的静默。我描述了与起搏器和除颤仪共同生活的人如何终其一生参与专业监测过程，检查这些设备是否正常运行、是否需要更换并及时调整这些设备和心脏的能动性。此外，他们必须学会如何应对被技术改造的身体的脆弱性，包括改变生活习惯、社会关系及学会如何重新感知身体。

理解混合身体的能动性

日常赛博格

如何理解与自己无法控制的植入物共同生活的人的能动性？前几节里我松散使用的赛博格概念提供了有用的启发，因为它指向机器与有机体的混合体。"赛博格"这一术语是"控制有机体"（cybernetic organism）的缩写，由曼弗雷德·克莱恩斯（Manfred Clynes）和内森·克莱恩（Nathan Kline）在《宇航学报》（Astronautics）发表的论文《赛博格与太空》（"Cyborgs and space"，1960）提出。他们引入此词描述在太空生活需要对人体进行的重塑，例如改变涉及呼吸的身体功能。赛博格概念是在冷战期间太空竞赛背景下提出的一个技术术语，指人/动物和机器字面上的融合。克莱恩斯和克莱恩用在实验室小鼠植入渗透泵的实验结果说明了这种融合。[32] 虽然他们有关赛博格的想法包括人体改造（例如人造器官、剥夺感觉，以及有趣地提及心血管适应），他们的赛博格模型局限于在太空存活。或者如技术历史学者罗纳德·克莱恩（Ronald Kline）所说，"赛博格是一些器官被暂时改变了或被机器设备取代的人类。返回地球，这些设备会被去除，而正常身体功能被恢复"（Kline 2009）[33]。

在她开拓性的《赛博格宣言》（Cyborg Manifesto，1985）中，唐娜·哈拉维（Donna Haraway）借用赛博格的形象来呼吁对科学技术政治进行批判性参与并为技术承担责任（Gray 2011, 85）。批评那些仅赞美或谴责人对技术日益依赖的研究方法，她挑战我们重新思考人的本体论、理解是什么构成我们的当代生活世界。对哈拉维而言,"赛博格是我们的本体论"(Haraway 1991, 150)。在被科学技术渗透的世界中,身体和技术不应还被看作在本体论上是分割的,而是共同生产彼此。身体是什么、能做什么不是由自然给予,而是与技术共进化(Mol 2002; Dalibert 2014)。在她对赛博格论述的女性主义式干预中,哈拉维不仅挑战了有机体和机器严格的二元对立,还挑战了长期存在的例如自然/文化和男性/女性的二元论(Balsamo 1996)。通过把赛博格的含义从一个技术比喻重新定义为能用来颠覆和取代问题重重的二元论,唐娜·哈拉维敦促我们创造不同的观点、语言以及科学技术与混合主体实践。

赛博格的概念激励了许多学者探究人与科技的关系,形成了大量赛博格学术成果。[34] 然而,大多数研究把赛博格仅作为语言学或比喻性的实体,却因静默了赛博格的切身经历而存在问题(Sobchack 2006)。这些文献未让赛博格发声,描述对他们来说与体内技术共同生活意味着什么(Betcher 2001, 38)。[35] 例如,文学和文化研究主要聚焦科幻小说如何描绘人类和流行的赛博格概念。这些领域的学者描述了《机器战警》和《终结者》等电影如何把赛博格呈现为极端的、通常是男性的后人类怪物,它们无所不能却没有感觉或情感能力(Goldberg 1995; Haddow et al. 2015)。但是赛博格不仅是对未来的虚构或推测性想象。如哈拉维强调的,赛博格"既是社会现实所造之物,也是小说创作之物"(Haraway 1991)。

与内置心脏设备共同生活的人以及许多其他混合身体证明赛博格已成现实,或"日常赛博格"(everyday cyborg)。我从吉尔·哈多及其同事(Gill Haddow et al. 2015)处借用这一术语。他们引入此类型赛博格,以将与"仿生学改造"共同生活的人与太空论述、科幻小说及文学和文化研究使用的赛博格比喻区分开。日常赛博格是重要的启发式方法，因为它"加入了已有赛博格文献和想象中所缺失的参与者声音的维度"（Haddow et al. 2015, 484）。更重要的是，日常赛博格研究方法让我们能够记录戴体内技术的人必须真正每天与这些植入物生活在一起的事实。这与生物宇航员克莱恩斯和克莱恩所想象的赛博格形成鲜明对比，如上文所见，他们视身体的技术改造为临时干预。[36] 日常赛博格与其他人-机关系不同的是，他们被植入了成为身体一部分的、自动化的设备，超越了植入主体的控制。肯定的是，概念化人-机混合身体为日常赛博格不是为降低与这些植入物共同生活的复杂性。对日常赛博格而言，日常生活本身不能被当作理所当然，而必须是不断重新发明，因此也应被看作一项成就（Haddow et al. 2015, 490）。如我在本书描绘的，与植入物每日共同生活，需要戴这些设备的人积极参与到不同的场景、环境和社会关系中。

　　同样重要的是，把人-机混合身体概念化为日常赛博格还让我们超越赛博格作为男性的想象。在克莱恩斯和克莱恩（1960）最初研究赛博格的方法中，身体适应被描述为"男性"在太空生存所需的干预，尽管这不会影响其性别认同。科幻小说和大众媒体中的赛博格，绝大多数也是男性[37]，呈现了对赛博格更激进的性别化，因为技术改变了他们的自我认同和人性（Haddow et al. 2015, 486）。如瑞文·康奈尔（Raewyn Connell 2005）所描述的，科幻小说中的赛博格通常拥有权力和力量的生理特征，反映了西方文化中男性气质的主流观点（Connell 2005）。为避免对赛博格男性想象的重复，研究中我纳入了男性和女性。对纠正只有男性受心脏问题困扰以及起搏器和除颤仪是只有男性使用的技术的形象，纳入与内置心脏设备共同生活的女性的描述也很重要。[38] 因此，本书中，我把日常赛博格的概念作为一种启示性方法，超越赛博格是虚构的、男性的或暂时的形象，以呈现戴内置心脏设备的女性和男性是如何学会在日常生活应对他们被技术改造的身体。

再物质化赛博格

然而，如果我们想要理解如何才能与技术改造的身体同生共死，还有一个概念上的问题需要解决。赛博格研究和其他领域的语言学转向不仅静默了日常赛博格的切身经历和声音，还忽视了身体的物质性（Dalibert 2014, 2016; Jain 1999; Sobchack 2006）。如戴义肢（腿）生活的薇薇安·索布切克（Vivian Sobchack）论述的，把赛博格或义肢形象作为隐喻导致一种"文字和物质基础被遗忘甚至被否认"的话语（Sobchack 2006, 20）。在她题为《站立的腿：义肢、隐喻和物质性》（"A leg to stand on: prosthetics, metaphor, and materiality"）的论文中，她生动地描述了义肢的物质性如何塑造她日常生活："早晨戴上义肢（腿）时……我也切身体会到我义肢的惰性、缺乏动力。"（Sobchack 2006, 17）在赛博格和义肢研究中，身体和技术亲密关系的实际情况和变化在很大程度上被忽视了。赛博格也因此丧失了其物质性。尽管唐娜·哈拉维引入物质-符号学方法研究人-机混合身体，并且起搏器和其他植入技术也常被用作赛博格的生动例子，身体和机器融合的物质性仍未得到检验。然而，与内置设备共同生活的人代表独特的人-机混合身体，其中人和技术的物质能动性密不可分。或者如波洛克（Pollock 2008）在对除颤仪患者反思时所说，"没有独立于设备的自我：患者和除颤仪是一体的"（p. 12）。

在女性主义后人类主义研究有关身体和技术亲密关系的启发下

（Alaimo & Hekman 2008; Dalibert 2014, 2016; Lettow 2011），我提出再物质化赛博格很重要。这类研究呼吁用新的理论工具识别并记录人-技术关系亲密性的物质性和规范性。或者，如露西·达利伯特（Lucie Dalibert）表述的，"人和机器不是抽象的而是物质和规范的关系"（Dalibert 2014, 123）。这种研究混合身体的方法很重要，因为它让植入身体的机器如何使与其共同生活的人更接近他们身体的物质性清晰可见（Alaimo & Hekman 2008; Dalibert 2014, 2016; Lettow 2011; Oudshoorn 2015）。为捕捉由起搏器和除颤仪共同构成的身体的特定物质重构，我引入"连线心脏赛博格"（wired heart cyborgs）一词。被技术改造的身体中心脏通过电线连接到调节心律的小型发电机上，创造了尤其在收缩方面接近心脏的能动性。心脏如何跳动的生物医学阐述显示这些收缩是如何由称作窦房结的特有组织产生的电刺激引起并促进心室收缩。[40] 起搏器和除颤仪通过给出电脉冲或电击来干预心脏的电能动性。此外，当体内技术失效时，与植入物共同生活的人可能必须参与物质实践以夺回控制权。因此，在唐娜·哈拉维的研究也没有出现的，且记录身体和技术这种亲密真实关系的物质性是对之前赛博格研究方法的第二项重要改进。转向与起搏器和除颤仪共同生活的人参与这些植入物与他们心脏交织的能动性的物质实践，对避免错误的假设是重要的，即只有技术设备才被给予能动性，而混合身体被限于被动状态。

再物质化赛博格的研究方法是重要的另一个原因是明确包括了涌现亲密人-技术关系的社会和权力关系。批判赛博格和义肢研究对个体的关注，女性主义学者已提出成为赛博格"不是由原子化的个体或在真空中完成的"（Dalibert 2014, 209）。与其他身体一样，混合身体只有在与他人的关系网络中实体化。或者像唐娜·哈拉维表述的，"身体永远在制造的过程……永远在关系中构成"(Haraway 2008, 163)。对日常赛博格来说，他们混合身体变化的亲密关系不仅涉及更新与身体物质性的亲密关系，还包括与他人亲密关系的变化，包括亲人的凝视和触摸。如薇薇安·索布切克所描述的，她与她的义肢（腿）共同生活"取决于我与他人互动的性质：他们如何看待、回避它或抽象地谈论它，或者我是否担心能跟上他人节奏"(Sobchack 2004, 215)。尽管没有义肢那么明显，起搏器和除颤仪也参与改变与这些设备共同生活的人的社会关系，如我所描述的，在其中性别和年龄起到很大作用。此外，创造获取这些高科技、昂贵技术的更广泛的政治也起到重要作用。因此，本书从性别、年龄和全球差异的角度，理解如何以及哪些身体真正物质化为连线心脏赛博格。

记录身体和技术的亲密真实关系的物质性的一种方法是查看日常赛博格的感官体验。如琼斯(Jones 2006)建议的，个体的身体体验不仅是话语或语言学的，还包括感官体验。最重要的是，技术可能参与创造新的感官体验(Dalibert 2014; Jones 2006)。如琼的故事所代表的，与起搏器或除颤仪共同生活的人面临由电脉冲和电击撤回或接管他们心跳介导产生的新感官体验。近期科学技术研究也强调了不同的体验——味觉、听觉、嗅觉和触觉——是与获取知识非常相关却常被忽略的方式(Pinch & Bijsterveld 2012; Rice 2010; Shapin 2012)。因此，关注与内置心脏设备共同生活的人如何将他们的感官体验作为一种资源感受和理解他们被技术改造的身体，提供了一种重要的概念化连线心脏赛博格的能动性的方法。

聚焦人们如何感知内部心脏设备和心脏相互交织的电能动性，本书旨在为人类学和科学技术研究的新方向做贡献，即敦促生命科学学者更多关注"身体电性"。如斯特凡·赫尔姆赖希（Stefan Helmreich 2013）所论述的，关注心脏（和大脑）物质性打开了思考"由电磁描述身体和世界"的可能（Helmreich 2013, 139）。相似地，安妮·波洛克提出，对维系身体所需的任何理解都应纳入维护心脏电系统的义务，其中通常包括起搏器和除颤仪，因为它们改变了戴这些植入物的人的生活。在发人深省的《心脏女性主义》（"Heart Feminism"）论文中，她强调了"与心脏一同思考"或"心脏好奇心"的重要性，作为对当前人类学和科学技术研究的研究重点——通过大脑和神经学方法研究身体——的补充。关注心脏提供了"把身体同时理解为躯体、符号和政治经济实体"的有力方法（Pollock 2015, 20）。

体内技术不仅挑战能动性的主流观点，还邀请我们重新思考技术、脆弱性和韧性的主流研究方法。有关医学植入物和人体脆弱性的医学和心理学话语通常对技术和身体采用工具化或本质主义的观点。这些研究方法是有问题的，因为它们忽略了技术的变革性能力和混合身体的脆弱性，从而静默了变成为韧性赛博格所涉及的工作。因此，第二章对医疗植入物与身体和技术脆弱性之间的复杂关系提出了另一种理解。此外，第二章还将介绍科学问题、研究方法和本书的组织结构。

注释

1 故事基于 2012 年 8 月 15 日对琼（52 岁）的访谈。
2 起搏器平均 2 英寸（51 毫米）长、2 英寸宽。2018 年 11 月 8 日访问，www.pacemakerclub.com。

第一章 / 再物质化赛博格

3 除颤仪比起搏器略大。除颤仪平均 2.5 英寸长、2 英寸宽、0.5 英寸厚（或 64 × 51 × 13 毫米）。2018 年 11 月 8 日访问，http://www.asktheicd.com。

4 起搏器 / 除颤仪植入。美国斯坦福医院及诊所网站上展现的流程概述。2014 年 2 月 14 日访问，http://stanfordhealthcare.org/medical-treatments/i/icd/procedures.html。

5 https://www.hartstichting.nl/hart-en-vaatziekten/behandelingen/pacemaker?。

6 远程监控在 2000 年左右由百多力和美敦力公司（Biotronik and Medtronic）（www.biotronik.de; www.medtronic.com）引入市场，并已融入美国、丹麦、荷兰等一些欧洲国家的除颤仪照护（2012 年访谈德·科克［de Cock］; Dam Nielsen 2015, 20）。

7 美国公司包括美敦力、波士顿科学（Boston Scientific）、雅培（圣犹达医疗）（Abbot [t. Jude Medical]）以及德国公司百多力。小一些的公司还包括卓尔医疗（ZOLL Medical Corporation）、MEDICO S.p.A 和 Pacetronix（Anonymous 2017）。

8 有关起搏器和除颤仪研发以及心脏设备公司兴起的详细描述，请见 Hidefjall (1997)、Greatbatch (2000) 和 Jeffrey (2001)。

9 1985 年美国食品药品管理局批准除颤仪上市并且被联邦医疗保险（覆盖 65 岁以上老人的急性医疗费用的美国政府项目）视作经历过危及生命的心律紊乱或心脏骤停的患者的最后医疗手段（de Lissovoy 2007）。

10 心力衰竭是一系列不适与症状，由心脏泵功能受损、限制心脏向全身泵送足够的血液引起（Rosamund et al. 2007）。见第六章有关除颤仪和心力衰竭的更细致讨论。

11 高龄本身不被看作除颤仪植入的准入标准。比如，瑞典法律已经规定禁止临床决策的年龄歧视（Sager & Zuiderent-Jerak 2016）。美国和欧洲除颤仪一级预防指南中不包括年龄限制，尽管植入引起的并发症被认为是随着年龄增长而增加（Bracke et al. 2009）。因为老人常同时患有其他严重的、潜在危及生命的疾病，这些指南建议心脏科医师在老人除颤仪植入的临床决策中把这些合并症作为重要因素考虑在内（Epstein et al. 2013; Priori et al. 2015）。

12 见第六章对除颤仪植入如何影响年轻人的进一步分析。

13 比如，在荷兰，2013 年戴除颤仪的人数为 5 万，植入率自此按高于 3600 人每年的速率增长（Nieuwenhuis 2018, 8; Nederlandse Hartstichting 2017, 3）。

14 与后殖民和跨国研究一脉相承，我使用南方国家一词指代可能被称作第三世界或发展中国家（即非洲、拉丁美洲和亚洲的发展中国家，包括中东）。北方国家一词用来指代富有的工业化国家，包括美国、加拿大、西欧、亚洲富有的部分、以色列、澳大利亚和新西兰。2018 年 8 月 20 日访问，https://en.wikipedia.org/wiki/Global_South;

https://en.wikipedia.org/wiki/North-South_divide。

15 除颤仪植入的价格从 3 万美元到 5 万美元不等，根据医疗保险制度和经济资助情况可能有所变化。2018 年 11 月 8 日访问，www.asktheicd.com，以及 www.healthusnews.com（2014 年 11 月 26 日报道）。

16 建议他们植入的诊断方法数量也有所增长（Butler 2013）。

17 起搏器最低价格在 2500 至 3000 美元，不含手术和住院费用，导线还需额外花 800 至 1000 美元（Kirkpatrick et al. 2010; Baman et al. 2010; Greene 2018, 1）。

18 Runge et al. (2017, 297) 引用 Mond & Proclemer (2011)。2013 年荷兰大约有 8 万人与起搏器共同生活，植入率自此按每年 11850 增长。

19 虽然在起搏器和除颤仪可及性方面，南方和北方国家存在重大差异，北方国家之间也存在很大差异。尽管有些中等收入国家具备使用起搏器和除颤仪所需基础设施，其他国家却不具备支持这些植入物的设施。同样重要的是，南方国家的有钱人可以去北方国家做植入物手术。相似地，北方国家的经历也存在很大差异：生活在没有提供足够医疗保障国家的人也可能供不起起搏器和除颤仪植入这类高科技医疗。然而，内置心脏设备可及性的最显著差异还是呈现在全球层面。

20 本书中，我将"赛博格"和"混合身体"作同义词使用，指代身体和技术（尤其是医疗植入物）的融合。

21 代表作包括 Brown & Webster (2004)、Sandberg & Bostrom (2006)、Nordmann (2007)、Pollock (2008)、Blume (2010)、Morrison & Bliton (2011)、Mauldin (2014)、Dalibert (2014, 2016) 和 Boer (2016)。

22 值得注意的特例请见 Andersen et al. (2011)、Bjorn & Markussen (2013)、Kaufman et al. (2011)、Kaufman & Fjord (2011)、Leder & Krucoff (2011) 和 Pollock (2008)。

23 研究技术的这一方法由科学技术研究学者 Singleton (2005) 和 Moser (2008) 等提出，他们论证了技术是否工作取决于它们被持续使用并在不同地点被重塑的过程，而不是在实验室开发后去应用。

24 如在早期工作《技术中的身体》(*Bodies in Technology*，2001) 中唐·伊德讨论的，计算机刺激和科学研究设备等视觉技术延伸了感官和个人在世界上的方向，但其仅关注体外技术。相似地，《具身技术》(*Embodied Technics*, 2010) 探讨了新技术如何延伸和改造个体具身体验，同样排除了植入体内的技术。有趣的是，他在 2011 年批判超人类主义的论文中，捎带提及了植入物。以义肢为例，他描述了这些技术如何改变个体对环境的感受并带来之前不曾拥有的能力。还有，虽然没有展开进一步论述，他强

第一章 / 再物质化赛博格

调了批判性审视赛博格物质性的重要性。伊德没有得出赛博格身体的存在需要重新思考或扩展他提出的人与技术关系分类法的结论。包括我在内的其他学者已经接受了这一挑战,通过加入赛博格关系(Verbeek 2008)或融合关系(Kiran et al. 2015)在伊德分类法基础上,引入新的人机关系指代身体和机器融合的具身关系。然而,唐·伊德和彼得·保罗·维贝克(Peter Paul Verbeek)的后现象学方法主要感兴趣在于戴植入物的人如何感知世界并如何被这些技术设备改变。如露西·达利伯特论述的,这些研究"依然把技术和身体放入黑箱"(Dalibert 2014, 180)。

25 一些新进入市场的植入物把部分能动性委派给使用者。治疗帕金森的深部脑刺激植入物和治疗慢性疼痛的脊髓刺激植入物允许患者为提高和降低刺激水平与设备互动(Morrison & Bliton 2011; Dalibert 2014)。

26 有关人工耳蜗的详细描述请见 Besmer (2012)、Blume (2010) 和 Mauldin (2014)。有趣的是,有些新设备的引入显示体外技术与体内技术更流动的边界,这些技术可以集成到同一个技术援助。

27 例如,"穿戴者"一词常被荷兰除颤仪基金会(STIN)使用(www.sidned.nl),而"接受者"常被医学论文使用。

28 从这个角度,体内安装起搏器和除颤仪的人对医护人员的依赖与那些使用皮下荷尔蒙避孕药的女性相似。见 Mintzes et al. (1993) 对这一依赖关系的详细描述。

29 和患者相似,心脏科医师通常也无法根据他们的喜好自由选择植入物的类型和品牌。在荷兰,考虑到每一个品牌对控制植入设备的软件和技能要求都不同,医疗保险机构仅允许医院购买有限的几个品牌,以降低设备和人工成本(Split 2012, 3)。

30 2018年12月3日访问,https://single-market-economy.ec.europa.eu/single-market/european-standards/harmonised-standards/implantable-medical-devices_en。

31 见第七章对临终前关闭内置心脏设备有关决定的政策和实践更为详细的分析。

32 见 Markussen et al. (2000)、Bjorn & Markussen (2013) 对赛博格一词的历史进一步的重构。

33 尽管他们的植入物在小鼠实验获得成功,克莱恩斯和克莱恩未能成功改造人体适应太空生存(Kline 2009)。

34 代表性研究包括 Balsamo (1996)、Gray (2001)、Fukuyama (2002) 和 Hughes (2004)。有趣的是,许多赛博格研究,包括唐娜·哈拉维的工作没有局限于植入体内的技术。比如,克里斯·哈布莱斯·格雷(Chris Hables Gray)和他同事在"赛博格数据库"(Cyborg Database)(Gray et al. 2010)描述了他们称作"赛博格化"的多种类型。他们的分类包括纳入活物质（包括病毒、植物、昆虫和哺乳动物）和对身体的技术干预（比如机器义肢、基因工程、疫苗和异种移植）。因为可纳入非人元素的整合程度从巨大到一般不等，格雷认为"基本上存在无数的赛博格，生命因人类创造和干预而倍增"（Gray 2011, 88）。

35 再一次，存在少数值得注意的例外。见 Andersen et al. (2011)、Bjorn & Markussen (2013)、Kaufman et al. (2011)、Kaufman & Fjord (2011)、Leder & Krucoff (2011) 和 Pollock (2008)。

36 在批评赛博格文献只关注流行文化里"人机融合和混合身体的极端版本"时，史蒂文·门托（Steven Mentor）引入"平凡的赛博格"一词。它也反映了日常赛博格所关注的一些问题，尤其是赛博格不仅是虚构的而是"就在我们身边"（Mentor 2011, 54）。然而，门托仅关注体外技术，如手机、笔记本电脑、远程控制、汽车和外骨骼。他对研究体外技术的偏好反映了赛博格研究的广泛趋势。过去数十年，赛博格的概念已成为一个涵盖几乎所有人—机关系的总称。因此，"日常赛博格"概念也很重要，因为它会帮助聚焦且差异化有关赛博格的讨论。

37 流行媒体中男性化赛博格的少数值得注意的例外包括《无敌女金刚》和《星际迷航》中的"九之七"引入了女性赛博格形象。与男性赛博格类似，女性人-机混合身体也反映了身体的主要性别特征，其中技术改造侧重于女性生殖解剖学（Haddow et al. 2015, 503）。

38 见第五章对性别如何在起搏器和除颤仪的世界起作用的详细描述。

39 义肢一词常用在赛博格人类学、技术哲学和残障研究，以超越身体/技术、男性/女性和正常/残障的二元对立。这些文章旨在研究身体、技术和主观性之间的关系，这些关系"远超出用物质替代缺失身体部分的医学定义"（Jain 1999）。虽然义肢文献关注许多赛博格文献阐述的议题，但它还包括"义肢意识"和"义肢美学"等话题（Sobchack 2006, 19）。莎拉·贾恩（Sarah Jain 1999）批评早期义肢研究忽略了不同技术之间的差异，其中"义肢延伸的比喻被呈现为似乎在某种程度上是等同的，从打字机到……硅胶植入物。义肢和身体都被概括为一种形式，否认身体如何能够并且确实'运用'各种技术"。值得注意的是，赛博格研究也倾向于陷入同样的陷阱，忽视了植入物和体外技术之间的差异。

40 "心脏的电系解剖与功能"，2019年6月14日访问，www.hopkins-medicine。20世纪初以来，心脏的电活动已使用心电图绘制并监控，其产生的图形波随后被视作生与死的信号（Rodgers 2011）。从那时起，心电图已成为诊断和治疗心脏病的重要医疗工具，并构成起搏器和除颤仪监测心律失常的重要组成部分。

参考文献

Afolabi, B. A., & Kusumoto, F. M. (2012). Remote monitoring of patients with implanted cardiac devices—A review. *European Cardiology, 8*(2), 88–99.

Akrich, M. (1992). The de-scription of technical objects. In W. Bijker & J. Law (Eds.), *Shaping technology-building society: Studies in sociotechnical change* (pp. 205–244). Cambridge, MA/London: MIT Press.

Akrich, M., & Latour, B. (1992). A summary of a convenient vocabulary for the semiotics of human and nonhuman assemblies. In W. Bijker & J. Law (Eds.), *Shaping technology-building society: Studies in sociotechnical change* (pp. 259–264). Cambridge, MA/London: MIT Press.

Alaimo, S., & Hekman, S. (2008). Introduction: Emerging models of materiality in feminist theory. In S. Alaimo & S. Hekman (Eds.), *Material feminisms* (pp. 1–19). Bloomington: University of Indiana Press.

Andersen, T., Bjorn, P., Kensing, F., & Moll, J. (2011). Designing for collaborative interpretation in telemonitoring: Re-introducing patients as diagnostic agents. *International Journal of Medical Informatics, 80*, 112–126.

Anonymous. (2010). *ICDs at a glance.* Infographic based on data published by the Heart Rhythm Society in September 2010 and collected by the National ICD Registry (2006–2009). http://icdusergroup-blogspot.nl. Accessed 8 Apr 2014.

Anonymous. (2017). Global next generation pacemaker and ICD market analysis and forecasts (2017–2013). PR Newswire New York. http://www.reporterlink.com/p04959792/global-next-generation-pacemaker-and-ICD-market-analysis-and-forecast.html. Accessed 8 Nov 2018.

Balsamo, A. (1996). Reading cyborgs, writing feminism: Reading the body in contemporary culture. In A. Balsamo (Ed.), *Technologies of the gendered body: Reading cyborg women* (pp. 3–22). Durham/London: Duke University Press.

Baman, T. S., et al. (2010). Pacemaker reuse. An initiative to alleviate the burden of symptomatic bradyarrhythmia in impoverished nations around the world. *Circulation, 122*, 1649−1656.

Baman, T. S., et al. (2011). Safety of pacemaker reuse. A meta-analysis with implications for underserved nations. *Circulation, Arrhythmia and Electrophysiology, 4* (3), 318−323.

Barad, K. (2007). *Meeting the universe halfway. quantum physics and the entanglement of matter and meaning*. Durham: Duke University Press.

Besmer, K. (2012). Embodying a translation technology: The cochlear implant and cyborg intentionality. *Techne: Research in Philosophy and Technology, 16* (3), 296−316.

Betcher, S. (2001). Putting my foot (prosthesis, crutches, phantom) down: Elusive definitions. *Journal of Medicine and Philosophy, 35*, 641−655.

Bjorn, P., & Markussen, R. (2013). Cyborg heart: The affective apparatus of bodily production of ICD patients. *Science and Technology Studies, 26* (2), 14−28.

Blume, S. (2010). *The artificial ear: Cochlear implants and the culture of deafness*. New Brunswick: Rutgers University Press.

Bracke, F. A. L. E., et al. (2009). Primary prevention with the ICD in clinical practice: Not as straightforward as the guidelines suggest? *Netherlands Heart Journal, 17*(3), 107−110.

Brown, N., & Webster, A. (2004). *New medical technologies and society. Reordering life*. Cambridge/Maldan: Polity Press.

Butler, K. (2013). *Knocking on heaven's door. The path to a better way of death*. New York: Scribner.

Camm, A. J., & Nisam, S. (2010). European utilization of the implantable defibrillator: Has 10 years changed the "enigma"? *Europace, 12*, 1063−1069.

Clynes, M., & Kline, N. (1960). Cyborgs and space. Reprinted in In C. H. Gray, S. Mentor, & H. Figueroa-Sassiera (Eds.) (1995) *The cyborg handbook* (pp. 29−33). London: Routledge.

Connell, R. W. (2005). *Masculinities* (2nd ed.). Berkeley/Los Angeles: University of

California Press.

Dalibert, L. (2014). *Posthumanism and technologies: Exploring the intimate relations between humans and technologies*. PhD thesis, University of Enschede, Enschede.

Dalibert, L. (2016). Living with spinal cord stimulation: Doing embodiment and incorporation. *Science, Technology & Human Values, 41*(4), 635–660.

Dam Nielsen, K. (2015). *Invited to participate? An ethnography of patient-involving e-health in heart care*. PhD thesis, Graduate School of the Faculty of Health and Medical Sciences. University of Copenhagen, Copenhagen.

de Boer, M. (2016). *Extended bodies. An empirical-philosophical study of women's bodily experiences in breast cancer*. PhD thesis, Maastricht University, Maastricht.

de Lissovoy, G. (2007). The implantable cardiac defibrillator: Is the glass half empty or half full? *Medical Care, 45*(5), 371–373.

Dickerson, S. S. (2002). Redefining life while forestalling death: Living with an implantable cardioverter defibrillator after a sudden cardiac death experience. *Qualitative Health Research, 12*(3), 360.

Epstein, A. E., et al. (2013). ACCF/AHA/HRS focused update incorporated into the ACCF/AHA/HRS 2008 guidelines for device-based therapy of car diac rhythm abnormalities. A report of the American College of Cardiology Foundation/American Heart Association Task Force on Practice Guidelines and the Heart Rhythm Society developed in collaboration with the American Association for Thoracic Surgery and Society of Thoracic Surgeons. *Journal of the American College of Cardiology, 61*(3), e6–e75.

FDA. (2011, April 7). Heart patients share perspectives on deactivation, donation and reuse of ICD devices. *FDA News Device Daily Bulletin*.

Fox, N. J. (2012). *The body*. Cambridge/Oxford/Boston/New York: Polity.

Fuchs, V. R. (1968). The growing demand for medical care. *New England Journal of Medicine, 279*(4), 190–195.

Fukuyama, F. (2002). *Our posthuman future*. New York: Ferrar Straus & Giroux.

Gillick, M. R. (2004). Medicare coverage for technological innovations—Time for new criteria? *New England Journal of Medicine, 350*(21), 2199-2203.

Goldberg, J. (1995). Recalling totalities: The mirrored stages of Arnold Schwarzenegger. In C. H. Gray, S. Mentor, & H. Figueroa-Sassiera (Eds.), *The cyborg handbook* (pp. 233-254). New York/London: Routledge.

Goldstein, N. E., & Lynn, J. (2006). Trajectory of end-stage heart failure: The influence of technology and implications for policy change. *Perspectives in Biology and Medicine, 49*(1), 10-18.

Gray, C. H. (2001). *Cyborg citizen.* New York/London: Routledge.

Gray, C. H. (2011). Homo cyborg: Fifty years old. *Revista Teknokultura, 8*(2), 83-104.

Gray, C. H., Mentor, S., & Figueroa-Sassiera, H. (Eds.). (1995). *The cyborg handbook.* New York/London: Routledge.

Gray, C. H., et al. (2010). *The cyborg database.* http://www.cyborgorgdb.org.

Greatbatch, W. (2000). *The making of the pacemaker. Celebrating a lifesaving invention.* Amherst/New York: Prometheus Books.

Greene, J. (2018). World Medical Relief OK'd to deliver refurbished pacemakers to underserved countries. *Crain's Detroit Business.* http://www.crainsde-troit.com/print/664086. Accessed 3 July 2018.

Haddow, G., King, E., Kunkler, I., & McLaren, D. (2015). Cyborgs in the everyday: Masculinity and biosensing prostate cancer. *Science as Culture, 24*(4), 484-506.

Haraway, D. (1985). Manifesto for cyborgs: Science, technology and socialist feminism in the 1980s. *Socialist Review, 80*, 65-108.

Haraway, D. (1991). *Simians, cyborgs and women: The reinvention of nature.* London: Free Association Books.

Haraway, D. (2008). *When species meet.* Minneapolis: University of Minnesota Press.

Helmreich, S. (2013). Potential energy and the body electric: Cardiac waves, brain waves, and the making of quantities into qualities. *Current Anthropology, 54*(7), 139-148.

Hidefjall, P. (1997). *The pace of innovation. Patterns of innovation in the cardiac pacemaker industry.* PhD thesis, Linkoping University, Linköping.

Hlatky, M. A. (2004). Evidence-based use of cardiac procedures and devices. *New England Journal of Medicine, 350*(21), 2126−2128.

Hughes, J. (2004). *Citizen cyborg*. Boulder: Westview.

Ihde, D. (1990). *Technology and the lifeworld: From garden to earth*. Bloomington and Minneapolis: Indiana University Press.

Ihde, D. (2001). *Bodies in technology*. University of Minnesota Press.

Ihde, D. (2010). *Embodied technics*. Copenhagen: Automatic Press/VIP.

Ihde, D. (2011). Of which human are we post? In *Essay, Transhumanism and its critics*. https://www.metanexus.net/h-whoch-human-are-we-post/. Accessed 21 Nov 2018.

Jain, S. S. (1999). The prosthetic imagination: Enabling and disabling the prosthetic trope. *Science, Technology & Human Values, 24*(1), 32−46.

Jeffrey, K. (2001). *Machines in our hearts: The cardiac pacemaker, the implantable defibrillator, and American health care*. Baltimore: Johns Hopkins University Press.

Jones, C. A. (2006). The mediated sensorium. In C. A. Jones (Ed.), *Sensorium: Embodied experience, technology, and contemporary art* (pp. 5−49). Cambridge, MA: MIT Press.

Kaufman, S. R. (2015). *Ordinary medicine. Extraordinary treatments, longer lives, and where to draw the line*. Durham/London: Duke University Press.

Kaufman, S. R., & Fjord, L. (2011). Making longevity in an aging society: Linking technology, policy and ethics. *Medische Antropologie, 23*(1), 119−138.

Kaufman, S. R., Mueller, P. S., Ottenberg, A. L., & Koenig, B. A. (2011). Ironic technology: Old age and the implantable cardioverter defibrillator in US health care. *Social Science and Medicine, 72*(1), 6−14.

Kiran, A., Verbeek, P. P., & Oudshoorn, N. (2015). Beyond checklists: Towards an ethical-constructive technology assessment. *Journal of Responsible Innovation, 2*(1), 5−19.

Kirkpatrick, J. N., et al. (2010). Reuse of pacemakers and defibrillators in developing countries: Logistical, legal, and ethical solutions. *Heart Rhythm, 7*(11), 1623−1627.

Kline, R. (2009). Where are the cyborgs in cybernetics? *Social Studies of Science, 39*(3), 331−362.

Koenig, B. (1988). The technological imperatives in medical practice. In M. M. Lock &

D. Gordon (Eds.), *Biomedicine examined* (pp. 465–496). Boston: Kluwer Academic Publishers.

Latour, B. (2005). *Reassembling the social: An introduction to actor-network theory.* New York: Oxford University Press.

Leder, D., & Krucoff, M. W. (2011). Toward a more materialistic medicine: The value of authentic materialism within current and future medical practice. *The Journal of Alternative and Complementary Medicine, 17*(9), 859–865.

Lettow, S. (2011). Somatechnologies: Rethinking the body in philosophy of technology. *Techne, 15*(2), 110–117.

Markussen, R., Lykke, N., & Olesen, F. (2000). Cyborgs, coyotes and dogs: A kinship of feminist figurations. Interview with Donna Haraway. *Kvinder, Kon & Forskning, 2*, 6–15.

Mauldin, L. (2014). Precarious plasticity: Neuropolitics, cochlear implants, and the redefinition of deafness. *Science, Technology & Human Values, 39*(1), 130–154.

Mentor, S. (2011). The coming of the mundane cyborg. *Revista Teknokultura, 8*(1), 47–61.

Mintzes, B., Hardon, A., & Hanhart, J. (1993). *Norplant: Under her skin.* Amsterdam: Women's Health Action Foundation and WEMOS.

Mol, A. (2002). *The body multiple. Ontology in medical practice.* Durham/London: Duke University Press.

Moore, S. (2018, September 3). *Top trends from Gartner hype cycle for digital government technology, 2018.* https://www.gartner.com/smarterwithgartner/top-trends-from-gartner-hype-cycle-for-digital-government-technology-2018/. Accessed 3 Dec 2018.

Morrison, D. R., & Bliton, M. J. (2011). Exploring layers of meaning with deep brain stimulation patients. *AJOB Neuroscience, 2*(1), 26–28.

Moser, I. (2008). Making Alzheimer's disease matter. Enacting, interfering and doing politics of nature. *Geoforum, 39*, 98–110.

Nederlandse Hartstichting. (2017). *Hart en vaatziekten in Nederland 2017. Cijfers over leefstijl, risicofactoren, ziekte, en sterfte*. https://www.hartstichting. nl/.../cijferboek-hartstichting-hart-vaatziekten-nederland-2017. Accessed 8 Nov 2018.

Nelson, D. M. (2001). Phantom limbs and invisible hands: Bodies, prosthetics and late capitalist identifications. *Cultural Anthropology, 16*(3), 303–313.

Nieuwenhuis, H. (2018). Gesprek over deactiveren ICD wordt vaak te laat gehouden. *STIN Journaal, 3*, 8–10.

Nordmann, E. (2007). If and then: A critique of speculative nanoethics. *NanoEthics, 1*, 31–46.

Olde Nordkamp, L. R. A., et al. (2013). The ICD for primary prevention in patients with inherited cardiac disease. Indications, use and outcome: A comparison with secondary prevention. *Circulation, Arrhythmia and Electrophysiology, 6*, 91–100.

Oudshoorn, N. (2015). Sustaining cyborgs. Sensing and tuning agencies of pacemakers and ICDs. *Social Studies of Science, 45*(1), 56–76.

Oudshoorn, N., & Pinch, T. (Eds.). (2003). *How users matter: The co-construction of users and technologies*. Cambridge, MA: MIT Press.

Oudshoorn, N., Brouns, M., & van Oost, E. (2005). Diversity and distributed agency in the design and use of medical video-communication technologies. In H. Harbers (Ed.), *Inside the politics of technology*. Amsterdam: Amsterdam University Press.

Pinch, T., & Bijsterveld, K. (Eds.). (2012). *The Oxford handbook of sound studies*. Oxford: Oxford University Press.

Pollock, A. (2008). The internal cardiac defibrillator. In S. Turkle (Ed.), *The inner history of devices* (pp. 98–110). Cambridge, MA: MIT Press.

Pollock, A. (2015). Heart feminism. *Catalyst. Feminism, Theory and Technoscience, 1*(1), 1–30.

Priori, S. G., et al. (2015). ESC guidelines for the management of patients with ventricular arrhythmias and the prevention of sudden cardiac death The Task Force for the Management of Patients with Ventricular Arrhythmias and the Prevention of Sudden Cardiac Death of the European Society of Cardiology (ESC). *European Heart Journal*. https://doi.org/10.1093/eurheartj/ehv316.

Rice, T. (2010). Learning to listen: Auscultation and the transmission of auditory knowledge. *Journal of the Royal Anthropological Institute, 16*(1), 41–61.

Rodgers, T. (2011). What, for me, constitutes life in sound? Electronic sounds as lively and differentiated individuals. *American Quarterly, 63*(3), 509–530.

Rosamund, W., et al. (2007). Heart disease and stroke statistics–2007 update: A report from the American Heart Association Statistics Committee and Stroke Statistics Subcommittee. *Circulation, 115*, e69–e171.

Runge, M. W., et al. (2017). Pacemaker recycling: A notion whose time has come. *World Journal of Cardiology, 9*(4), 296–303.

Sager, M., & Zuiderent-Jerak, T. (2016). Standardization from the heart: Resisting evidence-biased medicine and complexity-biased STS. Unpublished article.

Sandberg, A., & Bostrom, N. (2006). Converging cognitive enhancement. *Annals of the New York Academy of Science, 1093*, 201–227.

Shapin, S. (2012). The science of subjectivity. *Social Studies of Science, 42*(2), 170–184.

Shim, J. K., Russ, A. J., & Kaufman, S. R. (2008). Late-life cardiac interventions and the treatment imperative. *PLoS Medicine, 5*(3), e7.

Singleton, V. (2005). The promise of public health: Vulnerable policy and lazy citizens. *Environment and Planning: Society and Space, 23*, 771–786.

Snipes, G., Rosman, J., & Sears, S. (2011). *End of life and heart rhythm devices*. Heart Rhythm Society. http://www.hrsonline.org/…/End-of-Life-20. Accessed 24 May 2018.

Sobchack, V. (2004). Is any body home? Embodied imagination and visible evictions. In *Carnal thoughts: Embodiment and moving image culture* (pp. 179–204). Berkeley/Los Angeles/London: University of California Press.

Sobchack, V. (2006). A leg to stand on: Prosthetics, metaphor, and materiality. In *The prosthetic impulse: From a posthuman present to a biocultural future* (pp. 17–41). Cambridge, MA: MIT Press.

Split, R. (2012). Kwaliteit van zorg = kwaliteit van leven? *ICD Journaal, 1*, 3.

Swindle, J. P., et al. (2010). Implantable cardiac device procedures in older patients: Use and in-hospital outcomes. *Archive of Internal Medicine, 170*(7), 631–637.

Tung, R., Zimetbaum, P., & Josephon, M. E. (2008). A critical appraisal of implantable cardioverter-defibrillator therapy for the prevention of sudden cardiac death. *Journal of the American College of Cardiology, 52*(14), 1111–1121.

Turkle, S. (Ed.). (2008). *The inner history of devices*. Cambridge, MA: MIT Press.

van Noort, W. (2018, December 1). Verbeterde mensen zijn goed voor de samenleving. *NRC,* pp. 20–21.

Verbeek, P. P. (2008). Intentionality: Rethinking the phenomenology of human-technology relations. *Phenomenology and the Cognitive Sciences, 7*(3), 387–395.

Virdi, J. (2020). *Hearing happiness. Deafness cures in history*. Chicago: University of Chicago Press.

Woolgar, S. (1991). Configuring the user: The case of usability trials. In J. Law (Ed.), *A sociology of monsters: Essays on power, technology and domination* (pp. 58–99). London: Routledge.

Yarnoz, M. J., & Curtis, A. B. (2007). Why cardioverter-defibrillator implantation might not be the best idea for your elderly patient. *The American Journal of Geriatric Cardiology, 15*(6), 367–371.

第二章

脆弱的身体，变革性技术与韧性赛博格

变革性技术

要理解成为韧性赛博格需要什么，我们需要重新思考有关起搏器和除颤仪的主流医学论述，尤其是那些提供给患者阅读的文字所体现观点。这些产业和医院网站上及为即将接受体内心脏设备植入的人撰写的阅读手册上的信息，把起搏器和除颤仪描绘成解决他们心脏问题的有效工具。[1] 尽管这些植入体在提高心脏病患者健康状况方面可以扮演重要角色，这种工具理性的观点忽视了技术意想不到的后果，因而是存在问题的。科学技术研究、医学社会学和人类学学者均已指出，医疗技术做出许多超出预期的事。这些丰富的文献描述了在对健康与疾病、照护、风险、基于身体的身份认同、社会关系、机构和治理体制的重新排序中，医疗技术如何作为重要参与者发挥作用，并且仅作为这些重新排序过程的一部分而存在（Brown & Webster 2004; Faulkner

---

© The Author(s) 2020

N. Oudshoorn, *Resilient Cyborgs*, Health, Technology and Society,

https://doi.org/10.1007/978-981-15-2529-2_2

2009; Lehoux 2006; Lupton 2012; Mol 2002; Webster 2007）。当代医疗器械渗透人类生命历程各个方面，包括生殖、维持身体机能和能力、通过移植和替换方式重构身体组成部分以及重构死亡过程和死亡。

对身体生物医学化的不断加深（Clarke et al. 2003, 2010）意味对身体的改造，这对何为与病症相处、何为人具有深远影响（Brown & Webster 2004; Casper & Morrison 2010; Clarke 1995; Franklin 2000; Lehoux 2006; Rose 2007）。以世界范围内第二常见的器官移植心脏移植为例。过去十年，哲学家们批判了把心脏移植看作纯技术流程，其中心脏被视作"可以随意交换的一个身体功能部分"的主流医学观念（Shildrick 2012, 234）。玛格丽特·希尔德里克（Margrit Shildrick）在《想象心脏》（*Imagining the Heart*，2012）中描述了这种笛卡尔式、机械的身体观如何与许多接受心脏移植手术的人的切身经历形成鲜明对比。对接受心脏移植的人来说，心脏不单纯是个泵，而被视为他们是谁的核心。因此，他们对医疗风险并不特别担忧，反而对这个曾属于他人的器官将如何影响他们的个人身份、情绪和情动充满担忧（Shildrick 2012, 234）。这些存在主义式担忧可能不仅涉及捐献器官的他者化，还包括对自身衰竭心脏的影响。法国哲学家让-吕克·南希（Jean-Luc Nancy）在心脏移植自传式记述中描述到，他的自我意识如何没有受到捐赠心脏的太大威胁。相反，他的担忧与患病的心脏、导致他癌症的免疫抑制药物以及一直存于体内的病毒和细菌有关。南希没有把捐赠的心脏描绘为侵入者，而提出是他自己的心脏、对死亡的预期和服用的药物让他成为"他自己的陌生人"（Nancy 2000, 10）。

生物特征识别技术提供了技术具有变革性能力的另一个生动例子。在《当生物识别技术失败时》（*When Biometrics Fail*，2011），索莎娜·阿

第二章 / 脆弱的身体，变革性技术与韧性赛博格

弥勒·玛格纳顿（Soshana Amielle Magnet）描述了为生物特征识别引入的技术是如何失效的，究其原因，它们的生物特征代码基于"人们的身体都是相同的并且个体身体随时间推移是稳定或不变的"（Magnet 2011，封底文字）的假设来分配身份给人体。数字指纹、虹膜和视网膜识别等技术把身体转化为消除了种族、阶级、性别、性取向或能力的任何文化理解的"物本身"（p. 4）。玛格纳顿指出，把复杂的人简化为预定义的、稳定的类型和二进制代码对特权类型之外的人有重大影响，尤其是女性、有色人种和残障人士，这些人常被错误识别而被排除在获取基本服务之外（Magnet 2011, 45）。

易受伤的身体和脆弱的技术

如果我们想了解与体内植入性技术生活意味着什么，把技术的变革性考虑在内也很重要。如我在本书所描述的，起搏器和除颤仪不仅作为可能起到救命作用的技术通过干预心律问题来行动，还同时通过引入新的脆弱性来改变脆弱的身体。从这个角度，技术改造的身体因兼含身体和技术两方面脆弱性，对"脆弱性"的理解提出了挑战。我在本书提出这样一个论点：任何理解植入人体技术如何影响这些设备拥有者的日常生活与身体的尝试都应把这两方面脆弱性考虑在内。首先，因为必须生活在技术与他们身体持续、密不可分的交织中，"日常赛博格"（Haddow et al. 2015）面临新的脆弱性。起搏器和除颤仪的不可逆性和自主性深刻地改变了所面临的脆弱性类型。因为起搏器和除颤仪是具有能动性的植入物，这些设备的电脉冲和电击引发对心脏脆弱性新的感知。尽管无须携带这些内置心脏设备的人也能感知心跳，也可

能会因心律不齐而惊慌失措，起搏器和除颤仪的电刺激及其维护会终生提醒植入者被技术改造了身体的存在和脆弱性。哪怕日常赛博格早已熟知他们的心脏问题，内置心脏设备改变了其对心脏脆弱性的感知。心脏的正常工作现在取决于植入物的电脉冲对他们心脏出现故障的电刺激所进行的调整。此外，这些电刺激的微调不是仅发生在植入手术结束时的一次性程序。人们的心律和生活方式的改变可能需要更频繁地对其心脏起搏模式进行编程。值得关注的是，对起搏器或除颤仪不合理的编程不仅可能导致生活质量下降，还可能导致过早死亡（Tseng et al. 2015; Bouma 2018）。因此，采用第一章描述的再物质化赛博格的研究方法，日常赛博格的脆弱性可被概念化为身体和内置设备的物质能动性间精妙的平衡受到干扰所造成的伤害。尽管赛博格文献常把赛博格描绘为身体和技术的无缝融合，但我将展示这一融合如何涉及广泛的监控和检查轨迹，而且可能不是每个人都能实现。

其次，因为与身体一样，技术也会失败，与植入物共同生活的人可能体验新的脆弱性。与体外技术相比，预测由故障植入物造成的伤害可能涉及其他类型的预测，因为你永远无法逃避植入体内技术。尽管有些体外技术的风险——想想化学爆炸物或核电站——同样不受人控制，但与身体交织、密不可分的技术对那些拥有这些植入物的人构成了持续的潜在威胁。植入体内的设备无法逃脱的亲密感可能引发不同类型的焦虑和对这些设备潜在伤害的认知，这不同于与住在工业园附近的居民所经历的伤害。体内技术可能构成一种受植入物能动性，包括它的失败支配的感觉。可以肯定的是，我不想暗示脆弱性是一种技术预先设定的能力。科学技术研究学者在《技术文化的脆弱性》（*The Vulnerability of Technological Cultures*）中已令人信服地论证了脆弱性不应被看作技术系统或人类存在的一种"固有恒定的特征"。这些研究也强调脆弱性不是某个个体或群体的固有属性（Bijker et al. 2014, 14, 21）。延续这种建构主义方法，我将脆弱性视为一种源于并依赖于技术文化中特定情况的"新兴属性"，而不是技术或人类的固有能力（Bijker et al. 2014, 6）。

例如，考虑一下除颤仪和起搏器导线的脆弱性。尽管长期以来导线被视为这些植入物的最薄弱环节，但导线薄化的趋势在过去十年引发除颤仪主要生产厂家间激烈竞争，进一步增加了导线故障的风险（2012年访谈心脏科医师）。[2] 除却竞争，缺乏严格的医疗器械安全测试监管也严重影响了起搏器和除颤仪的脆弱性。缺乏监管造成这样一种情况：植入物可能造成若经充分检测本可避免的伤害（Tseng et al. 2015）。以制药行业为例，新药上市前必须经过受严格监管的临床试验及美国食品药品管理局和欧洲药品管理局的批准，但无论是上市前还是上市后，调查与监测医疗器械风险的监管要少得多。[3] 缺乏严格的治理结构导致低估了设备故障的发生率，这已成为新闻媒体近期关注的一个主要问题。面对医疗器械入市前监管缺位的情况，在36个国家拥有250多名记者的国际调查记者同盟（International Consortium of Investigative Journalists）发起了一项全球调查，就医疗植入物如何被测试、批准和推广展开研究，他们得出结论，许多植入物事故从未被报道。在《植入物案卷》（*Implant File*）中，国际调查记者同盟警告到，由于故障设备的监测和注册存在缺陷，植入物发生事故的重要信息无法传递给患者（Bouma & Visser 2018）。[4] 例如，就起搏器和除颤仪情况，很少对猝死进行审讯和尸检（Bouma 2018）。因此，猝死是否由设备故障，例如电池没电、导线断裂或技术人员对植入物的错误调试等引起的，在很大程度上是未知的。[5] 设备行业依赖实验室测试和患者死亡后医师的报告来估计设备故障发生的概率，这也造成对设备故障的漏报。这意味着，患者生存期内出现的设备故障事件是未被统计的。[6]最重要的是，故障设备对与其共同生活意味着什么产生严重后果。除颤仪故障可能导致过早死亡（Tseng et al. 2015），并且故障起搏器和除颤仪需要手术更换设备，而这本可以通过充分的上市前测试来避免（Bouma 2018）。[7] 预防和识别起搏器和除颤仪故障的治理结构存在这些缺陷，使得理解当植入人体的技术从守护有限生命的卫士变成对脆弱人体的威胁时，到底发生了什么变得愈加紧迫。

采用建构主义研究脆弱性的重要性还体现在它承认脆弱性不完全是一个负面问题。相反，一定程度的脆弱性是重要的，因为它可能引起对技术系统脆弱性的警觉和认知，并在适应和学习如何应对技术的潜在风险和失败中发挥作用（Bijker et al. 2014, 2, 3, 22; Palmboom & Willems 2014）。或如维贝·比克（Wiebe Bijker）及其同事所说，"一个文化的脆弱性甚至可被看作是其生存的必要条件：一种文化只有能够学习、创新并灵活应对外来威胁，才能长期持续存在下去"（Bijker et al. 2014, 22）。因此，超越仅负面看待脆弱性的观点，不仅提供了一种有用的方法来研究科学技术研究重点关注的技术系统[8]的韧性，还可用来研究植入体内技术的韧性。从科学技术研究的这一视角，韧性不被视为脆弱性的对立面，而是与其呈关系性的概念（Healy & Mesman 2014, 155）。

韧性技法

为了解日常赛博格如何针对其被技术改造的身体建立韧性，我采用并优化了心理学[9]中发展起来的韧性观点。韧性的英文源自拉丁文

resilio，原意是"跳回来"（Klein et al. 1998）。20世纪70年代，心理学首次定义了韧性概念，指"事情出错时坚持和适应的能力"（Reivich & Shatte 2002）。[10] 心理学早期有关韧性的研究采用本质主义观点，将韧性行为概念化为一种人格特征。例如，发育心理学着力寻找解释弱势儿童对灾难性生活事件做出不同反应的个人品质（Luthar et al. 2000）。然而，当代研究已经从这种本质主义、个人主义研究思路转向强调学校、家庭、亲密朋友等"支持系统"的重要性，指出在极端困境下，这些支持系统可以帮助人们维持运行（Wright et al. 2013）。自20世纪70年代初，心理学家一直试图了解帮助人们从创伤性经历恢复的深层保护过程，以识别"保护机制"（Werner 1989）。一篇回顾当前知识的综述把韧性描述为"一个让暴露于持续逆境或潜在创伤性事件的个体，随时间推移经历积极心理适应的动态心理社会过程"（Graber et al. 2015, 5）。

同样重要的是，韧性不再被看作静止不变的，而是随着人一生展开的。对儿童和青少年而言，家庭对其发展应对技能起重要作用，而成人的韧性可能由社会支持性网络和童年习得的应对压力的方式共同塑造。人们学习适应压力和创伤性经历的方式也可能因性别、年龄、社会经济背景和文化而异（Graber et al. 2015, 5）。因此，当代心理学把韧性概念化为一个多元过程而非静态的、个体的个人特征。这种韧性概念的转变很重要，因为本质主义冒着指责个人无法应对压力或创伤的风险，并将韧性看作危机时期幸存者具有的非凡能力。或者，如评估早期韧性研究的心理学家所总结的，把韧性看作有些人具备而其他人不具备的个人特质的方法"将韧性归于神奇的领域，只有能够经受住任何风暴的非凡儿童才能获得"[11]。另一个问题是，个人主义的视角将处理风险和不良事件的责任归于个人，而不是政府政策或社会组织[12]，或者，就健康风险而言，归于医护人员、卫生政策和产业。

将韧性概念化为一个过程而非固定的个人特征，为理解成为韧性赛博格需要什么提供了重要启发。从这个角度来看，韧性不是与生俱来的或静态的，而是"一直在塑造"（Healy & Mesman 2014, 160）。然而，还需要克服一个概念上的障碍。尽管韧性研究多年来已经扩展到包括许多紧迫的社会问题，如移民、无家可归者、全球气候变化、城市规划、战争冲突和人类免疫缺陷病毒／获得性免疫缺乏综合征（艾滋病病毒／艾滋病）等公共卫生问题[13]，在韧性的理论化建构中，技术在很大程度上被忽视了。因此，本书希望通过区分技术影响韧性的两种方式来填补这一空白。首先，技术可以通过让人们认识到人类存在的脆弱性来增强韧性。因为现代社会严重依赖技术基础设施，预测技术故障或事故风险已成为日常生活的一部分。如乌尔里希·贝克（Ulrich Beck）和安东尼·吉登斯（Anthony Giddens）所强调的，当代社会正处在工业化社会向"风险社会"（Beck 1992）或"风险文化"（Giddens 1990, 1991）转型的过程中，在人们的选择和所使用的技术中，风险无处不在。生活在技术文化中意味着人们必须学会应对技术的潜在风险和故障，包括如化工厂、核电站等技术系统引发的灾难和如电力系统、数字通信网络等技术设施发生的故障（Hommels et al. 2014）。尽管有些韧性心理学研究了人们如何适应技术灾难的外在威胁及体外技术造成的风险[14]，但在理论化韧性时，并未考虑体内技术带来的威胁。如我在本书描绘的，对与植入物共同生活的人来说，认识到他们混合身体的脆弱性为保护身体不受伤害提供了重要资源。

技术构成韧性的第二种方式是技术设备可以为人们提供建立韧性的重要资源。在这方面，重要的是将心理学韧性研究引入的支持系统

第二章 / 脆弱的身体，变革性技术与韧性赛博格

研究方法从仅关注社会支持体系，例如保护性家庭环境和支持性友人或亲密伴侣（Graber et al. 2015），拓展到包括技术物这一角色。在科学技术研究学者诺尔特·马雷斯（Noortje Marres）的启发下，我提出技术物塑造了一种独特的韧性形式。在《物质参与：技术、环境与日常公众》(*Material Participation: Technology, the Environment and Everyday Publics*，2015）一书中，她描述了物品在促成新的政治参与形式方面发挥的重要作用，并得出结论，如果我们想了解公众参与政治情况，就应该"认真对待物质条件"（Marres 2012，封底文字）。将马雷斯的呼吁用于韧性，我们可能期望物品在韧性建设中也发挥作用。因此，我采用这一观点，把韧性的物质形式纳入完善前文提及的再物质化赛博格研究。任何关于是什么让人有韧性还是没有韧性的理解都应该承认，技术可能为人们积极适应潜在的创伤事件和日常生活中面临的风险，包括技术带来的威胁提供了重要资源。因此，关注韧性的物质性能够让我们超越这样一种观点，即与起搏器和除颤仪共同生活的人是这些植入物的被动"受害者"。为此，我提出韧性技法的概念。除了感官体验，韧性技法也为理解连线心脏赛博格的能动性提供了重要的启发。他们可以使用哪些物品、开发哪些技能成为韧性赛博格？

研究问题、研究方法和书的组织

总结一下，日常赛博格的脆弱性和韧性不是个人特征，也不是天生或静态的，而是在身体的、技术的及社会-技术环境的物质性之间的复杂互动中构成和实现的。除了在第一章提出赛博格能动性观点之外，我使用这一方法研究戴着起搏器和除颤仪生活和死亡的人，他们

的日常生活会出现哪些脆弱性和韧性。人们如何感知这些植入物、理解他们被技术改造的身体？他们可以获得哪些社会和物质资源帮助他们积极适应所面临的新脆弱性？性别、年龄以及治理文化和经济的全球差异如何影响哪些身体被物质化为连线心脏赛博格？当赛博格死亡、他们混合身体分崩离析时会发生什么？为回答这些问题，在不同空间、时间和生命阶段，我对与起搏器和除颤仪共同生活的人及其近亲展开了研究，包括去心脏诊所就诊过程中建立韧性，应对恰当和不恰当的除颤仪电击，预期植入物在公共场所、工作环境和家里可能出现的问题，保护带疤痕的女性身体免受他人凝视，不同年龄群混合身体的脆弱性的差异，以及死亡阶段和之后发生的事情。[15]

韧性的技术地理

本书实证研究分为三部分。第二部分"韧性的技术地理"包含的章节旨在揭示提高心脏赛博格物质韧性所需的工作。在许多流行文化和医学记录里，起搏器和除颤仪常被描绘为近乎神奇的技术。由于许多人不熟悉这些植入性心脏设备，这些文本侧重于解释这些设备的技术性能和这些植入物如何帮助解决严重心律问题上。一旦植入体内，它们即能有效地把不规律心跳调回正常节奏。因此，起搏器和除颤仪看起来像是可以自主工作的独立设备（Lehoux 2006, 5）。在这些叙事中，接受设备的人在很大程度是隐形的，或被描述为"戴植入物的人"（Bjorn & Markussen 2013, 18）。这些表述是有问题的，因为它们忽略了起搏器和除颤仪只有被纳入更大的照护基础设施中才能工作，并且依赖于不同参与者的积极参与，包括日常赛博格及其亲密伴侣（Lehoux 2006; Bjorn & Markussen 2013; Dam Nielsen 2015; Oudshoorn 2015）。

第二章 / 脆弱的身体，变革性技术与韧性赛博格

受佩尼尔·比约恩（Pernille Bjorn）和兰迪·马库森（Randi Markussen）对除颤仪远程监控实践研究的启发，我提出重要的是要超越技术和患者是自足和独立的观点。如科学技术研究者论证的，技术只能在包含不同行动者和行动物的异质性网络中存在和生存。重要的是，这些网络或基础设施在人和技术物之间创造了相互依存关系并分配了任务和责任，从而产生了特定的责任地理（Akrich 1992; Oudshoorn & Pinch 2003; Lehoux 2006; Bjorn & Markussen 2013）。顺着这个思路，最好将起搏器和除颤仪视为嵌入照护技术地理中的设备。与我之前描绘的远程护理技术相似（Oudshoorn 2011），这些植入物的工作很大程度上依赖根植当地的、受具体情景影响的护理行为，这些行为分散在不同空间并涉及任务和责任的（再）分配。

我倾向于用地理而不是网络这个术语提醒人们注意责任分配发生在医疗保健中处境不同的行动者和地方之间。相比网络这一比喻假定人和技术设备之间的关系是平等的（Henke & Gieryn 2008），"地理这个术语让我们对责任和工作分配中，将能动性和权利分配给某些行动者但限制或压制其他人能动性的现象产生敏感"（Oudshoorn 2011, 191）。例如，有关旨在监测心律问题的远程护理技术的讨论往往不提患者和远程医疗护士的工作，尽管这些技术将主要责任委托给他们。我在上一本书提出的技术地理研究方法，通过让这些沉寂的行动者的责任和工作变得可见，提供了这些设备如何塑造人和技术关系的不同说明（Oudshoorn 2011，第二章）。从地理角度概念化技术、人和医疗保健之间的关系还强调了技术与人际关系之间相互塑造的地点依赖性。关注地点让我们得以了解技术如何参与重新定义其使用空间的意义和实践。例如，为支持虚弱老人在家独立生活而引入的监控技术参与了将家重

新定义为护理场所的过程，这涉及深刻改变老人体验和感知家的方式（Milligan et al. 2010; Schillmeijer & Domenech 2010）。

在本书第二部分，我把对照护的技术地理研究延伸至韧性。在创造物质韧性赛博格过程，出现了怎样的责任地理，哪些行动者和空间支持或限制了韧性建设？植入体内的技术如何参与重新定义熟悉空间的意义？对起搏器和除颤仪而言，提高心脏赛博格物质韧性的重要空间之一是心脏诊所。如之前提到的，赛博格身体的塑造不是仅在医院手术室发生的一次性程序。第三章描述了这一融合过程涉及长期的监测轨迹，包括到心脏诊所的随访。植入起搏器和除颤仪的人们被指导每年两次去诊所检查他们的设备是否依然正常工作、是否需要替换或调试这些植入物和心脏间的能动性。[16] 基于上述理论框架，我将这些随访视为行动者参与连线心脏赛博格物质韧性建设的空间。第四章通过探索与除颤仪共同生活的人如何应对植入物发出的恰当和不恰当的电击来扩展对脆弱性和韧性的描述。由于除颤仪电击可能发生在任何地方，创造物质韧性赛博格工作不局限于心脏诊所。我描述了涉及预测和驯服除颤仪能动性的韧性技术地理如何包括重要的新空间，例如公共场所、家庭和线上社区，在其中急救人员和连线心脏赛博格发挥重要作用。第五章描述为降低脆弱性引入的设备如何也能带来新脆弱性。对日常连线心脏赛博格来说，通过机场安检，使用电磁机器、家用电器和电子设备，甚至与爱人的亲密接触等活动都有可能变成威胁其设备正常运行的事件。同样容易出问题的是，使用远程控制除颤仪的人有被黑客攻击的风险。因此，对潜在有害事件和情景的预测成为日常生活编排的重要组成部分。这一章探讨在物体和人物理接触过程中启动了何种形式的去纠缠工作，出现哪些责任。谁负责保护混合身体免受外来伤害，日常生活中这种保护是如何协商和实施的？

韧性与差异

在本书的第三部分"韧性与差异"中，我论证解释差异对理解成为韧性赛博格需要做什么至关重要。尽管第二部分章节描绘了不受个体背景影响，任何与起搏器或除颤仪共同生活的人都可使用的韧性技法和物质资源，但第三部分的两章采用交叉性分析（intersectional approach）研究性别和年龄何以在连线心脏赛博格的世界变得重要。交叉性分析基于这样一种假设，即社会和文化构建的类别（例如性别、种族、族群、性取向和残疾）不是彼此独立运行而是在多个层面互动（Crenshaw 1989）。因此，第六章旨在揭示女性如何在性别影响下学习与起搏器和除颤仪共同生活。我描述设备和身体之间的性别不匹配以及关于女性气质和美丽的西方文化规范如何共同促成一种把新的责任委派给女性的韧性技术地理。在连线心脏赛博格的世界里，这种差异不仅包括性别还包括年龄，特别是在除颤仪旨在解决的心脏问题种类方面。因此，第七章追踪同样的医疗设备如何通过构成不同类型的焦虑，要求不同形式的情感工作，以截然不同的方式影响年轻人和老年人的生活。

赛博格身体如何分崩离析

本书实证研究的前两部分描绘起搏器和除颤仪如何以多种方式影响植入这些设备的人的生活，而第四部分"赛博格身体如何分崩离析"中的章节将探讨当连线心脏赛博格走到生命尽头会发生些什么。体内技术如何影响他们应对死亡过程和死亡？死后这些起搏器和除颤仪会发生什么？虽然大多数有关日常赛博格的哲学和社会学描述仅涉及身体和技术的融合而对混合身体的分崩离析避而不谈，但我建议任何对成为韧性赛博格需要什么的理解都应该包括对死亡过程和死亡本身的问询。因此，本书最后一部分的两章将探讨内置心脏设备如何塑造死亡过程（第八章）以及死后会发生什么（第九章）。最后，第十章将反思我们可以从我对连线心脏赛博格的描述中学到什么，以发展韧性赛博格社会学。

注释

1. 告知患者对起搏器和除颤仪作何期待的范文可见美国一家医院网站（http://stanfordhealthcare.org/medical-treatments/i/icd/procedures.html），英国心脏基金会（https://www.bhf.org.uk/informationsupport/treatments/pacemakers），以及德国（www.biotronik.de）和美国（www.medtronic.com）的设备制造商网站。

2. 过去十年，美国食品药品管理局因导线断裂召回了几大除颤仪厂家的设备，包括2011年对St. Jude Riata导线的召回和2007年对Medtronic Fidelis导线的召回。导线故障在后一案例中与植入除颤仪的五人死亡有关。在召回过程中，所有受影响的人都被告知不恰当电击的潜在风险，医师也接到重编程或更换设备的指示（Frascone et al. 2008）。

3. 历史上，医疗设备就是在有限科学证据支持有效性和安全性的情况下被使用的（Marcus 2016）。与20世纪初美国和欧洲既对药品上市进行管理相比，直到1976年，面对医疗设备安全性、有效性不断增长的担忧，美国食品药品管理局才颁布医疗器械上市前的管理规定。然而，新药和新器械上市（管理）依然存在差别。根据WHO（2010）规定，"新上市的药品必须经过严格的上市前临床评估（一般而言经过至少两轮随机临床试验）"，但"一般不对新设备要求"这类测试，除非是高风险设备。后者，包括起搏器和除颤仪需要"至少一项设计和管理良好的临床研究证明该设备的安全性和有效性"（WHO 2010）。对管理缺位的批评已促成注册医疗器械事故机构的

第二章 / 脆弱的身体，变革性技术与韧性赛博格

诞生，比如荷兰起搏器注册基金会和 FDA 安全信息和不良反应上报项目。医护人员和患者被鼓励把设备故障有关的事件或副反应报告给这些机构（https://www.fda.gov/medicaldevices/resourcesforyou/consumers/default.htm）。2020 年，欧洲药品管理局也将推出新管理规定，要求带有风险的医疗用品必须通过大规模测试，才能获得 CE 标识。这一标识仅发给符合安全、健康和环境要求管理规定的产品（de Vries and van de Graaf 2018, 28）。

4　https://www.icij.org/investigations/implant-files/about-the-implant-files-investigation/.
5　对出故障的起搏器和除颤仪在多大程度上造成猝死的研究，见 Tseng et al. (2015)。
6　对 Tseng 的引用见 Bouma (2018, 4)。
7　荷兰一项对针对起搏器失灵的调研显示，有 20% 起搏器植入是用于替换存在技术故障的首次植入设备（de Vries 2017）。纳入该论文的研究是在荷兰鹿特丹伊拉斯姆斯大学医学中心流行病学系开展的。(《医疗植入物性能和安全性登记的重要性及用途》，作者 Laura M. de Vries）
8　显著地，科学技术研究近来对脆弱性的研究缺乏对植入体内技术的研究。尽管发人深省的《技术文化的脆弱性》(*Vulnerability in Technological Cultures*) 一书（Hommels et al. 2014）尝试覆盖脆弱性的许多方面，并对与现代社会的科技性有关的多种脆弱性进行了有趣的反思和丰富的实证研究记录，包括大型社会技术系统、物体、组织、生态系统和人的脆弱性，此书仅关注了体外技术。
9　尽管有许多不同的学科研究了韧性，纳入心理学提出的观点是最有用的，因为它们关注人，而不是生态系统或基础设施如何建立韧性。对不同学科研究方法的综述见 Carpenter et al. (2001) 和 Manyena (2006)。
10　尽管对术语起源存在不同意见（生态学还是物理学还是心理学），多数文献指出"韧性"起源于 20 世纪 30 年代的心理学和精神病学（Waller 2001）。心理学研究的先驱之一、美国心理学家埃米·沃纳（Emmy Werner）研究了夏威夷地区来自贫穷家庭的儿童可以应对具有破坏性的家庭情况，这些孩子的父母多为酒精成瘾或患有精神疾病。没有出现破坏性行为的孩子被称为"有韧性"（Werner 1989）。心理学韧性研究不局限于发育心理学，也包括专注成人的创伤研究（Graber et al. 2015, 7）。
11　见 Graber et al. (2015) 第 7 页引用的 Almedom & Glandon (2015)。
12　见布拉德·埃文斯（Brad Evans）和朱利安·里德（Julian Reid）对当前韧性讨论的批评，指出其"把灾难应答的责任归于个人而不是公共协调的努力"（Evans & Reid 2014, 10）。

13 见 Graber et al. (2015) 有关拓展韧性研究的综述。

14 相关例子见 Manyena (2006)。

15 本书实证研究数据来源多样。第三章基于 2012 年 11 月在荷兰阿姆斯特丹自由大学医学中心的心脏诊所对 10 次起搏器／除颤仪的门诊观察。此外，我用半结构访谈的形式访谈了 24 位心脏病患者，其中 11 人戴起搏器、13 人戴除颤仪。这些患者年龄在 24 岁到 86 岁之间，其中包括 15 名男性和 9 名女性。除性别和年龄差异，被访者在受教育程度（从初中到高等教育）和职业分层上也存在差异。一名医师协助我招募了大部分人。这名医师在荷兰西北部一座小城执业，通过他我接触到近期植入起搏器或除颤仪的患者。2011 年 11 月至 2013 年 4 月，在患者家中进行了访谈。2012 年 10 月至 2013 年 3 月，我还访谈了观察患者就诊时遇到的两名技术人员、同一诊所的一名心脏科医师和一名助理医师，以及另一家心脏诊所（阿姆斯特丹医学中心）的一名技术人员。第四章的素材与第三章来源相同。为把收集数据从荷兰扩大到更大群体，我分析了心脏骤停协会在线社区网站上与除颤仪共同生活的人在 2007 年 9 月至 2014 年 3 月 31 日间写下的记录。这家在美国建立的网站是为数不多关注除颤仪的活跃数字论坛，有超过 25 万注册用户（2014 年 4 月 3 日、2016 年 4 月 6 日访问，www.inspire.com/groups/sudden-cardiac-arrest-association/discussions/）。在研究伦理方面，需要说明的是我仅引用了患者在该网站"与公众分享"部分上传的记录，这非常重要。半结构式深度访谈和在线社群网站上与内置心脏设备共同生活的人的记录都是研究与起搏器和除颤仪共同生活的人的脆弱性和韧性的重要材料，因为通过它们可以获取患者对自己日常生活实践以及与起搏器和除颤仪共同生活经历的描述。在线社区构成了一个非常丰富的资源，因为通过它们可以了解人们交流内置心脏设备经验的方式。遗憾的是，我无法回答不同族群之间脆弱性和韧性的可能差异。受访人都是白人，SCA 在线社群的用户也没有提及他们的族群背景或族群差异。第五章的素材与前两章相同。此外，我分析了荷兰除颤仪患者组织（STIN）和美国心脏协会发布的有关如何在机场以及在工作场所和家中使用电器的指南。此章与黑客攻击有关的小节基于对安全研究人员、黑客和美国食品药品监督管理局在 2008 至 2018 年间发表的有关起搏器和除颤仪安全性问题的文章集的分析。最后，2012 年 10 月至 2013 年 3 月，我观察了自由大学医院举办的一场患者教育会议。纳入医护人员对与起搏器和除颤仪共同生活在日常生活中面临困难的描述很重要，因为是他们告知并协助患者应对这些问题的。使用这些不同来源的素材使我能够收集各种各样的日常生活实践记录。采用让主题从数据中浮现的扎根理论研究方法，从所收集的数据中，我对四个空间（家里、工作场所、

第二章 / 脆弱的身体，变革性技术与韧性赛博格

数字空间和公共空间，尤其是机场）发生相互作用的陈述进行了归纳式逐行编码。随后，用不适宜理论，对这一数据集出现的物质环境和植入物关系情况进行了分析。第六章的资料来源与第五章相同。为扩大所收集的数据尤其是女性记录，我额外分析了与起搏器或除颤仪共同生活的美国人组建的两家在线社区网站上记录的日常生活——一个由戴着起搏器、除颤仪和替换心脏瓣膜的女性建立和运营的名叫 Wired4Life 的脸谱社区（2015年2月至2016年10月）和一个由与起搏器和除颤仪共同生活的患者及亲人建立并运营的名叫"在线起搏器俱乐部"（Pacemaker Club Online）的在线社区（2009—2014年）。我还分析了报道在女性体内植入起搏器和除颤仪的特定手术程序的有关科学文章。第七章主要基于我为研究访谈的24名荷兰患者其中3名的个人陈述：因不同身体状况植入除颤仪的两名年龄为24岁和43岁的女性以及一名79岁的男性。这种数量有限的访谈使我能够详细地、基于实际情况描绘人们学会应对脆弱性并努力克服与除颤仪共同生活所带来的焦虑的不同的、部分与年龄相关的方式。第八章研究了由美国心律协会（Lampert et al. 2010）和欧洲心律学会（Padeletti et al. 2010）发表的临终照护中植入心脏电子设备管理的专家共识，以及在临终管理起搏器和除颤仪的荷兰指南（Anonymous 2013）。考虑到正式指南和实际死亡实践之间可能存在差异，我将这些指南与戴起搏器患者的家属如何设想和经历他们父亲或母亲的死亡过程和逝去的方式进行了比较。这部分研究基于2013年至2014年间对三位患者家属的深入访谈所做详细分析：一位92岁女性的女儿（58岁）想知道起搏器将如何影响母亲的死亡；一位96岁男性的儿子（63岁），在父亲即将去世前让医生关掉了父亲的起搏器；还有一位目睹了62岁母亲死亡的女儿（54岁），她母亲过世时起搏器还在工作。第九章基于多方素材。首先，我分析了2002年至2017年间，美国、英国、荷兰的殡仪馆、火葬场和医师组织发布的移除死者体内起搏器和除颤仪的指南。为研究南方国家出现的设备重复使用的利基市场，我调研了1998年至2018年在国际医学期刊发表的与起搏器再使用有关的文章、参与美国"我的心你的心"（My Heart Your Heart）项目的心脏科医师发表的文章（这一项目致力于让低等收入和中等收入国家的人们能够获取使用过的起搏器），以及新闻媒体对该倡议的报道。最后，我通过电子邮件访谈了一位发起"我的心你的心"美国心脏科医师（2018年7月7日）。

16 戴具远程监控功能除颤仪的人每年只需去心脏诊所检查一次（2012年访谈心脏科医师）。

参考文献

Akrich, M. (1992). The de-scription of technical objects. In W. Bijker & J. Law (Eds.), *Shaping technology-building society: Studies in sociotechnical change* (pp. 205–244). Cambridge, MA/London: MIT Press.

Almedom, A. M., & Glandon, D. (2015). Resilience is not the absence of PTSD any more than health is the absence of disease. *Journal of Loss and Trauma, 12*(2), 127–143.

Anonymous. (2013). *Richtlijn ICD/pacemaker in de laatste levensfase*. Utrecht: Nederlandse Vereniging voor Cardiologie.

Beck, U. (1992). *Risk society: Towards a new modernity*. Thousand Oaks: Sage.

Bijker, W. E., Hommels, A., & Mesman, J. (2014). Studying vulnerability in technological cultures. In A. Hommels, J. Mesman, & W. E. Bijker (Eds.), *Vulnerability in technological cultures: New directions in research and governance* (pp. 1–27). Cambridge, MA/London: MIT Press.

Bjorn, P., & Markussen, R. (2013). Cyborg heart: The affective apparatus of bodily production of ICD patients. *Science and Technology Studies, 26*(2), 14–28.

Bouma, J. (2018, November 27). De hardloper viel zomaar om: plotse hartdood. Maar had hij een pacemaker? *Trouw*, pp. 4–5.

Bouma, J., & Visser, M. (2018, November 27). Incident medisch hulpmiddel wordt zelden gemeld. *Trouw*, p. 1.

Brown, N., & Webster, A. (2004). *New medical technologies and society: Reordering life*. Cambridge/Malden: Polity Press.

Carpenter, S., Walker, B., Anderies, J. M., & Abel, N. (2001). From metaphor to measurement: Resilience of what to what? *Ecosystems, 4*(8), 765–781.

Casper, M. J., & Morrison, D. R. (2010). Medical sociology and technology: Critical engagements. *Journal of Health and Social Behavior, 51*, 120–132.

Clarke, A. E. (1995). Modernity, postmodernity and human reproductive processes c1890–1990, or 'mommy, where do cyborgs come from anyway'? In C. H. Gray, S. Mentor, & H. Figueroa-Sassiera (Eds.), *The cyborg handbook* (pp. 139–156). New York/London: Routledge.

Clarke, A. E. (2010). *Biomedicalization: Technoscience and transformations of health and illness in the US.* Durham: Duke University Press.

Clarke, A. E., Shim, J. K., Mamo, L., Fosket, J. R., & Fishman, J. R. (2003). Biomedicalization: Technoscientific transformations of health, illness, and U.S. biomedicine. *American Sociological Review, 68*(2), 161–194.

Crenshaw, K. (1989). Demarginalizing the Intersection of Race and Sex: A Black Feminist Critique of Antidiscrimination Doctrine, Feminist Theory and Antiracist Politics. *University of Chicago Legal Forum, 1*, Article 8. http://chicagounbound. uchicago.edu/uclf/vol1989/iss1/8. Accessed 8 Apr 2017.

Dam Nielsen, K. (2015). Invited to participate? An ethnography of patient-involving E-health in heart care. PhD thesis, Graduate School of the Faculty of Health and Medical Sciences, University of Copenhagen, Copenhagen.

de Vries, L. M. (2017). *The importance and use of registries for performance and safety information on medical implants.* PhD thesis of the Department of Epidemiology, Erasmus Medical Center, Rotterdam.

de Vries, M., & van de Graaf, R. (2018, December 15). Veiligheid bij implan taat vergt radicale omslag. *Trouw*, pp. 28–29.

Evans, B., & Reid, J. (2014). *Resilient life: The art of living dangerously.* Malden: Polity Press.

Faulkner, A. (2009). *Medical technology into healthcare and society: A sociology of devices, innovation and governance.* Houndmills/Basingstoke/Hampshire/New York: Palgrave Macmillan.

Franklin, S. (2000). Life itself. In S. Franklin, C. Lurie, & J. Stacey (Eds.), *Global nature/global culture* (pp. 88–189). London: Sage.

Frascone, R.J., Salzman, J., Griffith, K., & Dunbar, D. (2008). Shock factor: How donut magnets can suspend inappropriate shocks. *JEMS: A Journal of Emergency Medical*

Services, 33(7), 104−107.

Giddens, A. (1990). *The consequences of modernity*. Cambridge: Polity Press.

Giddens, A. (1991). *Modernity and self-identity. Self and society in the late modern age*. Cambridge: Polity Press.

Graber, R., Pichon, F., & Carabine, E. (2015). *Psychological resilience. State of knowledge and future*. Working paper 425. London: Overseas Development Institute.

Haddow, G., King, E., Kunkler, I., & McLaren, D. (2015). Cyborgs in the everyday: Masculinity and biosensing prostate cancer. *Science as Culture, 24*(4), 484−506.

Healy, S., & Mesman, J. (2014). Resilience: Contingency, complexity, and practice. In A. Hommels, J. Mesman, & W. E. Bijker (Eds.), *Vulnerability in technological cultures: New directions in research and governance* (pp. 155−179). Cambridge, MA/London: MIT Press.

Henke, C. R., & Gieryn, T. F. (2008). Sites of scientific practice: The enduring importance of place. In E. J. Hacket, O. Amsterdamska, M. Lynch, & J. Wajcman (Eds.), *Handbook of science and technology studies* (pp. 1−29). Cambridge, MA: MIT Press.

Hommels, A., Mesman, J., & Bijker, W. E. (Eds.). (2014). *Vulnerability in tech nological cultures: New directions in research and governance*. Cambridge, MA/London: MIT Press.

Klein, R. J. T., Smit, M. J., Goosen, C. H., & Hulsbergen, C. H. (1998). Resilience and vulnerability: Coastal dynamics of Dutch dikes. *Geographical Journal, 164*(3), 259−268.

Lampert, R., et al. (2010). HRS expert consensus statement on the management of cardiovascular implantable electronic devices (CIEDs) in patients nearing end of life or requesting withdrawal of therapy. *Heart Rhythm, 7*(7), 1008−1026.

Lehoux, P. (2006). *The problem of health technology. Policy implications for mod ern health care systems*. New York/London: Routledge, Taylor & Francis.

Lupton, D. (2012). *Medicine as culture: Illness, disease and the body* (3rd ed.). Los Angeles/London/New Delhi/Singapore/Washington, DC: Sage.

Luthar, S. S., Cicchetti, D., & Becker, B. (2000). The construct of resilience: A critical evaluation and guidelines for future work. *Child Development, 71*(3), 543−562.

Magnet, S. A. (2011). *When biometrics fail: Gender, race and the technology of identity.* Durham/London: Duke University Press.

Manyena, S. B. (2006). The concept of resilience revisited. *Disasters, 30*, 433−450.

Marcus, H. J. (2016). Regulatory approval of new medical devices: Cross sectional study. *British Medical Journal, 353*, i2587.

Marres, N. (2012). *Material participation: Technology, the environment and everyday publics.* London/New York: Palgrave Macmillan.

Milligan, C., Atkinson, S., Skinner, M., & Wiles, J. (2007). Geographies of care—A critical commentary. *New Zealander Geographer.*

Milligan, M., Mort, M., & Roberts, C. (2010). Cracks in the door? Technology and the shifting topology of care. In M. Schillmeijer & M. Domenech (Eds.), *New technologies and emerging spaces of care* (pp. 19−39). Surrey/Burlington: Ashgate.

Mol, A. (2002). *The body multiple: Ontology in medical practice.* Durham/London: Duke University Press.

Nancy, J.-L. (2000). *L'Intrus.* East Lansing: Michigan State University Press.

Oudshoorn, N. (2011). *Telecare technologies and the transformation of healthcare.* London/New York: Palgrave Macmillan.

Oudshoorn, N. (2015). Sustaining cyborgs. Sensing and tuning agencies of pacemakers and ICDs. *Social Studies of Science, 45*(1), 56−76.

Oudshoorn, N., & Pinch, T. (Eds.). (2003). *How users matter: The co-construction of users and technologies.* Cambridge, MA: MIT Press.

Padeletti, L., et al. (2010). EHRA expert consensus statement on the management of cardiovascular implantable electronic devices in patients nearing end of life or requesting withdrawal of therapy. *Eurospace, 12*, 1480−1489.

Palmboom, G., & Willems, D. (2014). Dealing with vulnerability: Balancing prevention and resilience as a method of governance. In A. Hommels, J. Mesman, & W. E. Bijker (Eds.), *Vulnerability in technological cultures: New directions in research and governance* (pp. 267−285). Cambridge, MA/London: MIT Press.

Poland, B., Lehoux, P., Holmes, D., & Andrews, G. (2005). How place matters: Unpacking technology and power in health and social care. *Health and Social Care, 13*(2), 170−180.

Reivich, K., & Shatte, A. (2002). *The resilience factor: 7 skills for overcoming life's inevitable obstacles* (1st ed.). New York: Broadway Books.

Rose, N. (2007). *The politics of life itself: Biomedicine, power and subjectivity in the twenty-first century.* Princeton: Princeton University Press.

Schillmeijer, M., & Domenech, M. (2010). New technologies and emerging spaces of care−An introduction. In M. Schillmeijer & M. Domenech (Eds.), *New technologies and emerging spaces of care* (pp. 1−19). Surrey/Burlington: Ashgate.

Shildrick, M. (2012). Imagining the heart: Incorporations, intrusions and identity. *Somatechnics, 2*(2), 233−249.

Tseng, Z. H., et al. (2015). Sudden death in patients with cardiac implantable electronic devices. *JAMA Internal Medicine, 175*(8), 1342−1350.

Waller, M. W. (2001). Resilience in ecosystemic context: Evolution of the concept. *American Journal of Orthopsychiatry, 71*(3), 1−8.

Webster, A. (2007). *Health, technology & society. A sociological critique.* Houndmills/Basingstoke/Hampshire: Palgrave Macmillan.

Werner, E. E. (1989). *Vulnerable but invincible: A longitudinal study of resilient children and youth.* New York: McGraw-Hill.

World Health Organization. 2010. Medical devices: Managing the Mismatch. An outcome of the Priority Medical Devices project. Clinical evidence for medical devices: Regulatory processes focussing on Europe and the United States of America. Background paper. WHO/HSS/EHT/DIM/10.3. http://apps.who.int/iris/bitstream/handle/10665/70454/WHO_HSS_EHT_ DIM_10.3_eng.pdf.

Wright, M. O. D., et al. (2013). Resilience processes in development: Four waves of research on positive adaptation in the context of adversity. In S. Goldstein & R. B. Brooks (Eds.), *Handbook of resilience in children* (pp. 15−37). Amsterdam: Springer.

第二部分

韧性的技术地理

第三章

创造物质韧性赛博格：感知和调试起搏器和除颤仪的能动性

凝视混合身体

尽管对起搏器和除颤仪的作用持有厚望及相应承诺，但与人类一样，技术也可能失败。这些植入物在解决心律问题、降低连线心脏赛博格的脆弱性的同时也可能引入了新的脆弱性。因此，创造一个物质韧性赛博格成为与植入物共同生活的人的关注要点。如前一章所述，韧性不是人类或技术的固有或静态特征，而是必须积极获得的。尽管韧性研究通常关注人或者技术系统，混合身体的韧性却提供了一个复杂且被忽视的案例，因为它涉及人和机器密不可分的交织。所以，都有谁参与了物质韧性赛博格建设？当心脏科医师告知未来需要来诊所随访时，人们了解到技术人员将检查他们的植入物。他们唯一需要做的是让身体可供检查。因此，控制这些起搏器和除颤仪正常工作的似

© The Author(s) 2020

N. Oudshoorn, *Resilient Cyborgs*, Health, Technology and Society,
https://doi.org/10.1007/978-981-15-2529-2_3

乎只有技术人员。然而，植入心脏设备的人远非监测设备工作中被动的客体（Andersen et al. 2011; Bjorn and Markussen 2013; Oudshoorn 2015; Dam Nielsen 2015）。与其他（远程）监测设备相似，他们积极地凝视他们的身体。术语"凝视"是一个恰当的概念，用来描述医护人员和患者能够做什么来监测隐藏在体内的设备工作情况。因为两者都无法直接接触这些设备，他们依赖于能让他们评估植入物是否正常工作的仪器、资源和技法。凝视的概念受米歇尔·福柯（Michel Foucault）《临床医学的诞生》（*The Birth of the Clinic*, 1973）的启发，在其中他描述了现代科学医学的兴起如何带来临床凝视的发展。在这个过程中，医生的感知变得比患者经历更为重要。然而，不是只有医护人员凝视身体。

因此在本章中，我把凝视的概念扩展到包括患者在评估他们混合身体出现什么问题的过程中发挥的积极作用。如我们将看到的，到心脏诊所检查起搏器或除颤仪的人远非被动。尽管他们无法直接控制植入物的工作，他们拥有对设备进行常规调控的技术人员所没有的资源：他们感知心跳受机器管理的独特体验。我在第一章已经描述了植入身体的技术给与它们共同生活的人带来与身体物质性更近距离的接触（Alaimo & Hekman 2008; Dalibert 2014, 2016; Lettow 2011; Oudshoorn 2015）。由于身体物质性发生改变，与起搏器或除颤仪共同生活的人因此可能会感知到新感官体验。在本章，我将描述这些感官体验如何使他们在尝试增强植入物正常工作方面发挥积极作用。因此，创造物质韧性身体所涉及的工作应被视为技术人员和连线心脏赛博格的集体努力。

为阐明这一集体工作，我将研究在心脏诊所检查过程中，技术人员和戴起搏器或除颤仪的人所启用的不同凝视。在门诊期间出现了怎样的脆弱性？技术人员和连线心脏赛博格可以使用哪些资源和技法来控制心脏设备的正常工作？技术人员的凝视和患者的凝视如何以及在多大程度支持或者依赖彼此？两者发生冲突时会发生什么，出现这种情况时，谁的凝视被赋予更高优先级？

"它们可以透视皮肤"：把混合的身体暴露给机器

为了解创造物质韧性赛博格涉及哪些工作，我研究了与起搏器和除颤仪共同生活的人在荷兰[1]阿姆斯特丹自由大学医学中心心脏诊所随访中触发的凝视混合体实践。这个诊所为心脏病患者提供多种医疗保健服务，包括起搏器和除颤仪的植入以及覆盖术前术后的广泛护理轨迹，包括随访检查。一次常规检查大约需要30分钟，其间技术人员进行若干测试。监测结果良好时，技术人员会宽慰患者说一切如常；测试显示问题时，技术人员会重新调整设备。检查结束时，技术人员会把检测结果给患者，其中可能包括调整用药请求，患者应在随访时将报告交给其心脏科医师。

心脏诊所的检查室位于医院四层的一个长走廊里。宽敞明亮的房间配有一张可以躺下的检查椅放在窗前，窗台上放着几个起搏器和除颤仪。在房间右角的大桌上有五台机器，乍一看像普通的个人电脑；墙上挂着两张带起搏器和除颤仪图片的大幅海报。这是技术人员的工作区。患者躺在检查椅上是无法看到电脑屏幕的，除非坐起来扭过头去看（图 3.1）。

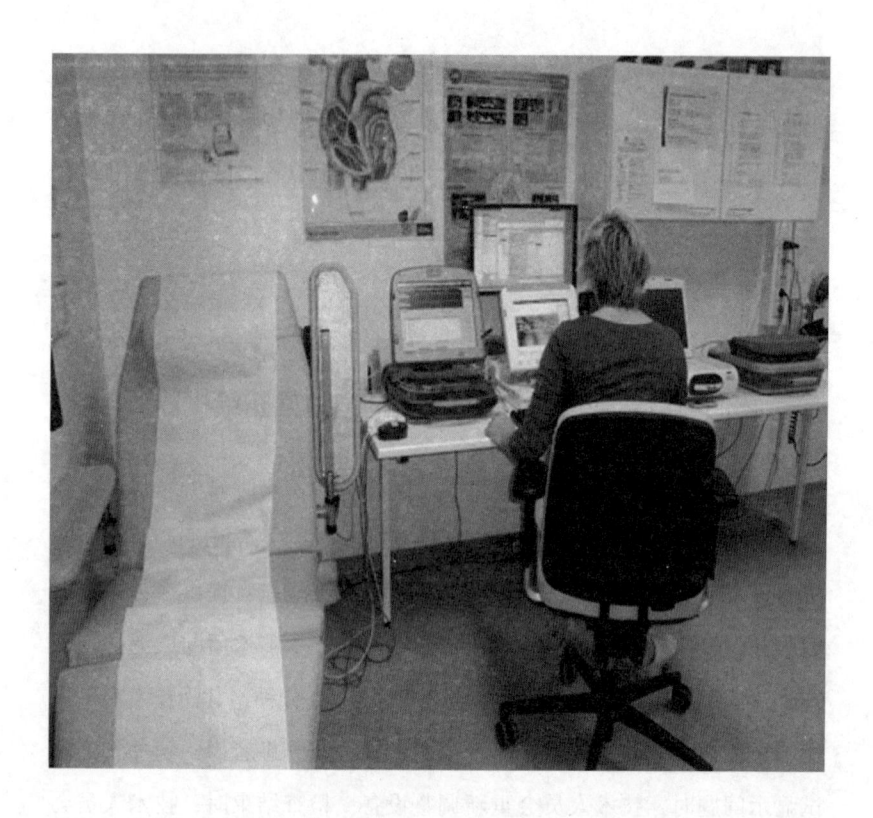

图 3.1 技术人员为控制检查做准备（作者摄于 2012 年 11 月，致谢荷兰阿姆斯特丹大学医学中心心脏诊所）

仔细看这些电脑会发现五台中有四台是所谓的编程器。编程器是一种特别设计的笔记本电脑，带有可阅读起搏器和除颤仪的存储信息并调整设备设置的触摸屏（图 3.2）。它通过一个看起来像放大镜但不带镜片的装置相连到患者身体，这个装置放在起搏器或除颤仪上方的身体表面（起搏器或除颤仪通常安在左锁骨肌肉下方）。编程器还同时连接两台机器：一台心电图记录仪，检查期间起搏器或除颤仪无法自行

图 3.2 放置两台编程器的技术人员工作台（作者摄于 2012 年 11 月，致谢荷兰阿姆斯特丹大学医学中心心脏诊所）

生成心电图时使用，以及一台打印机，纸质记录存储的心电图、设备设置和干预情况以及监测结果（访谈 1 号技术人员）。因此，编程器和心电图记录仪是重要的物质资源，它们使技术人员得以控制起搏器和除颤仪的正常工作。

我观察到的随访检查或多或少遵循相同的程序。首先，技术人员欢迎患者和陪同人员（大多数人会带一位近亲或伴侣），请患者在检查椅上坐下。技术人员询问自上次检查后他们情况如何，患者会简短或偶尔更长地总结他们的健康情况、心律或起搏器 / 除颤仪问题，或抱怨所使用药物。我所观察的检查中，患者的故事不尽相同：有报道"严重的房颤令人痛苦但没有经历过任何电击"（随访门诊 2[①]）；抱怨心脏受压（随访门诊 4）或药物无效（随访门诊 8）；问询是否可以驾车、打台球（随访门诊 5），起搏器是否一直处于活动状态（随访门诊 3），导线是否断裂（随访门诊 2），除颤仪在体内移动是否"正常"（随访门诊 5）；以及评论除颤仪仍然是"一个可怕的设备"（随访门诊 7）。因此，随访门诊成为植入心脏设备的人描述亲身体验到混合身体新脆弱性的空间。对设备和检查期间将发生什么的焦虑是许多患者的主要担忧，尤其是当他们第一次找技术人员检查时。在这些访问中，他们进入一个直面他们身体混合性的未知领域。或者引用一位 84 岁的受访者艾伦（80 岁时安装了起搏器）的话：

然后他们告诉我每年要检查两次。我觉得这令人毛骨悚然。我问是不是每次都要取出设备。我一开始一点概念都没有。但其实一点事都没有。你甚至不需要脱衣服［检查］。（访谈 7 号起搏器患者）

因此，人们学到检查时不需要移除这些设备，但像另一位患者告诉我的，技术人员可以"透过皮肤看"（访谈 5 号起搏器患者）。透过皮肤看是一个捕捉在检查室发生什么的恰当比喻。尽管技术人员不能直接接触患者的体内设备，他们可以依靠若干物质资源和技法凝视混合身体及其组成部分。前面提到的编程器使他们能够运行多项测试，包

[①] 原文 "control visit"，在一般性描述中翻译为"随访门诊"，在作者详细描述开展随访门诊观察期间记录的具体事例时翻译为"第 × 次门诊观察"。

括读取设备存储的心电图、检查电池寿命和导线质量、根据心脏的能动性调整设备的能动性。接下来的几节，我将分别关注这些测试中的每一种，以了解技术人员由技术介导的凝视如何与患者凝视自身身体的方法纠缠在一起。

"那轻微的嘟嘟声可能正在告诉你什么"：倾听混合的身体

当技术人员打开编程器时，第一个屏幕显示心电图。[2] 如这位女技术人员解释的，对技术人员来说这是非常重要的时刻，因为它表明"它们已经与患者，还是与除颤仪或起搏器连接"（2012年访谈1号技术人员）。混淆患者与他们的心脏设备显示处理身体混合性的困难，其中在人和植入物之间做出充分区分变得模糊。最重要的是，它表明控制设备之外，还存在更大风险：在随访门诊，接受检查的是人与机器的混合体。在这部分检查中，技术人员专注于混合体中人这部分：心脏。通过阅读心电图，技术人员了解到设备记录的过去一段时间的任何心律失常，如果是除颤仪的话，了解设备进行的任何干预（包括电击和所谓的过度起搏）。

检查完心电图后，技术人员进行多项测试调查混合体中非人的部分。技术人员进行的第一项测试是检查电池寿命，这在编程器屏幕上显示为首字母缩写词 EOL：End of Life。目前使用的大多数起搏器和除颤仪的电池寿命是6到7年，最新一代产品在8到10年间，具体长短取决于使用频率。当电池耗尽，无法从外面充电，人们必须通过手术植入一个新植入物（访谈3号技术人员）。控制电池的寿命至关重要，因为心脏设备在电量微弱或耗尽时根本无法工作。尽管当电量快耗尽时会切换成节能模式，但心脏设备效能也会降低。出现这种情况时，戴起搏器的人会注意到设备的能动性不再与心脏的能动性相协调，因为他们会经历心悸或是心跳丢失（2012年访谈1号技术人员）。从这个角度说，EOL是个有些模糊的缩写，因为至少对植入除颤仪的情况，它也可能指过早死亡的风险。如果电量低，除颤仪没有足够电量进行电击，或者由于需要更长时间充电而用更长时间激活。在我的一次观察中，技术人员告诉一名49岁男性患者当电池即将耗尽会发生什么。消化这些信息时，这位患者开玩笑道："那它会给出半个电击。"（第二次门诊观察）正如我在其他场合观察到的那样，幽默在应对被技术改造的身体的未知和有时令人恐惧的脆弱性方面起着重要作用。通过这种方式，患者和技术人员都经常试图降低患者的混合身体实际发生或可能发生的事情的严重性。上述情况中，技术人员回应这个笑话，说道："是的，它会给出半个电击。至少应对这类问题的专家在这里。"（第二次门诊观察）尝试创造轻松氛围的另一个例子是当患者评论电池可以被轻易更换时，一位技术人员给出的回答：

嗯，如果你可以在Hema[一家荷兰零售商]买到电池的话，我说我们可以这么做。但电池是固定在除颤仪里的，所以你会得到一个全新的除颤仪。（第五次门诊观察）

接着技术人员解释了手术流程。考虑到这位患者对手术有很多顾虑（第一次植入手术用了5个小时而不是通常的1个半小时），技术人员决定把电池调整到可以延长电池寿命的节能模式，从而将预计手术

第三章 / 创造物质韧性赛博格

推迟一年（第五次门诊观察）。当技术人员注意到电池电量快耗尽时，他们会嘱咐患者数月内到医院进行一次额外检查。

然而，检测电池耗尽的责任不仅委派给技术人员。连线心脏赛博格也需要监测电池寿命。当电池快没电时，植入物会在预设时间发出嘟嘟声（通常在早上8点或9点），这给他们带来非常具体的问题，如以下对话显示的（第四次门诊观察）：

> 患者：我怎么知道电池没电了？
>
> 技术人员：当快没电时，会发出嘟嘟警报声。还可以工作4到5个月，所以有足够时间。但我们想在发出警报前进行干预，这也是为什么我们要一直观察着。
>
> 患者：我可以听到嘟嘟声？
>
> 技术人员：是的，当发出嘟嘟声你可以听到，我不行。你有没有听到过，知道听起来是什么样的？
>
> 患者：是的，前段时间有过。[3]
>
> 技术人员：你听到警报声："滴嘟滴嘟"[非常低声]。
>
> 患者：那我要非常安静才能听到。

访谈中我了解到对很多人来说听到嘟嘟声是非常困难的。大多数人没有立即注意到警报音，因为他们以为声音是其他人或物发出的——周围人的手机（访谈8号和13号除颤仪患者）、经过家门口的救护车（访谈10号除颤仪患者；第八次门诊观察）、自己的手表（访谈11号除颤仪患者）。由于听到除颤仪警报信号的难度，荷兰除颤仪患者杂志 *STIN* 发起了一项征集读者经历的活动，得到许多回应（Mol 2013）。

有人回忆到有一次他以为听到除颤仪的嘟嘟声便赶去医院，但抵达医院时警报音却停止了。医护人员让他妻子回家查看是不是能听到嘟嘟声。回到家，她发现是烟雾探测器的电池没电发出的嘟嘟声。另一个人描述说，当清理浴室时，她听到三下轻轻的嘟嘟声，没有放在心上。几周后她又听到嘟嘟声，而她丈夫告诉她声音来自她的身体。第二天她去医院时，医护人员告诉她第一次听到嘟嘟声就应立即来医院。她变得很气愤，告诉他们她从未听过这个声音——那怎么能知道声音是来自她的除颤仪呢？她不得不留在医院，当晚医护人员就更换了她的除颤仪。还有一个人，因为在他除颤仪设置的报警时间段住处周围噪音很大，听不到嘟嘟声。他说服技术人员将警报信号发出时间重新设置在上午更安静的时段。[4] 访谈中我了解到人们可以非常有创意地开发听觉技法来检测嘟嘟声。有人关闭了家中所有的电子设备，包括所有时钟，以确保他能区分嘟嘟声是由他的除颤仪还是其他设备引起的（Mol 2013）。其他人用到更安静的地方例如卫生间来检测嘟嘟声，或者通过从网站拷贝警报音并存储在家里的电脑上来尝试提高他们的听觉技能（访谈8号和10号除颤仪患者）。

因此，这些嘟嘟声引入了新的感官经验：带有除颤仪和起搏器的身体能够发出机器似的嘟嘟声。在这种情况下，人们必须学会倾听他们的混合身体。检测警报信号并非易事，因为在我们日益密集的技术声景（soundscape）中，需要将它们与其他电子设备发出的嘟嘟声区分开。患者的故事表明，他们发展出不同技法来学习如何与发出嘟嘟声的身体共同生活。如波尔斯（Pols 2014）所论证的，患者的知识可以被理解为一种特定的认识论，即"行动中的实践知识"（p. 75）。在除颤仪警报音这件事上，这种实践知识不仅被用来寻找个体解决方案。一名

第三章 / 创造物质韧性赛博格

心脏病患者收集了其他荷兰心脏病患者的经验后,使用此信息要求除颤仪制造商提高警报信号的可听度(Mol 2013)。[5]一个运行活跃博客的除颤仪用户群上传了两份录音以帮助他人检测警报音。这个博客上的信息表明,听除颤仪警报音比我的访谈者告诉我的还要复杂,因为在这个博客上讨论的除颤仪会发出两种不同的警报音。前文谈到的是第一种警报音,患者听到后必须联系医院;对于第二种情况,他们还必须采取另外行动。当除颤仪发出在一个固定音频的稳定音调时,除颤仪检测到磁场,这意味着除颤仪的电击功能被关闭。当患者离开磁场区域,这个声响会停止,除颤仪再次开启。[6]

因此,学会聆听和区分除颤仪不同的警报音非常重要,如除颤仪用户群里一位博主总结的:"那轻微的嘟嘟声可能正在告诉你什么。"[7]这些声响不单单是体内电子设备发出的反馈信号。对连线心脏赛博格来说,它们唤起对混合身体的存在和脆弱性的认识,如果没有及时检测到警报音并采取恰当措施,混合身体会停止运行。此外,他们会发出嘟嘟声的新身体也可能带来对外界的不必要暴露,尤其是在比较安静的地方。我的访谈者之一告诉我,当她的除颤仪在参加教堂活动期间开始报警时,她变得非常紧张(访谈8号除颤仪患者)。如我对其他心脏设备所描述的那样,这些技术的嘟嘟声跨越了公共和私人之间的界限,因为附近的人可能会听到声响并产生声响来自何处的疑问(Oudshoorn 2011)。嘟嘟声发自人体内部的事实揭示了混合身体的弥散性(pervasive mature),其听觉暴露不由赛博格控制。

反思检测电池寿命的这些实践,我得出结论,有两种不同方式凝视混合身体,涉及不同物质资源和技法。技术人员依赖心电图和编程器生成的数据,而患者则必须依赖其植入物的嘟嘟声和新习得的听觉技能。这些凝视并不相互竞争,而是互为补充。重要的是,控制电池正常工作的主要部分委派给植入心脏设备的人。因此,连线心脏赛博格远非被动地创造其技术改造身体的物质韧性,他们积极参与到赛博格心脏维护中,这对维系混合身体存活至关重要。

"不要害怕,我会接管你的心跳":干预心脏的能动性

新的技术,新的身体感官体验:毫无疑问除颤仪是这样的。除了引入新的听觉体验,除颤仪还带来感知心脏活动的新方法。在一项检查导线的测试中,技术人员调查多大电量会引发除颤仪过度起搏。为进行这项所谓阈值测试时,技术人员通过编程器发出电脉冲刺激心室来加快患者自身心律。技术人员持续测试直到心脏出现漏一拍的情况(2012年访谈1号技术人员)。这项测试中真正发生的是技术人员通过干预心脏的能动性接管对患者心律的控制。人们可以感受到这种干预,因为它扰乱了心脏的正常收缩和血液循环。通过让心室以比心房更快的节奏起搏,心脏的这两个部分将相互竞争并向不同方向输送血液。患者可以感知为心悸或是心跳漏一拍。尽管这项测试通常只维持一分钟,如果技术人员缺乏经验或不确定检测结果,则可能花更长时间(访谈1号技术人员)。

在观察和访谈中我发现很多人不喜欢这种对他们心脏的"黑客攻击"(访谈5号、10号、11号、13号除颤仪患者)。其中一位抱怨道:"我不喜欢这些测试。想象一下,如果他们把它关掉。"(第五次门诊观察)如果技术人员没有在测试开始时警告他们,患者会变得更惊慌:"你对我做了什么?你不该搞得一团糟。"(第五次门诊观察)或者正如

第三章 / 创造物质韧性赛博格

南希,一位 43 岁在一家营销公司担任采购经理的荷兰女士告诉我在植入手术后,技术人员在医院进行这项测试[8]的经历:

> 这位技术人员和一位同事来到我病床前,他看着像是认为显然我现在什么都知道了。他[技术人员——作者注]打开笔记本电脑、看着屏幕,我问道:"我能问下你在做什么吗?""哦,是的,"他说,"对不起,我们与你的除颤仪连线了。"我说:"等一下。你怎么知道是我的而不是隔壁患者的除颤仪?"他说:"哦,你没有注意到它,但我在你胸前已经放了一种扫描仪……"事后想来,我觉得这种做法不是很有战术性。他们应该告诉我他们要做一些测试……然后他们也没有警告我在其中一项测试中我可能会感觉到什么……这让你非常脆弱[回忆这段经历,她开始哭泣——作者注]。就像你是个机器人或是什么……我不责怪他们,因为他们是技术小伙但你又是那么脆弱。(2013 年访谈 13 号除颤仪患者)

因此,技术人员可以控制你心跳的想法本身就令人恐慌。有些患者因此总是要求在随访门诊做这项检测的技术人员事先警告他们。

尽管不同的医院有不同的政策,我观察和访谈的技术人员非常清楚这项阈值检测可能让患者非常不安;有时他们甚至出现恐慌,必须被安抚平静下来(访谈 1 号和 3 号技术人员;第一次门诊观察)。为了减少这种测试带来的不安感,这些技术人员通常会进行更"患者友好"的测试。通过同时加快心室和心房的跳动频率,心脏的工作会维持同步模式而患者不会有那种"奇怪"的感觉(2012 年访谈 1 号技术人员)。只有当无法恰当地观察到心脏对脉冲的反应,他们才会调回标准测试（第一次门诊观察）。

这种导线测试不仅给患者带来新的感官体验，也给技术人员带来具有挑战性的新经历：

> 我已经在这里工作4年了，但还是觉得很神奇……检查患者时我总是告诉他们："别害怕，我将接管你的心跳。"但你想一想，这事能被做成是很古怪的……你接管了心脏的电刺激和整个血流动力学［血液循环］。（访谈3号技术人员）

或者，如其中一位技术人员告诉我的：

> 你可能无意中关闭了什么或忘了重新开启它，或你可能按错了按钮。一次阈值测试期间，我调低电压时，一位患者晕倒了。如果起搏器关闭，那些自身不再有心律的患者甚至可能死亡。（访谈1号技术人员）

为避免出错，这位技术人员养成了在测试过程中大声讲出她做的每一件事，以确保不会忘记任何事。这种大声讲出的方法还起到另一项重要作用：让患者随时了解检查过程中发生的事情。这位技术人员在同一家医院还担任除颤仪护士，她喜欢与患者接触，向他们解释她在做什么，告诉他们她在屏幕上看到什么。她视自己为"一位人类技术人员"（第四次门诊观察），并将自己与在测试过程中保持沉默的男同事的工作态度做对比，我在随访门诊中也观察到这种差异。男性技术人员把注意力基本放在编程器上，在运行测试和解释心电图之间留下大段沉默时间（第五至第十次门诊观察）。

因此，除颤仪导线的测试构成随访门诊的重要部分。起搏器的导线也需要关注；考虑到起搏器和除颤仪的电线在使用中可能遭到破坏或因设计选择或生产问题可能出现故障，它们甚至需要更多关注。据一位技术人员说："导线是最薄弱的一环。"（2013年访谈3号技术人员）由于会导致意外的检测结果，技术人员会立即注意到导线状况不佳。然而，他们无法维修导线。相反地，患者会被邀请再来对损坏导线进行额外检查，其中可能包括超声检查，或在损坏非常严重的情况下，进行插入新导线的手术。技术人员还应将问题报告给导线生产商[9]（2012年访谈1号和3号技术人员；2013年访谈3号技术人员）。

回顾导线检查中发生的事情，我得出结论，凝视混合身体不限于简单地看。通过接管患者的心跳，技术人员积极干预混合心脏。对患者而言，这种干预带来感受心脏活动的新方法，特别是可能被技术人员和他/她的编程器接管的心脏不同部位的收缩。因此，这种对心脏的"黑客攻击"创造了一种对可能受技术人员操控机器影响的心脏脆弱性的物质认识；在测试过程中，患者的心跳完全依赖于技术人员的干预凝视。与电池的检查相比，随访门诊中这部分不涉及合作。导线测试完全由技术人员掌控。患者应把身体交给这项测试，尽管那些果敢的患者可能会要求进行更"患者友好"的测试或开发技法来学习应对他们混合身体的这种新脆弱性。

"我太累了"：调试相互冲突的能动性

与除颤仪相比，起搏器给戴这些设备的人和技术人员带来非常不同的体验和挑战。如露西·达利伯特（2014）对脊髓刺激的描述一般，"身体不会毫不抵抗、毫不费力地融入技术"（p. 14）。对起搏器而言，身体可能由于设备调试与具体活动对心律的要求不相宜而出现抵抗。活跃的身体活动需要更快的心跳输送富含氧气的血液到肌肉。因此，为了创造一个物质韧性赛博格，起搏器应该以支持而不是限制患者活动的方式进行调整。通常，微调起搏器和患者间冲突的能动性可能需要两个月，但生活方式活跃的人，通常是60岁以下的人，往往会更频繁地访问技术人员并持续更长时间。那些运动积极的人如果想继续之前的生活方式，会面临严重问题（访谈1号和3号技术人员）。出现这种情况时，技术人员和患者会努力寻找起搏器和患者能动性间的最佳适配。我在某次门诊观察记录下的这段对话很好地细述了这一过程：

> 患者：装上这个设备后我感到走路时心脏紧缩。光是走路没有问题，但要爬楼的话，无法一气呵成。
>
> 技术人员：什么时候开始的？
>
> 患者：得到这个新起搏器开始。
>
> 技术人员：好。我试试调整下它……每个设备的反应都不太一样，似乎你的设备植入体内方式也有所不同。用力时你感觉不太舒服？
>
> 患者：我呼吸困难，你知道，所以我又停下。
>
> 技术人员：经常发生在用力时，起搏器应该加快你的心律到所需频率但没有做到的情况。让我看一下……我可以看到，参数值设置在70和90之间。你上楼时应该上升到100。我认为这是问题所在，我将调整下设置。（第十次门诊观察）

第三章 / 创造物质韧性赛博格

如这段对话所示,患者对他们经技术改造身体的感官体验在微调中起着关键作用。起搏器的不适当调整可能引发疲倦感,从而给混合身体带来一种新脆弱性。或者像技术人员说的,疲乏是起搏器患者"最大的抱怨"之一(访谈1、3号技术人员)。我访谈的很多人告诉我,植入起搏器的第一个月里他们非常疲劳。他们常常感到疲乏或精疲力尽,尤其是在健身和其他体育活动、园艺工作或长时间散步时,甚至是在家中从事例如上楼那样不太费力的活动(访谈1、2、5、6、7、9、11号起搏器患者)。或者像格洛丽亚,一位在62岁安装起搏器的退休物理治疗师兼老师所解释的:

> 在信息手册里,他们解释说手术后你几乎可以再做所有事情。事实是我对此很失望。我无法长时间走路。我不能骑车。我能感觉到心室的起搏。上下楼我都会抱怨。他们告诉我活动慢些。但我不是那样,而且我不能再改变我的个性。我非常活跃、做事很快。起搏器跟不上我。我比起搏器快。(2011年访谈2号起搏器患者)

与起搏器共同生活的人不仅会感到疲劳,还会感到烦躁和压力(访谈1、3、5、8、9号起搏器患者)。根据这些感官体验,技术人员会努力调整设备让患者获益最大化。据一位技术人员说,这是工作中最精彩但也是最困难的部分:

> 最精彩的部分是把设备调试到患者可以获益的状态。你玩数独吗?这就跟谜题一样:如果你都做对了,它就适合,但如果你

79

犯了一个错误,它就再也对不上了。总是很高兴地看到你把设备调整到让患者获益并且都达到平衡的状态。它永远不相同。每个人患者都不一样。(访谈 1 号技术人员)

因此,创造物质韧性赛博格可被看作一门艺术,它承认起搏器的能动性与心律能以最佳方式调试的唯一性而不是常规性。[10] 因此,实践中,对患者起搏器能动性的微调是一个反复试验的过程。技术人员会从可用模式——从正常到中等激进再到非常激进——中挑选一种。这些术语指遇到患者活动导致心跳速率加快,起搏器响应所需要的时间。更改调整后,技术人员会邀请患者在接下来的几周内观察这次调整对他们的效果,如果未能改善他们的情况,就回来再做一次随访门诊。这一做法显示对起搏器和心脏能动性进行微调,在两者之间找到最佳平衡的不稳定性。如果技术人员选择"正常"模式,可能会过度限制患者活动;如果选择激进模式,可能会引起烦躁,因为起搏器在休息时会不必要地提高心律(访谈 1 号起搏器患者;第十次门诊观察)。让事情变得更复杂的是,技术人员还需要考虑到更激进的起搏模式会缩短电池寿命。这种情况应被避免,因为会导致更频繁地替换起搏器,从而增加患者在其一生必须承受手术次数所带来的生理和心理压力。因此,起搏器的微调应理解为一场在设备起搏模式、患者活动和电池之间的平衡活动。

尽管患者对起搏器的感官体验是进行微调的重要资源,只有当人们非常自信地表达他们的抱怨时,技术人员才会倾向于对起搏器进行调整。有时患者会要求对起搏器进行特定的重新调整,但只有通过前期随访门诊对患者非常了解的情况下,技术人员才会考虑他们的建议:

到那个时候，他们知道一种特定的药物需要一种不太激进的调整模式，而另一种药物需要更激进的模式。我们带有保留地聆听患者，但他们不能要求我们将其切换到更快或更慢的模式。但如果我对他们不了解的话，我会告诉他们："你不了解我的工作，我也不了解你的，那让我们把事情分开。"（访谈1号技术人员）

以上引述表明，戴起搏器的人不仅需要了解哪些感官体验可能与其植入物有关，还需要具备监测与药物相关的身体变化的技法，然后阐明这一具身知识。此外，技术人员更愿意患者在同一家医院进行起搏器随访检查；当技术人员不太了解某个患者时，比如其他医院转诊来的情况，他们倾向不对设备进行调整或仅在咨询心脏科医师后才进行调整。

谁能让变化发生？

因此，植入起搏器的人需要果敢并表明他们知道自己在说什么，以获得在重调起搏器过程中发挥积极作用的机会。我访谈中有些人非常了解起搏器和药物对他们身体的影响。从被诊断需要安装起搏器开始，他们就开始查询信息，为手术做准备。正如对其他患者的描述（Henwood et al. 2003）一样，他们在互联网上查询信息，研究医院的信息传单，与戴起搏器的亲人或朋友交谈。但是，他们还使用其他技法。有些人通过把脉评估药物对心跳的影响或在晨起前检查心律来发展自己的专业知识（访谈2号和6号起搏器患者）。其他人用日记记下起搏器限制他们活动或经历心律紊乱的时段（访谈1、3、5号起搏器患者；第三次门诊观察；访谈1号技术人员）。这些日记在微调过程中非常有用，并能在患者感官体验和心电图解读之间建立连续性。随访门诊中，技术人员和患者花大量时间解读设备上存储的心电图信息以了解之前发生的心律不齐情况。起搏器存储的心电图给出所有心律不齐事件发生的精准日期和时刻，这可与患者对当时他们在做什么的记录或记忆以及有关体验进行对比。有些人使用的另一种技法是请技术人员打印出心电图和测试结果报告，进一步研究他们的心律以及起搏器状况和活动。通过这种方式，患者可深入了解起搏器干预的频率和时长以及他们心律问题的实质（访谈2号起搏器患者；访谈1号和3号技术人员）。植入除颤仪的人也会使用这一策略，其中一位认为这些信息是"我自己的数据"（访谈10号除颤仪患者）。然而，关于所有权的这个观点是有争议的，因为美国法规规定植入物采集的数据只能对医护人员开放，而患者是不能直接获取的（Hill 2012）。

使用这些技法的患者几乎占我访谈的一半，对其最好的描述是专家患者（Epstein 1996）。他们积极学习并运用科学医学和技术知识及术语来理解和讨论起搏器如何干预他们的心律。其中一位，退休前在一所理工大学工作的67岁的托马斯，利用他的知识对其起搏器的特定重调进行协商：

> 起搏器还有干预心房颤动的功能。我不喜欢这种调整，因为跑步时我的心跳急剧加快。我意识到这一点是因为我感到烦躁并测了脉搏。我跟技术人员讨论了这个情况、告诉他我的解读：心脏里发生非常复杂的物理和化学／生物过程。可以说，起搏器为抑制这一过程所做的工作非常原始……就我而言，起搏器加速了我的心跳，所以这个功能已关闭。（访谈11号起搏器患者）

专家患者不仅尝试协商对他们的起搏器进行重调,而且在技术人员进行测试时,他们还会通过观看屏幕积极参与对他们混合身体的凝视。只有将检查椅换到坐姿、转头观看屏幕,他们才能做到这一点(随访门诊3;访谈8号起搏器患者;访谈1号技术人员)。有时当男性患者不看屏幕时,他们的女性伴侣会充当这个角色[11],对其中一位技术人员来说有时会感到"恼人"(访谈1号技术人员)。只有当患者有时间参与测试结果讨论,他们才允许患者看屏幕。最后还有一点很重要的,专家患者的积极参与不仅是协商重调起搏器的一种资源,还让患者感到能重新掌控他们的生活("这样我不会感觉是名受害者"),或者减少焦虑:

> 起搏器是一个非常令人害怕的东西。它应该做什么?它会做什么?通过充分了解它,我解决了这个问题。这样以来,一开始你感到的焦虑会减少。了解它后,你也可能变得更害怕,但就我而言,焦虑消失了。(访谈11号起搏器患者)

尽管有些连线心脏赛博格具备积极参与创造其混合身体物质韧性的知识和技法,但不是所有人都愿意或有能力这么做。受教育程度有限、对随访门诊的焦虑或对医护人员的胆怯态度(多发生在老人身上,他们构成与起搏器和除颤仪共同生活人群的主要部分)限制了他们发表意见的可能。可以肯定的是,这并不意味着如果具备这些资源,所有患者在随访门诊期间必然变得更积极主动。他们中有些人不想与技术人员进行任何对话,无论是因为他们希望信任起搏器和技术人员,还是因为他们的起搏器工作得很好(访谈4号和10号起搏器患者)。弗雷德(82岁,之前做办公室工作)对随访门诊的反思如下:

83　　　　这是技术的奇迹。他们用一根长电线连接电脑和某种鼠标。他[技术人员——作者注]把鼠标放在我胸前,然后就可以在屏幕上读到所有信息。我把这一切留给专家。在医院,他们有学习了医学和技术的专业人士做这件事。他懂与它相关的一切。(访谈10号起搏器患者)

因此,在建立韧性和阐述其感官体验方面,连线心脏赛博格给自己的定位不同。在一端,有些人无法表达自己,哪怕他们想去或尝试表达,例如存在认知障碍或受失智症困扰的人。在观察随访门诊期间,我目睹了其中一位:一名患有唐氏综合征的42岁男性。这位患者由他母亲陪同,由于无法用言语表达自己,依靠母亲做其代言人。测试过程中,他的头部姿势表明他正在仔细听技术人员和母亲的对话,他试图看屏幕,但由于躺在检查椅上,他什么也看不到。有一刻他提及感到不舒服。技术人员做完测试后,这位患者长叹了口气,把胳膊搭在母亲肩上,谢谢技术人员。在这次随访中,他母亲和技术人员的对话是这样展开的:

母亲:他状态不那么好。

技术人员:你怎么知道?

母亲:他不能走路,而且他跟原来也不一样。

技术人员:你看过心脏科医师或医生了吗?如果你不信任起搏器,你应该早一点预约门诊。我先看看起搏器。

[技术人员做测试期间,有长段安静。]

母亲:他一直紧握起搏器、大声尖叫,像扑克一样僵硬地站着。

技术人员：电池工作正常。

母亲：我不再信任它了。

技术人员：是吗？但起搏器工作正常。

母亲：我不这么认为。

技术人员：但它工作没问题！

母亲：那疼痛哪儿来的？我很担心他。他无法用语言表达。他已经受一个月的罪了。

技术人员：他有没有说哪儿疼？

母亲：是的，在起搏器的位置。

技术人员：这当然不应该发生。好吧，我无法解释。我没有看到任何古怪的情况，如果他发生过心律紊乱，设备上应该有记录。

母亲：但我非常担心！

技术人员：那你应该去看他的医生或预约下心脏科医师。（第六次门诊观察：录音和笔记）

此番对话显示随访门诊不是总能就起搏器评估达成认识。这个例子中，作为测量代言人的技术人员的凝视与表述儿子感官体验的母亲的凝视出现相互冲突。尽管技术人员和这位母亲试图建立连续性，但却失败了。最终，相较患者具身知识，技术人员优先考虑检查结果，并将问题委派给医护人员。根据患者的活动调整起搏器的能动性涉及技术人员和患者之间的密切合作，其中后者的感官体验是一项重要资源。然而，只有当人们果敢并且能够口头表述出其具身知识，他们才能有所作为。

完美的赛博格不存在

如前所述，根据心脏的能动性调整起搏器的能动性涉及技术人员和戴这些设备的人的认真工作。当他们无法改善患者状况时，技术人员有时会把患者转诊给另一名技术人员，"让他们感到什么都试了"（访谈3号技术人员）。这或许暗示最终技术人员和患者会成功创造一个完美的混合体。然而，像生活其他方面一样，完美很难实现或者根本无法实现。通过观察和访谈，我了解到技术人员和患者有时无法在设备能动性和心脏能动性之间获得最优配对。尽管技术人员和患者经常花大量时间通过反复调整设备或更换药物来创造物质韧性身体，但对疲劳的抱怨有时并没有消失。一位技术人员指出疲倦有多种原因："可能性非常多。"（访谈3号技术人员）这位技术人员认为带着对疲倦的抱怨回访的人是他工作中最困难的部分，特别是因为这些感官体验可能与起搏器根本无关（访谈1号和3号技术人员）。或者，引述一位技术人员的话：

> 我无法把对疲乏的所有抱怨总是与起搏器的调整联系起来。那是不可能的。有太多原因引起疲倦了。有时人们总是责怪起搏器，但它可能是不同的事。你不可能总是通过调整起搏器来解决这个问题。通过调整起搏器你可以收获很多，但我们不能让每个人都重新站起来[①]。（访谈3号技术人员）

因此，起搏器和疲乏之间的关系呈现出复杂图景。一方面，设备

[①] "back on your feet" 是谚语，意思是在经历疾病、挫折后重获健康/重新站起来。

的错误调试会引起疲倦，因此人们倾向于将疲乏问题归罪于起搏器。另一方面，疲倦可能有其他原因，无法在随访门诊中被解决。给戴起搏器的人通常开的药物，尤其是所谓的 β 受体阻滞剂，也可能引起疲乏问题。因此，技术人员有时将患者转诊给心脏科医师讨论更改用药（访谈 1 号技术人员）。[12]

然而，患者的期望与技术人员和设备能做什么之间的不匹配也与检查过程中能做什么的限制有关。尽管人们期望凝视他们的混合身体能让技术人员解释他们所有的感官体验，但这些测试只支持他们凝视混合身体的一个特定组成部分。技术人员只具备检查心电图和设备状况的工具和任务，包括电池和导线以及它们是否运行良好能检测和干预心律紊乱。因此，凝视混合身体无法解释身体其他组成部分可能出现的问题。对一类患者，疲倦可能与他们的心脏问题有关，但无法通过植入心脏设备来解决。例如，因心力衰竭接受除颤仪植入的人通常感觉不到健康状况有太大改善，甚至根本没有改善。或者，引述一位技术人员的话：

> 你努力为心脏取得最佳调试，但这不意味着患者会感觉更好。心力衰竭是很困难的情况。心力衰竭的人状况越来越差，但他们希望除颤仪能帮他们恢复体力。对有些人它不起作用，对有些人来说它会稳定他们的状况，而其他患者可能会变得更有活力些。（访谈 1 号技术人员）

这段话表明，在心脏和设备能动性之间找到最优适配并不一定有助于增强混合身体的物质韧性。有时患者衰弱的身体要复杂得多，不能通过设备和心脏能动性的微调修复。因此，除颤仪似乎不是创造完美混合体的一个非常好的工具，至少不是一个总能提高患者状况的工具。在这种情况下，衰竭的心脏本身是主要障碍。

> 我们告诉一些人我们已无计可施，你的心脏不好，就是这样。他们不愿接受，有时你必须告诉他们：就是这样了。我无能为力，医师也无计可施了。这对人们来说非常困难，因为他们想过上积极的生活但做不到。（访谈1号技术人员）

过去十年间，心脏科医师就他们是否应该继续为心力衰竭患者开具除颤仪处方进行了激烈辩论。由于设备无法改善或稳定其健康状况的患者比例很高，正在开展的临床研究正在制定能更好识别哪些患者可以从设备获益哪些不能的标准（访谈1号心脏科医师）。[13]

对植入除颤仪的患者来说，创造完美的混合体还涉及另一项重大挑战：如何避免不恰当电击。设备的这一不必要的能动性源自除颤仪有时候未能按设定方式读取心脏的能动性。尽管除颤仪的目标是在出现心室心律非常快，即心室颤动时给出电击，但它也可能对心房颤动做出反应，因为该设备无法很好地区分两者。或者，引述一位技术人员的话：

> 除颤仪是准备好进行治疗的。编程时的设定是，如果出现疑问，它给出电击，因为给出太多电击要比给出太少电击好。后一种情况，你的患者会死亡。一次过多电击意味着他受到了不恰当电击。你降低敏感性，就一定会让它［除颤仪——作者注］不那么

特异。这意味着它会在不必要的时刻给出电击，患者因此会受到不恰当电击。（访谈 2 号技术人员）

对于因发生心脏骤停、心室颤动或心力衰竭但幸存后安装除颤仪的患者，不必要的电击可以理解为在两害之间做出选择：死亡风险或是受到不恰当电击的风险，其中后者被认为是人们应该简单接受的除颤仪风险。对尚未经历过心律问题但出于对心室颤动遗传易感性的考虑接受除颤仪的患者而言，不恰当的电击成为更紧迫的问题，因为除颤仪只是一个预防最坏但有可能永不会发生的情况的工具。因此，这些患者有受到不恰当电击的风险，例如当导线断裂时，但他们可能永远不会从除颤仪干预中获益（访谈 3 号技术人员）。[14]

自己创造韧性的技法

反思我的发现，我得出结论，心脏诊所给连线心脏赛博格提供了一个重要空间来表达他们的混合身体的脆弱性。为降低脆弱性，技术人员和戴除颤仪和起搏器的人依赖完全不同的资源和技法。技术人员使用编程器和心电图监控器等设备来凝视混合身体，而连线心脏赛博格依靠自己的感官体验，这些感官体验为他们参与减少其经技术改造身体的脆弱性提供了一项重要资源。用日记记录心律紊乱、测量脉搏、清晨聆听警报音、慢速上下楼、互联网上搜索信息、要求技术人员进行患者友好的测试或提供心电图纸质报告，这些已成为连线心脏赛博格发展出的提高他们混合身体物质韧性的重要技法。

我所描述的脆弱性并不总是负面的，因为它们也可能帮助创造韧性。或者像葛·帕尔姆布姆（Ger Palmboom）和迪克·威廉姆斯（Dick Willems）所说，"脆弱性[可能成为]生命之源，而不是威胁"（Palmboom & Willems 2014, 278）。例如，提示电池耗竭的嘟嘟声促使戴内置心脏设备的人开发听觉技法来检测这些信号。因此，连线心脏赛博格被赋予让植入物的一个关键组成部分正常工作的责任：确保起搏器和除颤仪不会停止工作的电池。然而，与技术人员可以依赖编程器和其专业训练所规定的行动程序和标准不同，与起搏器和除颤仪共同生活的人必须在很大程度上靠自己开发出建设韧性的技法。在我进行门诊观察的同一家医院为新"起搏器患者"组织的患者信息会上，没有提供任何关于患者会面对什么以及他们如何为在随访门诊中发挥积极作用做准备的信息。[15] 因此，在这些实践中，连线心脏赛博格在维系他们的混合身体方面可以发挥积极作用的事被静默了。

尽管技术人员和戴内置心脏设备的人都积极参与创造混合身体的物质韧性，从这些随访门诊中浮现的韧性技术地理却表明，这些行动者在维持这些身体方面尚未处于平等地位。当凝视发生冲突时，技术人员的凝视居于患者的凝视之上。此外，技术人员不总是愿意倾听来心脏诊所随访的人的感官体验或偏好。这或许是源于时间限制，或许是他们对个人展现的强硬态度感到恼火或对患者的病史不熟悉造成的。因此，连线心脏赛博格不总是被予以"带来改变的能力"（Giddens 1984）。如我们所见，专家患者在参与创造物质韧性身体中处于更有利位置。我所描述的技法让他们能够克服焦虑、表达对特定测试的偏好、参与对心电图的解读、协商对起搏器的重新调试以及要求对警报信号重新编程或改善其嘟嘟声的可听性。不能高声表达他们感官体验的人无法或不被允许参与这些解释和协商。在这方面，我们应该适度强调

第三章 / 创造物质韧性赛博格

科学技术工作中一手感官体验的重要性。那位唐氏综合征患者的例子表明，当你的心跳被机器管理时，身体动作不被接受为表达感受的可靠方式。

最后，我对随访门诊的描述表明，降低混合身体的脆弱性有时很难实现，或可能根本无法实现。尽管技术人员和戴内置心脏设备的人认真投入建立韧性的工作，但他们有时无法实现起搏器的最优调试或防止不必要的除颤仪电击。因此，不必要的电击成为连线心脏赛博格的一种新的、有时不可避免的脆弱性。因此，下一章旨在了解植入除颤仪的人如何学会应对他们的混合身体的这种新脆弱性。

注释

1 见第二章尾注 15 对本章使用材料的详细说明。
2 至少对 2005 年起生产的设备而言（2012 年访谈 1 号技术人员）。
3 患者在植入除颤仪前后接受的指导均包括对近乎耗尽电量的电池会发出警报音的解释。
4 可以通过将警报功能设置为振动来解决听不到电池耗尽警报音的问题，新一代起搏器和除颤仪上已包括这一功能。我所访谈的患者中只有一名被告知并使用了振动式警报（访谈 12 号除颤仪患者）。
5 除颤仪公司对警报音的问题了然于心。一家位于美国的大型除颤仪公司决定在网站的问答页面解释嘟嘟声，建议患者听到时即刻联系医生（美敦力网站，与植入心脏设备共同生活的问答部分）。2014 年 2 月 21 日访问，http://www.medtronic.com/patients/tachycar-dia/living-with/questions-answers/。
6 见第五章对戴起搏器或除颤仪的人附近环境中的磁场如何干预其植入物的详细分析。
7 2014 年 2 月 16 日访问除颤仪用户网站，http://icdusergroup.blogspot.nl. http://icdusergroup.

blogspot.nl/2009/08/that-little-beep-could-be-telling-you.html。

8 这次植入手术发生在另外一家医院而不是我开展观察的 VUMC（阿姆斯特丹自由大学医学中心）。

9 当损坏导线新闻频出，制造商通常会采取所谓的召回政策，通过医院和媒体邀请患者去看心脏科医师、制定手术计划替换导线（访谈 1、2、3 号技术人员）。例如，2012 年美国圣犹达医疗用品公司生产的 Riata 导线就发生了这种情况，这导致其在全球建议医院每年对导线进行超声检查（访谈 1 号技术人员）。

10 请见 Manyena (2006, 439)，其对受灾社群获得韧性过程的研究得出类似结论。

11 在随访门诊观察和访谈中我都注意到患者伴侣的此类积极参与（第七次门诊观察；访谈 10 号和 11 号除颤仪患者）。

12 技术人员不能开处方或更改用药，这类工作是心脏科医师的领域。

13 有关这场辩论请见，例如 Hsia et al. (2000)。

14 过去二十年尽管除颤仪有很多创新，但在提高除颤仪区分心房颤动和心室颤动的潜力方面没有太大进展（访谈 2 号技术人员）。

15 2013 年 2 月 11 日在阿姆斯特丹的阿姆斯特丹医学中心医院观察除颤仪患者教育会。

参考文献

Alaimo, S., & Hekman, S. (2008). Introduction: Emerging models of materiality in feminist theory. In S. Alaimo & S. Hekman (Eds.), *Material feminisms* (pp. 1–19). Bloomington: University of Indiana Press.

Andersen, T., Bjorn, P., Kensing, F., & Moll, J. (2011). Designing for collaborative interpretation in telemonitoring: Re-introducing patients as diagnostic agents. *International Journal of Medical Informatics, 80*, 112–126.

Bjorn, P., & Markussen, R. (2013). Cyborg heart: The affective apparatus of bodily production of ICD patients. *Science and Technology Studies, 26*(2), 14–28.

Dalibert, L. (2014). *Posthumanism and technologies: Exploring the intimate relations* between humans and technologies. PhD thesis, University of Enschede, Enschede.

Dalibert, L. (2016). Living with spinal cord stimulation: Doing embodiment and incorporation. *Science, Technology & Human Values, 41*(4), 635−660.

Dam Nielsen, K. (2015). *Invited to participate? An ethnography of patientinvolving E-health in heart care.* PhD thesis, Copenhagen University, Copenhagen.

Epstein, S. (1996). *Impure science: Aids, activism and the politics of knowledge.* Berkeley: University of California Press.

Foucault, M. (1973). *The birth of the clinic.* New York: Pantheon Books.

Giddens, A. (1984). *The constitution of society.* Cambridge: Polity Press.

Henwood, F., Wyatt, S., Hart, A., & Smith, J. (2003). 'Ignorance is bliss some-times': Constraints on the emergence of the 'informed patient' in the changing landscapes of health information. *Sociology of Health & Illness, 25*(6), 589−607.

Hill, D. J. (2012). Implant devices collect patient data, but patients denied access. *Singularity Hub.* https://singularityhub.com/2012/12/05/implant-devices-collect-patient-data-but-patients-denied-access. Accessed 21 Nov 2018.

Hsia, H. H., Jessup, M. L., & Marchlinski, F. F. (2000). Debate: Do all patients with heart failure require implantable defibrillators to prevent sudden death? *Current Control Trials Cardiovascular Medicine, 1*(2), 98−101.

Lettow, S. (2011). Somatechnologies: Rethinking the body in philosophy of technology. *Techne, 15*(2), 110−117.

Manyena, S. B. (2006). The concept of resilience revisited. *Disasters, 30*(4), 433−450.

Mol, F. (2013). Hun ICD piepte en zij hoorden het ook niet. *STIN Journaal, 3,* 20−21.

Oudshoorn, N. (2011). *Telecare technologies and the transformation of healthcare.* New York: Palgrave Macmillan.

Oudshoorn, N. (2015). Sustaining cyborgs. Sensing and tuning agencies of pacemakers and ICDs. *Social Studies of Science, 45*(1), 56−76.

Oudshoorn, N., & Pinch, T. J. (Eds.). (2003). *How users matter: The co-construction of users and technology.* Cambridge, MA: MIT Press.

Palmboom, G., & Willems, D. (2014). Dealing with vulnerability: Balancing prevention and resilience as a method of governance. In A. Hommels, J. Mesman, & W. E. Bijker (Eds.), *Vulnerability in technological cultures: New directions in research and governance* (pp. 267−285). Cambridge, MA/London: MIT Press.

Pols, J. (2014). Knowing patients: Turning patient knowledge into science. *Science, Technology & Human Values, 39*(1), 73−97.

第四章

故障机器的被动受害者?
预测和驯服除颤仪电击

新技术,新感官体验

新技术产生新的感官体验(Dalibert 2014; Jones 2006)。当体内植入除颤仪的人经受这些设备在干预心律失常、避免出现心脏骤停时的电击时,这一描述可能最为形象。对这些连线心脏赛博格而言,除颤仪的电击能动性是身体变成人-机混合体的富有戏剧性的证明。一家生产除颤仪的主要位于美国的厂家预计五分之一的心脏病患者可能会经历所谓的不恰当电击。[1]因此,故障除颤仪带有戏剧性地延伸了连线心脏赛博格脆弱性。从这个角度说,除颤仪体现了技术与身体之间相互矛盾的关系。为减少脆弱性引入的设备也可能创造新的脆弱性。或者,如马克·科克尔伯格(Marc Coeckelbergh)在人类增强技术研究中所说,技术既是解决方案也是问题,既是解药也是疾病。设计来降

© The Author(s) 2020
N. Oudshoorn, *Resilient Cyborgs*, Health, Technology and Society,
https://doi.org/10.1007/978-981-15-2529-2_4

低身体脆弱性的技术不会消除而是改造脆弱性（Coeckelbergh 2013, 5, 145）。对与除颤仪共同生活的人来说，为让他们在致命的心律失常面前不那么脆弱而引入的技术却让身体面临不必要电击造成的伤害而变得脆弱。因此，本章通过探索人们如何应对植入物恰当和不恰当的电击，拓展我在第三章对连线心脏赛博格脆弱性和韧性的描述。因为除颤仪电击可能随处发生，创造物质性韧性赛博格不局限于心脏诊所。如我将要描述的，预测和驯服除颤仪能动性的韧性技术地理包括重要的新空间，例如公共场所、家和互联网社区，在那里急救员和与除颤仪共同生活的人都扮演重要角色。再一次，对感官体验、物质资源和韧性技法的关注提供了适当的启发式工具来理解创造物质性韧性赛博格的实践。

要超越把脆弱性和韧性看作技术的内在静止特征或个人性格特征，把除颤仪不需要的能动性出现的具体国情考虑在内非常重要，特别是荷兰和美国的技术-医学文化差异。因此，本章的分析将纳入与除颤仪共同生活的人在心脏骤停协会支持社区网站上的记录，这个在美国建立的网站是为数不多的专为除颤仪建立的线上论坛，有超过25万注册用户。[2] 为理解荷兰和美国的技术-医学文化差异如何促成或限制韧性建设，我借鉴女性主义赛博格研究，这些研究明确涉及"谁获益？"这个问题（Haraway 1985; Star 1991）。或如唐娜·哈拉维在《赛博格宣言》（1985）所论证的，研究赛博格最终是对权力关系的情境性和宜居世界的追求（Haraway 1985; Dalibert 2014, 105）。运用这个视角，我探索脆弱性和韧性浮现的"权力制图"。如罗西·布雷多蒂（Rosi Braidotti）论证的，作为"技术增强的身体机器"的赛博格应被理解为特定权力关系在后工业社会制定的物质嵌入制图（Braidotti 2006, 12）。什么样的权力制图被刻入除颤仪，这又如何影响患者应对他们混合身体脆弱性的能力？

本章首先分析人们如何预测和感知恰当的电击。接下来调查他们为感知和驯服除颤仪不受欢迎的能动性所开发的物质资源和技法。我提出，除颤仪引入了需要新反应的新型脆弱性，这些新反应与应对体外技术引起的脆弱性的工作方式不同。

脆弱性是内部而不是外部威胁

除颤仪电击的感官体验

遭到植入你体内的机器电击是何感觉？访谈中我了解到除颤仪肯定会带来新的感官体验。被除颤仪电击是一种人们发现很难表达清楚的前所未有的经历。如一位77岁的退休巴士司机约翰描述的：

> 说实话第一次发生时我很害怕。这是我总是告诉人们的唯一一件事。没有人能明白这个蠢东西电击时意味着什么。就像你被一匹马踢了一样。后来我被电击三次。我觉得我撑不过去了。"现在对我来说一切都完了。"[他妻子：你以为你要死了。]到了医院他们跟我说除颤仪工作得很好，我又被送回家。（访谈4号患者）

许多与除颤仪共同生活的人都讲过这个故事。电击是生命脆弱性的创伤性提醒的象征（Pollock 2008; Leder and Krucoff 2011）。虽然除颤仪意在延长生命，但它们同时不间断地提醒人们死亡。电击的情感负担是心脏骤停协会支持社区网站反复讨论的一个主题。如在"无法消除对电击的恐惧"的讨论下，有人写道："感谢上帝我有设备，不然我不会在那里，但……我仍然害怕死亡。"（P14）从这个角度说，人们首次被电击的经历可能是最戏剧化的，甚至可能引发对除颤仪延长生命能力的强烈矛盾心理。62岁的退休通信技术人员彼得如此描述：

  当我在救护车上时……如果当时他们问："我们应该如何处理插头？"我当时会这么回答："它在哪？我自己把它拔出来！"……"这不值得。"我想。（访谈10号除颤仪患者）

尽管他们的感官体验千差万别，但许多人对电击感到痛苦。有时他们受到电击后昏倒或失去对他们活动的控制。83岁的退休职业军人埃里克说道：

  你不能一直站着。上次被电击时我坐在电脑前。它给了下电击，我被撞到椅子侧边。所以，对心脏科医师想让人们相信这只是微弱电击所讲的所有故事，我要说：你应该自己感受一回。（访谈1号除颤仪患者）

人们发现不仅很难向家人或朋友解释电击的感受，向心脏科医师或技术人员解释也同样困难，后者似乎在弱化电击经验的严重性，或简单地得出除颤仪在行使功能的结论。在这方面，患者和医护人员谈论除颤仪电击的方式存在天壤之别。美国患者称电击为"电击"，荷兰患者称"打击"，而医护人员将其描述为"治疗"。[3] 上述引述说明这些连线心脏赛博格被电击时经历的略带苦涩的惊奇。尽管在医院网站或

第四章 / 故障机器的被动受害者?

信息会议上提供给患者的信息材料包含对设备如何工作以及植入手术中发生什么的冗长解释，但它们没有详细解释遭到电击是何感受或提示除颤仪可能会在不需要时给出电击。[4] 患者通常只有在遭到除颤仪电击去医院就诊[5]时才接收到这些信息。从这个角度说，与让患者准备好感知除颤仪电击相比，更高的优先级似乎给了给患者带来希望，而其中有些人可能根本不会体验到电击。[6]

对戴除颤仪的人来说，他们的植入物给出电击符合字面意义上的震撼经历，因为他们的身体会从体内的一个设备接收到电震动。刻入除颤仪的物质能动性可以随时自动电击心脏，将身体改造成机器的对象（Pollock 2008, 102; Leder and Krucoff 2011, 863）。与体外技术相比，这种人器配置引入了一种新型脆弱性，其中对身体的威胁来自体内而不是体外。如安妮·波洛克已经描述的，除颤仪患者生活在机器监控下。然而，与福柯研究提出的受监控的囚犯相反，他们不必内化狱警的凝视，因为它在他们体内自动运行（Pollock 2008, 103）。最令患者痛苦的是监控机制是不可预测的。如彼得告诉我的：

> 我把这种电击比作当你走在漆黑的小巷里，被一个带着刀的男人尾随的感觉。那样的威胁。电击的体验困扰你的方式就像带着刀的男人一直跟在你后面，准备好了要袭击你一般。它随时可能发生，但不允许你回头看。（访谈 10 号除颤仪患者）

体内装着一个不知何时何地会电击你的机器引发不可置信和焦虑的感觉："我害怕，因为它无缘无故就给你一击"；"莫名其妙就发生"；"发生得太快了，我简直不敢相信"；"太突然了，我恐惧地尖叫起来"

（访谈14、10、5号患者；P6）。连线心脏赛博格谈论电击经历的方式说明了体内技术构成的脆弱性的新颖性。因为从未经历过这样的事，他们将这种经历与外部来源引发的身体疼痛进行比较，比如被重量级拳击手打了一拳、被通电淋浴电击或维修工作中被电线电击，或是如前所述，被马踢（P5；访谈10、14、4号患者）。因此，尽管电击来自他们的混合身体，但人们不知如何描述这些新的感官体验。

他们体内机器带来的新感觉不仅让连线心脏赛博格感知到他们混合身体的脆弱性，也让他们发展韧性技法夺回对他们生活的控制权。如前几章描述的，脆弱性不全是消极的，因为它使人们意识到生活在技术文化中所涉及的风险，这或许有助于学习如何应对潜在威胁（Bijker et al. 2014, 2, 3, 22）。对与除颤仪共同生活的人来说，被电击的感官体验让他们能找到预测新电击的方法，例如心脏骤停协会支持社区网站上的一位发帖人给出的建议：

> 尝试听你的心跳，然后坐下来数你的脉搏；如果达到220（找出你的[设备]盒子所设上限），请等待。电击开始！幸运的是，我从一个电视节目中了解到至少要坐下或躺着做准备。（P6）

连线心脏赛博格开发出应对电击的其他技法还包括避免曾经经历电击的地点或活动，例如晚上独自遛狗或独自沐浴（访谈14和10号患者）。尽管这些韧性技法无法规避未来的电击，但人们希望确保电击发生时，他们不是独自一人。他们也可能尝试避开人太多的公共场所，因为他们担心被电击的身体会成为公共奇观；或者避开会触动电击记忆的特定地方（访谈12号患者；P12）。这些韧性技法旨在学习接受他们混合身体的脆弱性。因此，创造韧性不一定意味着消除或抵消了脆弱性。接受脆弱性也可以成为韧性建设的一部分。[7]虽然电击通常极具破坏性并会制造焦虑，但它们也是除颤仪发挥作用并将挽救他们生命的保证。对这些赛博格来说，除颤仪成为像救生员一般让人安心的技术。如我将要描述的，当患者接受的电击是不必要时，这一含义会发生巨大变化。

感知并理解不恰当的电击

与其他技术一样，除颤仪并不完美，也可能失败。因此，人们告诉我的故事也是关于被失灵的机器电击的故事。故而，不恰当的电击是脆弱性"从不单独发生"的例证。如杰西卡·梅斯曼（Jessica Mesman）对新生儿重症监护病房里重症监护实践的描述一般，脆弱性通常是多重的，并且相互之间可能发生竞争或取代（Mesman 2014, 75）。对与除颤仪共同生活的人来说，心脏骤停的风险被作为对抗生命有限性的卫士而植入体内的设备变成脆弱人体的威胁之风险取代。但谁又能准确地把体内技术的正常工作与失灵设备的能动性区分开呢？戴除颤仪的人感到植入体不对劲的第一种方式是他们经历的电击数量。如埃里克告诉我的：

> 那是在12月11日，我正跟人说话，突然就倒下了。我像被击打了、受到重击。我不知道发生了什么，但人们叫了救护车。它连续发出9次电击。我想："我要死了，但我还戴着它。它不工作，我的心脏也不听话，所以我要死了。"我不得不在医院待了三天，然后他们告诉我设备调试出错了。他们之前把设备调在近安

全区，我想是 200 或是 180。所以当我的心房达到那个节律，除颤仪就想：要开工了。（访谈 1 号患者）

但是多少次电击应被看作"正常"？理解多重电击是心脏骤停协会支持社区网站上反复出现的主题，有关讨论主题包括"你被电击多少次？""不需要时被除颤仪电击""反复电击"和"不恰当电击"（P8, 4, 20, 11）。因为人们未被告知当除颤仪失败时会发生什么，他们帮助彼此理解正在发生的事情。一位用户报告说被"不受控制地电击了 17 次"，有建议写道："这么多次电击是不正常的。你需要关注下导线断裂。我不是要吓你，因为也可能是你的设备没有调整正确或是药物问题。但这不是能放一放的问题。你要找专家问答案。"（P19）

发帖人用来指代不恰当电击的典型术语包括"除颤仪放电""几十次电击的暴风雪"或"电击风暴"，因此将他们的经历再次比作外部现象，在这里是暴风雨（P7, 19, 6）。人们不仅依据电击数量区分恰当与不恰当电击，还可以依据电击前缺乏身体感应来判断。或者如 52 岁的药店助理琼所解释的：

> 发生时我正在床上，我即刻感觉这次与我之前经历的不一样。那次感觉很奇怪，因为我正在安睡。通常是，你感到有些头晕并想，哦，不，不对劲了，随后你会遭到电击。但那会我觉得电击没那么大力、没其他次严重。我丈夫上楼来测量我的心跳。心脏没有问题，我的心跳是正常的，如果不正常它会疯狂地跳。所以我们打电话给医院，告诉他们除颤仪出了点问题。当技术人员检

测除颤仪时，他得出结论，电击是由导线短路引起的。(访谈5号除颤仪患者）

其他连线心脏赛博格也有类似经历。与恰当的电击相比，他们没有感到冲击力，心跳也没有发生变化（访谈1号患者）。因为混合身体出错不会预先通知，当遭到电击人们变得更加惊慌，并且体验到其随机性为迄今为止最糟糕的部分（P7）。因此，不恰当电击给与除颤仪共同生活的人构成一种无法预测的伤害。

脆弱性是一种你可以努力预测但永远无法逃避的伤害

不论是什么引起不恰当的电击——故障设备、用药错误或除颤仪不正确的调试——连线心脏赛博格都面临一种新的脆弱性。与恰当的电击相比，他们不能依靠感官体验开发韧性技法。由于没有如心跳加速或头晕等任何身体警告，人们无法预测到电击并因此感到不知所措。这是为什么我提出存在第二种形式的脆弱性。体内技术引入一种你可以尝试预测却永远无法逃避的脆弱性。与体外技术造成的伤害相比，人无法逃避或躲避内置设备相关的风险。你没有办法尝试避开它们，例如，像对待药物那样不再使用这个技术，或避开诸如核能或化学工厂那样存在风险技术的区域，或避开有风险的工作或食物。尽管体外技术造成的伤害也可能带来你无法逃避的感受——想一想核事故造成的辐射风险——但主要的区别在于，这个威胁来自植入你体内用来保护你免受伤害的技术，但却未提供当它失败时，任何修理或躲避它的办法。因此，设计和用来降低我们脆弱性的技术，例如除颤仪和许多新的和新兴的增强技术（Coeckelbergh 2013）给应对这些技术本身可能造成的伤害带来了新的挑战。这些风险的不可逃避性和不可逆性引入了一种似乎超出与体内技术共同生活的人控制的脆弱性。

人们在心脏骤停协会支持社区网站上分享的经历提供了很好的例子说明他们混合身体被改变的脆弱性如何带来严重的情绪压力。心脏骤停协会支持社区网站上的一位发帖人如此写道：

> 我的心脏电生理医生最终承认，自植入手术后这九年间我经历的唯一一次危在旦夕的事件来自我的设备……我花了好几个月才弄明白我正在遭受非常真实的PTSD［创伤后应激障碍］。这种事真的、真的很伤人。它们点亮了你的整个神经系统。我确定它扰乱了我的记忆力和聚精会神的能力至少六个月之久。这就像在没有镇静剂的情况下遭到电击。我相信它比水刑还糟糕。即便你知道受影响的是心理，即使不可避免，你也知道是有人向你有所求。但出错的设备是不讲理的。（P1）

不恰当电击带来的最大压力是缺乏保护自身的技法。或者，像另外一个帖子说的：

> 你知道，如果你看到有人要打你，你可以振作起来努力保护自己。这个不一样。我认为它是终极折磨，因为不仅极度痛苦，它还真会扰乱你的思路。它夺走了你认为可能对自己生活拥有的任何控制权。（P7）

第四章 / 故障机器的被动受害者？

为应对这些严重的情绪，人们通常去看心理医师和／或服用抗焦虑或镇静剂来控制其恐惧（P6）。然而，心理咨询或药物可能无助于克服这些压力事件，因为人们还担心可能的身体伤害。多重电击不光影响神志还有身体的观点是心脏骤停协会支持社区网站另一个反复出现的主题。这些讨论中出现的担忧包括对神经或心脏的严重损伤——"你的心脏不是设计来经受反复电击的"（P4）——或死亡的风险。让连线心脏赛博格最苦恼的是，他们似乎得不到医护人员的太多帮助和理解。或者，如一个帖子所写：

> 或许一个全新的话题应该是医生缺乏治疗这类事件的经验。我相信我的迷走神经受损了。我继续受这次糟糕事件的折磨，而太多医生根本不知道如何帮我。（P7）

尽管科学文献回答了多数人对身体伤害的担忧，但医护人员似乎不知道这些知识，也没有向患者传达这些知识，至少没有告知参与这个网站[8]讨论的人。

总之，经历过不恰当电击的连线心脏赛博格的韧性技法与那些只接受恰当电击的人有很大不同。与由于知道电击会挽救他们的生命、学会接受他们混合身体的脆弱性相比，他们必须学会应对有可能保护他们免受伤害但同时给他们的身心带来自身无法阻挡的威胁的设备。因此，成为你无法控制的失灵设备的对象这一事实引入了一种新颖的人机配置，它改变了混合身体的脆弱性，在许多与除颤仪共同生活的人的生活中这一现实普遍存在。

重获控制：驯服除颤仪不需要的能动性的物质实践

这类无法预测或逃避伤害的脆弱性提出一个重要的问题：连线心脏赛博格是否注定是被动的。要理解人们何以应对他们混合身体被改变的脆弱性，重要的是将我们的关注点移至医护人员和连线心脏赛博格参与到理解和干预除颤仪不需要的能动性的物质实践中。如第三章所述，心脏诊所成为提高经受不恰当电击的身体物质韧性的技术地理中的一个重要空间。植入除颤仪后，人们接到指示每次受电击时都要去诊所就诊。访谈中我了解到担心电击的不仅是戴除颤仪的人，技术人员也担心电击，尤其是被称为"除颤仪世界最大恐惧"的不恰当电击（访谈3号技术人员）。当受到电击的人来医院就诊，技术人员总是会调查是恰当的还是不恰当电击。如果存储在除颤仪的心电图显示电击时间与心房颤动时间吻合，则干预被归为恰当电击（访谈1号和3号技术人员）。

然而，理解不必要的电击是一项艰巨得多的任务，因为可能存在不同的机制触发设备不需要的能动性。我访谈的一位技术人员告诉我，要理解除颤仪为何做出那样的行动有时候是非常困难的：

> 我觉得最难的是理解设备区别性对待的能动性，它何以做出特定决定。因为是设备做出的决定，而有时我不理解这些决定。这需要技术性和完备的知识。有时候你会向除颤仪厂家或你的同事求助，然后我们一同来看它、理解它为何做出这样的决定。但有时连公司的技术专家都读不懂它。除颤仪世界常常提及黑匣这个术语，因为设备内部发生很多你看不见也不透明的事情。（访谈1号技术人员）

第四章 / 故障机器的被动受害者?

虽然不透明，技术人员对除颤仪发出不需要电击的某些原因还是熟悉的。不恰当电击的第一个主要原因是由绝缘缺陷导致的导线故障，即所谓的导线断裂（Frascone et al. 2008）。[9] 故障导线引起的电扰动会被除颤仪认定为需要电击的严重心律紊乱。由于断裂的导线无法被移除或替换，人们必须通过手术获得带新导线的新除颤仪（访谈3号技术人员），或者被告知等到设备造成问题。不必要电击的第二个原因是设备有时未按预期方式读取心脏的能动性。尽管除颤仪的目的是在心室跳动非常快时给出电击，它也可能对心房颤动做出反应，因为设备不能很好区分两者。技术人员和心脏科医师可以使用两种策略预防此类电击：开处方药来抑制心房颤动，或重新编程除颤仪的算法来提高其区分潜力（Braunschweig et al. 2010）。然而，技术人员无权决定预防或排除这类不恰当电击，因为除颤仪是根据"安全第一"的原则进行编程的，即便设备无法正确区分心房和心室颤动，它们也会发出电击（访谈3号技术人员）。可能发生不恰当电击的第三个原因是心脏和设备能动性之间的错误调试。如技术人员告诉我的，发生不恰当电击后对除颤仪的重调需要反复试验。尽管存在标准流程，但每个人在植入除颤仪的原因，身体对心室节律紊乱做何反应（有些人在心律达到每分钟220次时会倒地，而其他人可能感觉不太好）以及生活方式差异等方面都提出独特的案例。例如，积极运动的人可能面临不恰当电击的风险，因为设备会对运动引起的心律加快做出反应。根据身体和生活方式调试除颤仪到合适的状态通常需要几个月时间，这解释了为什么许多不恰当电击发生在植入后半年内（访谈3号技术人员）。

重要的是，根据心脏能动性调整除颤仪电击能动性的物质实践已经随着时间的推移而改变，或者，引用一位技术人员的话说：

你试图想出一种每个人都能接受的标准调整方案，但即便如此你也可能犯错，你必须在除颤仪进行治疗后微调它。过去人们会在更短时间内受到电击，这是为什么我们现在在给出治疗方面更保守。因为我们知道人们也可以自己从这种节律紊乱中恢复过来。你试图标准化它，但不是总能实现。（访谈3号技术人员）

这段话表明，决定如何根据心脏的能动性调试除颤仪的能动性也取决于心脏的恢复能力。有时，心脏可能能从心室节律紊乱中自行恢复而无须任何干预。过去，荷兰医院出于安全考虑优先考虑除颤仪的电击能动性，但近来，除颤仪的调整方式通过延迟发出电击的时间，给心脏更多从严重节律紊乱中恢复的自主性（访谈3号技术人员；Stiles 2014）。这些实践表明，脆弱性不是静止而是随着时间推移变化的，其中医院的政策变化也起到重要作用。然而，对除颤仪和心脏的能动性进行微调仍然是一个进退两难的决定，因为技术人员永远无法确切地知道是否每次身体都能自我恢复。处理不确定性因此成为技术人员工作的一部分。在这方面，荷兰和美国存在重要差异。因为美国存在索赔文化，美国技术人员会用足设备的潜力来干预心室律动紊乱，即使这包括更高风险的不恰当电击。相比之下，荷兰的技术人员学会关闭其中许多功能（访谈1号技术人员）。这些不同的实践表明，连线心脏赛博格面对的脆弱性不仅随着时间改变，其变化还取决于技术-医学文化的具体情况。这个例子里，治理文化的差异导致刻入除颤仪的权力制图不尽相同（Braidotti 2006）。在美国，法律诉讼的风险优先于降低与除颤仪共同生活的人的脆弱性，这带来巨大后果。由于身体被授予更少的能动性自行从心律紊乱修复，在美国遭到不恰当电击的人数远高于其他地区。

因此，与除颤仪共同生活的美国人积极参与尝试重新控制他们的设备并非巧合，心脏骤停协会支持社区网站上的频繁讨论就是例证。经历过多重不恰当电击的人对他们混合身体的脆弱性了然于心。在网站上人们讨论他们——通常创伤性——的经历和除颤仪错误电击的原因，他们还就如何应对他们设备不需要的能动性交流想法。有些人对他们除颤仪的不可靠性变得如此绝望，以致使用磁铁来终止不恰当的电击。连线心脏赛博格从急救人员那学到这种激烈的干预方法，急救人员用磁铁将出现反复不恰当电击后被他们送往医院的患者的除颤仪停用。一些救护车工作人员和其他紧急医护人员接受过在设备上放置一块磁铁以抑制进一步电击的训练。他们用胶带把磁铁固定在患者胸部，通常直接固定在设备上方，但正确位置因除颤仪品牌而异。磁铁通常呈环形或甜甜圈形状，直径约74毫米，通过关闭作为安全功能内置的磁簧开关可暂时关闭设备（15秒）（Jacob et al. 2011）。

连线心脏赛博格开始自己使用磁铁的原因之一是紧急医护人员缺乏处理发出错误电击的除颤仪的经验，而且急救人员的标准设备中也不含磁铁（Frascone et al. 2008; Braunschweig et al. 2010; Jacob et al. 2011）。另一个主要诱因是导线故障引发不恰当电击的可能性增高。因导线断裂遭受多次不必要电击的人是磁铁最忠实的用户之一，并且鼓励其他有类似问题的人也这么做：

> 现在就拿到磁铁！任何时候你都被正确电击的可能性很小，但如果你的导线已然不好，除颤仪给你带来麻烦的可能性要大得多得多，包括危及生命。明知导线坏了也不带磁铁走在路上就像

在大风中不带安全带的情况下去擦60层高楼的窗户……不带磁铁你就是犯傻……磁铁是这个技术的灭火器，平心而论，其危险性要比呈现给患者的多得多。(P5; P1)

磁铁的倡导者还试图通过提供实用建议，比如将磁铁放在身体哪个位置，来教育他人如何使用这些设备。因为电击发生时人们常常会晕倒，他们还建议在站着或坐着时使用磁铁，以确保磁铁滑开并在恰当电击时停止干预。据倡导者说，在错误的时刻使用磁铁的风险"近乎零"(P5)。他们向其他人保证，他们可以依赖他们的感受——"你会发现有些不对劲"——因为在受到不恰当电击时，他们的身体不会提前发出警告。

因此，磁铁成为驯服除颤仪不需要的能动性的一个重要的物质资源。磁铁的使用为戴除颤仪的人提供了一种主动应对他们混合身体脆弱性的技法，因为它使他们能重新控制失灵的植入物。他们中有些人还使用其他设备，例如便携式心电图机或带心脏监测器的手表来"重获哪怕一点控制"并避免成为"危险电击的受害者"(P6; P10)。或者，如另一个帖子写道：

> 我害怕不恰当电击。我买了一堆甜甜圈样的磁铁，把它们放在各处，一个在车里，一个在卧室，一个在办公室，等等……这是让我感到更安全的事之一，所以，没有伤害。(P1)

然而，并不是每个人都愿意或者能够参与驯服他们除颤仪的这些物质实践中。在心脏骤停协会支持社区网站上有些人，包括两位医生，强调只有在咨询心脏科医师后才能使用磁铁（P2; P3; P5）。这种谨慎的做法反映了美国的政策，在那里由于不恰当使用的责任问题，磁铁是不提供给患者的（Bouthillet 2009, 9）。再一次，嵌入治理文化的权力制图对塑造脆弱性具有重大影响。例如，在英国，有些医院向经历过不恰当电击的人提供磁铁以及完整的使用说明（P3, Camm & Nisam 2010）。相比之下，美国患者未被授予自主性或控制权来停用他们失灵的除颤仪。治理文化上的这些差异对留给连线心脏赛博格应对他们混合身体脆弱性的能动性产生了重大影响。由于缺少医护人员的支持，他们不得不投入大量工作来获取故障设备的控制权。心脏骤停协会支持社区网站上的讨论显示，有些用户强烈反对医护人员和与除颤仪共同生活的人之间权力的这种不均分配。他们认为不自动把磁铁给他们是"极不负责任的"（P1），并提出使用磁铁事关"患者的基本权利"，因为患者"需要知道他们有什么控制权，尤其对磁铁"（P10; P5）。网站上的帖子还表明，患者积极交流何处购买磁铁的信息，例如从科学美国人（American Scientific）网站你可以购买包括磁铁在内的二手（医疗）设备或者除颤仪公司在电话要求下会免费提供磁铁（P1; P5）。[10] 这些实践表明，与除颤仪共同生活的人在寻找绕过权力制图方面非常有创意，在那里他们的医生不允许他们获取磁铁。因此，他们夺回保护他们混合身体免受故障机器伤害的权力。

生存不确定性

在本章，我描述了除颤仪如何引入两种新的脆弱性。与其他技术相比，它们构成内部而非外部威胁，造成的伤害人能试图预测但无法逃避。尽管体外技术（如药品）也能造成内部伤害——试想众多副作用——但因为你不再需要任何医疗帮助，你可自行决定停止用药。相比之下，你体内的故障机器不能由你自行决定移除。减少伤害所需的任何行动都涉及对植入体内而非体外的设备技术进行干预，因此不可逆转地要依赖医护人员。重要的是，我在本章描述的第二种形式的脆弱性，连线心脏赛博格暴露于其中的程度存在很大差异。在美国，嵌入治理文化和除颤仪的权力制图使美国患者更容易遭受不恰当电击，因为他们的身体被授予从心律紊乱中恢复的能动性较少。同样有问题的是，他们被剥夺了停用故障机器的自主性。因此，除颤仪不需要的能动性不是该技术的内在属性，而是出现在一种把避免法律诉讼的经济原则置于照护质量之上的技术-法律文化中。

　　反思这些发现，我认为除颤仪构成的脆弱性引入了一种特殊的"生存不确定性"，吉登斯用这个概念捕捉由于晚期现代性中现成角色的缺失而导致的身份构建中的不确定性（Giddens 1991）。除颤仪引入的是最符合字面意义的生存不确定性：它们的电击使人们不断意识到生命的脆弱性。尽管由于有望降低心脏骤停的发生率，除颤仪有可能减少生存不确定性，但当除颤仪由于错误调试或导线断裂而发生故障时，它们会再次增加这些不确定性。因此，这种技术介导的生存不确定性涉及构成赛博格的两部分：除颤仪提高了对身体脆弱性和技术脆弱性的认识。

　　与让-吕克·南希对捐赠心脏的描述（Nancy 2000）相比，不仅是患病的心脏，医疗植入物的可靠性也会引发存在主义式担忧。尽管脆弱性是所有人的生存境况（Coeckelbergh 2013），与除颤仪共同生活的人必须面对这样一个现实：他们不能信任他们的身体，也不能依靠

第四章 / 故障机器的被动受害者?

设计来减少他们衰弱的身体所造成的不确定性的技术。或者,如安妮·波洛克在关于除颤仪的文章中所总结的,"他们的经历提醒我们,我们放入自身体内的机器与我们的身体一样不完美"(Pollock 2008, 110)。无论戴除颤仪的人、急救人员和技术人员花多大力气预测和驯服除颤仪不需要的能动性,他们都没有能力预防或排除不恰当的电击或确保恰当的电击会阻止死亡。

尽管存在这些脆弱性,与除颤仪共同生活的人不把自己当作故障机器的被动受害者,而是积极参与感知和驯服他们机器不需要的能动性并减少他们生存的不确定性。在本章出现的韧性技术地理里,连线心脏赛博格在提高他们混合身体的物质韧性方面起到积极作用。如我们所看到的,测量脉搏、使用便携式心电图机和带心脏监测器的手表,以及避开之前经历过电击的地方或若出现电击没有人会在场帮助他们的地方,这些都是与除颤仪共同生活的人用来感知和预测电击的重要技法。

为抵制成为故障技术的受害者,在美国的连线心脏赛博格声称有权使用磁铁暂时停用除颤仪。通过挪用曾属于急救人员专有特权的技术设备,他们创造了一种重新控制他们体内机器的新技法。从这个角度说,在线社区可被视为建立韧性的重要空间。如我们所见,心脏骤停协会支持社区网站提供了一个获知磁铁可用来停用除颤仪的重要平台,而医院网站或信息会议提供给患者的信息材料却对这一关键的韧性技法只字不提。

戴除颤仪的人还试图通过使用他们的感官体验来区分恰当、不恰当电击来避免受到故障除颤仪的伤害。值得注意的是,不曾出现心律出问题的身体感觉信号已成为不必要电击的重要指标,这需要非常密切地观察自己的身体。因此，预测体内技术正确和不正确工作构成了一种新形式的无形劳动（Star & Strauss 1999）。这种预测工作可以最好地理解为溯因推理（abduction），"做好被打个措手不及的准备状态"（Reichertz 2007, 221）或是"真实体验……在'之前'采取行动，为不可避免但可以避免的之后做准备"（Adams et al. 2009, 255）。然而，除颤仪的案例呈现了溯因推理的一个新方面，因为这里没有"可以避免的之后"。此外，为故障设备做准备的行动过程远非直截了当而是充满模糊性。这些构成溯因推理核心的模糊性不仅涉及对可能告诉你某事不对劲的身体信号存在与否保持警觉，还涉及在事先无法完全确定哪个是对的情况下，在两种韧性技法间进行选择：使用磁铁暂时停用一个故障设备，这意味着如果电击是恰当的，你不再受到防止心脏骤停的保护；或是让自己受控于可能由不必要电击给你带来伤害的技术。如上所述，脆弱性从不单独出现（Mesman 2014, 75）。在这种情况下，保护自己免受故障机器内部威胁的行为本身可能会让你的身体再次变得易受潜在致命心律的影响。尽管韧性研究强调支持韧性建设以实现"人们远离高风险区的愿望"的政策的重要性（Manyena 2006, 438），但对与除颤仪共同生活的人来说，面对他们的植入物，从不存在伤害的"外部区域"。

注释

1 美敦力（Medtronic）2011年3月29日发布的新闻：http://www.medicalnewstoday.com（2014年10月15日访问）。

2 见第二章尾注 15 对研究材料更详细的说明。

3 见 Pollock (2008) 类似的观察。

4 例如,在我所观察的阿姆斯特丹自由大学医学中心的患者教育会没有关注到除颤仪发出电击时患者会面临什么。医院网站可能包含非常简短的解释,例如,患者对电击的体验各不相同,"从轻微的捶打到胸口的重击"(2015 年 11 月 22 日访问,https://stanfordhealthcare.org/medical-treatments/i/icd.html);但不包含不恰当电击的信息。

5 比如,荷兰心血管护士学会(the Dutch Society for Heart and Vascular Nurses)给受过电击的患者分发包含详细解释除颤仪电击症状和经历的传单(Anonymous 2014)。

6 与亚利桑那州立大学的希瑟·M. 罗斯(Heather M. Ross)口头交流。

7 见 Palmboom & Willems (2014, 281) 类似的观察。

8 心脏学期刊最近发表的文章报道不恰当的电击会增加死亡风险(Rees et al. 2011, 14),尽管与美国的主要除颤仪制造商有关联的其他研究者弱化了这一风险(Kaiser et al. 2013)。显然,涉及设备故障相关死亡时,利益攸关。文献报道的其他损害包括增加心力衰竭或恶性心律失常的风险以及细胞损伤(Toquero et al. 2012)。

9 如第三章已描述的,连接除颤仪和心脏的导线被认为是最薄弱的部分。过去十年,因为导线断裂,美国药监局召回了除颤仪主要品牌的多个型号。在这些召回中,所有受影响的人都被告知不恰当电击的潜在风险,医师也收到重新编程或更换设备的指示(Frascone et al. 2008)。

10 显然,除颤仪厂家对给患者提供磁铁没那么不情愿。通过让患者签署他们了解如何使用磁铁及其作用,他们降低了责任风险(Bouthillet 2009, 9)。

参考文献

Adams, V., Murphy, M., & Clarke, A. (2009). Anticipation: Technoscience, life, affect, temporality. *Subjectivity, 28*, 246–265.

Alaimo, S., & Hekman, S. (2008). Introduction: Emerging models of materiality in feminist theory. In S. Alaimo & S. Hekman (Eds.), *Material feminisms* (pp. 1–19). Bloomington/Indianapolis: University of Indiana Press.

113 Anonymous. (2014). *Nazorg folder shocks*. Nederlandse Vereniging voor Hart en Vaat Verpleegkundigen (NVHVV). www.nvhvv.nl/werkgroep/icd-begeleiders/downloads-icd. Accessed 12 Dec 2014.

Bateman, S., Gayon, J., Allouche, S., Goffette, J., & Marzano, M. (2015). *Inquiring into human enhancement: Interdisciplinary and international perspectives*. Houndmills/Basingstoke/Hampshire: Palgrave Macmillan.

Bijker, W. E., Hommels, A., & Mesman, J. (2014). Studying vulnerability in technological cultures. In A. Hommels, J. Mesman, & W. E. Bijker (Eds.), *Vulnerability in technological cultures: New directions in research and governance* (pp. 1–27). Cambridge, MA/London: MIT Press.

Blume, S. (2010). *The artificial ear: Cochlear implants and the culture of deafness*. New Brunswick: Rutgers University Press.

Bouthillet, T. (2009). *Ineffective or inappropriate ICD shocks – Part III*. http://www.ems12lead.com/2009/05/17/ems-topics/patient-management/. Accessed 25 Apr 2015.

Braidotti, R. (2006). Affirming the affirmative: On nomadic affectivity. *Rhizomes: Cultural Studies in Emerging Knowledge, 11*(12), 12–19. http://www.rhizomes.net/issue11/braidotti.html.

Braunschweig, F., et al. (2010). Management of patients receiving implantable cardiac defibrillator shocks: Recommendations for acute and long-term patient management. *EP Eurospace, 12*(12), 1673–1690.

Camm, A. J., & Nisam, S. (2010). European utilization of the implantable defi brillator: Has 10 years changed the 'enigma'? *EP Eurospace, 12*(8), 1063–1069.

Coeckelbergh, M. (2013). *Human being @ risk: Enhancement, technology, and the evaluation of vulnerability transformations*. Dordrecht/New York: Springer.

Cooper, K., & Scammell, J. (2013). Professional culture and vulnerability. In V. Heaslip & J. Ryden (Eds.), *Understanding vulnerability: A nursing and healthcare approach* (pp. 91–111). Boston/Oxford: Wiley-Blackwell.

Dalibert, L. (2014). *Posthumanism and somatechnologies: Exploring the intimate *relations between humans and technologies*. PhD thesis, University of Enschede, Enschede.

Denis, J., & Pontille, D. (2015). Material ordering and the care of things. *Science, Technology and Human Values, 40*(3), 338–367.

Frascone, R. J., Salzman, J., Griffith, K., & Dunbar, D. (2008). Shock factor: How donut magnets can suspend inappropriate shocks. *JEMS: A Journal of Emergency Medical Services, 33*(7), 104–107.

Giddens, A. (1991). *Modernity and self-identity: Self and society in the late modern age*. Cambridge: Polity Press.

Haraway, D. (1985). Manifesto for cyborgs: Science, technology and socialist feminism in the 1980s. *Socialist Review, 80*, 65–108.

Heaslip, V., & Ryden, J. (Eds.). (2013). *Understanding vulnerability: A nursing and healthcare approach*. Boston/Oxford: Wiley-Blackwell.

Hommels, A., Mesman, J., & Bijker, W. E. (Eds.). (2014). *Vulnerability in technological cultures: New directions in research and governance*. Cambridge, MA/London: MIT Press.

Jacob, S., et al. (2011). Clinical applications of magnets on cardiac rhythm management devices. *EP Eurospace, 13*(9), 1222–1230.

Jain, S. (1999). The prosthetic imagination: Enabling and disabling the prosthetic trope. *Science, Technology and Human Values, 24*(1), 31–54.

Jones, C. A. (2006). The mediated sensorium. In C. A. Jones (Ed.), *Sensorium: Embodied experience, technology, and contemporary art* (pp. 5–49). Cambridge, MA/London: MIT Press.

Kaiser, C., et al. (2013). ICD not to blame for higher CV mortality after shock. *Medpage Today*. http://www.medpagetoday.com/Cardiology/Arrhythmias/39981. Accessed 25 Apr 2014.

Kraft, B. A. (2011). New FDA approved medtronic ICD only shocks heart when necessary. *Medical News Today. MediLexicon, Intl.* http://www.medical-newstoday.

com.articles/220428. Accessed 28 Apr 2014.

Leder, D., & Krucoff, M. W. (2011). Toward a more materialistic medicine: The value of authentic materialism within current and future medical practice. *The Journal of Alternative and Complementary Medicine, 17*(9), 859–865.

Lettow, S. (2011). Somatechnologies: Rethinking the body in philosophy of technology. *Techne, 15*(2), 110–117.

Manyena, S. B. (2006). The concept of resilience revisited. *Disasters, 30*, 433–450.

Mauldin, L. (2014). Precarious plasticity: Neuropolitics, cochlear implants, and the redefinition of deafness. *Science, Technology & Human Values, 39*(1), 130–154.

Mesman, J. (2014). Relocation of vulnerability in neonatal intensive care medicine. In A. Hommels, J. Mesman, & W. E. Bijker (Eds.), *Vulnerability in technological cultures: New directions in research and governance* (pp. 71–89). Cambridge, MA/London: MIT Press.

Nancy, J.-L. (2000). *L'Intrus*. East Lansing: Michigan State University Press.

Nordmann, A. (2007). If and then: A critique of speculative nanoethics. *NanoEthics, 1*, 31–46.

Oudshoorn, N. (2015). Sustaining cyborgs. Sensing and tuning agencies of pacemakers and ICDs. *Social Studies of Science, 45*(1), 56–76.

Palmboom, G., & Willems, D. (2014). Dealing with vulnerability: Balancing prevention and resilience as a method of governance. In A. Hommels, J. Mesman, & W. E. Bijker (Eds.), *Vulnerability in technological cultures: New directions in research and governance* (pp. 267–285). Cambridge, MA/London: MIT Press.

Pollock, A. (2008). The internal cardiac defibrillator. In S. Turkle (Ed.), *The inner history of devices* (pp. 98–110). Cambridge, MA: MIT Press.

Rees, J. B., et al. (2011). Inappropriate implantable cardioverter-defibrillator shocks incidence, predictors and impact on mortality. *Journal of the American College of Cardiology, 57*(5), 556–562.

Reichertz, J. (2007). Abduction: The logic of discovery of grounded theory. In A. Bryant & K. Charmaz (Eds.), *Handbook of grounded theory* (pp. 214–228). London: Sage.

Sandberg, A., & Bostrom, N. (2006). Converging cognitive enhancement. *Annals of the New York Academy of Science, 1093*, 201–227.

Santini, M., Lavalle, C., & Ricci, R. P. (2007). Primary and secondary prevention of sudden cardiac death: Who should get an ICD? *Heart, 93*(11), 1478–1483.

Sobchack, V. (2006). A leg to stand on: On prosthetics, metaphor, and material ity. In M. Smith & J. Morra (Eds.), *The prosthetic impulse: From a posthuman presence to a biocultural future* (pp. 17–41). Cambridge, MA/London: MIT Press.

Star, S. L. (1991). Power, technology and the phenomenology of conventions: On being allergic to onions. In J. Law (Ed.), *A sociology of monsters: Essays on power, technology and domination* (pp. 22–56). London/New York: Routledge.

Star, S. L., & Strauss, A. (1999). Layers of silence, arenas of voice: The ecology of visible and invisible work. *Computer Supported Work, 8*, 9–30.

Stiles, S. (2014, February 21). Cutting inappropriate ICD shocks: Long arrhythmia-detection time strategy confirmed. *Heartwire*, p. 5.

Toquero, J., et al. (2012). New ways to avoid unnecessary and inappropriate shocks. http://www.intechopen.com/books/cardiac-defibrillation-mechanisms-challenges-and-implications/new-ways-to-avoid-unnecessary-and-inappropriate-shocks. Accessed 25 Apr 2014.

Turkle, S. (Ed.). (2008). *The inner history of devices*. Cambridge, MA: MIT Press.

Verbeek, P.-P. (2008). Intentionality: Rethinking the phenomenology of human-technology relations. *Phenomenology and the Cognitive Sciences, 7*(3), 387–395.

数据来源：心脏骤停协会支持社区网站 2007—2014 年的帖子，2014 年 4 月 1 日访问

P1. "不恰当的除颤仪电击，50。" 2012 年 1 月 21 日至 4 月 26 日，22 份回帖。

P2. 除颤仪关闭了该怎么办？2014 年 2 月 27 日至 3 月 4 日，26 份回帖。

P3. 45 次不恰当电击。2011 年 3 月 31 日至 4 月 6 日，15 份回帖。

P4. 除颤仪在不需要时发出电击。2012 年 2 月 12 日至 15 日，9 份回帖。

P5. 故障除颤仪和磁铁。2012 年 5 月 14 日至 6 月 4 日，32 份回帖。

P6. 除颤仪电击后恢复。2012年2月6日至3月13日，13份回帖。

P7. 风暴。2012年6月27日至10月22日，19份回帖。

P8. 我遭到多少次电击？2012年8月31日至9月15日，11份回帖。

P10. 关于处理除颤仪电击创伤的好文章。2013年2月13日至16日，38份回帖。

P12. 情绪处理。2013年2月11日至15日，9份回帖。

P14. 无法摆脱被电击的恐惧。2013年10月17日至11月26日，15份回帖。

P19. 怎样的电击啊！2011年2月5日至14日，10份回帖。

第五章

连线心脏赛博格和日常生活的物质性

保护混合身体免受外部伤害

创造韧性赛博格涉及相当多的工作。如我们在前两章看到的,连线心脏赛博格和医护人员积极参与减少由断裂的导线、耗尽的电池、错误的调试或不恰当电击引起的脆弱性。与强调人与技术无缝融合的论述相反,内置心脏设备和身体的融合涉及一个预测、检测和调整起搏器和除颤仪工作的密集轨迹。为捕捉和研究人与体内、体外技术的融合,女性主义、科学技术研究和后现象学学者开发了丰富的词汇和启发式方法,包括(物质)纠缠(Latour 1993; Haraway 2008)、赛博格(关系)(Haraway 1985, 1991; Verbeek 2008)、人机结合(Goodwin 2008)和纳入(Dalibert 2014, 2016),并且诸如"交织"和"混合身体"这样的术语目前在这些研究方法中也很常见。虽然这些理论词汇对理

© The Author(s) 2020

N. Oudshoorn, *Resilient Cyborgs*, Health, Technology and Society,
https://doi.org/10.1007/978-981-15-2529-2_5

解技术改造的身体如何在日常生活中形成并启用非常重要，体内技术还是给身体和技术关系的理论构建提出另一个挑战。我们如何理解这种人和技术的关系，其中因为技术服务于其他目的，不应与身体有所纠缠？重要的是，技术本身的类别是多样的。在一个人体和技术日益共存的世界，有些技术被作为伙伴接受，而其他技术不会被作为同居者受到欢迎。因此，我提出被技术改造的身体涉及身体和技术的双重关系：首先是身体和设备融合，再来是避免这类纠缠。

与起搏器和除颤仪共同生活的人给后一种关系提供了生动的例子。只有当他们成功预防与外部物体及人的活动发生不需要的纠缠，他们的混合身体才能存活。对连线心脏赛博格来说，通过机场安检或使用电磁机器、家用电器和电子设备，甚至与亲人亲密接触这样的活动都可能给他们的设备正常运行带来风险。同样麻烦的是，使用远程除颤仪的人有被黑客攻击的风险。因此，预测潜在有害事件和情景成为日常生活编排的一个重要组成部分。为捕捉避免这类纠缠的积极参与，我引入"去纠缠工作"这个术语，即预防与可能给植入身体设备带来伤害的物体和人发生纠缠所涉及的工作。去纠缠工作涉及与前两章所描述的韧性技法不同的另一种韧性技法，因为后者关系到身体与技术的融合。但是，两者也存在连续性。与应对不恰当电击或发出电池耗尽警报音所涉及的韧性技法相似，去纠缠工作应被理解为一种特定形式的预期。如许多医学社会学学者所强调的，积极面向未来的预期是普遍存在的。例如，尼古拉斯·罗斯（Nicolas Rose）和卡洛斯·诺瓦斯（Carlos Novas）描述了遗传学和神经科学的近期发展如何促成"希望的经济"，为了实现可能的未来，这种经济把对现在的预期也包括在内（Rose & Novas 2003, 436）。相似地，温康妮·亚当斯（Vincanne

第五章 / 连线心脏赛博格和日常生活的物质性

Adams)等也提出，技术科学创新，如遗传检测及干细胞研究的发展是预期制度的一部分并促进了其发展，在这种制度中，"现在行动以保护未来"已成为 21 世纪政治经济和道德经济的重要组成部分(Adams et al. 2009, 248)。然而，对那些与植入物和义肢共同生活的人和他们的亲人来说，这种积极的方向并不限于未来，还包括他们日常生活的此时此地。如斯特凡·赫尔姆赖希所提出的，除颤仪这类植入物的时间逻辑不关注"由意想不到的'生成'构成的未来"，而涉及带来人类生命延续的预期工作(Helmreich 2013, 143)。例如，植入人工耳蜗的孩子的父母被告知他们必须避免视觉语言的刺激，这增加了这类保护的工作量(Mauldin 2016)。戴起搏器和除颤仪的人们必须预见到近身的物质和社会环境中可能给无形隐藏在他们体内的设备带来伤害的风险。

预测和避免与具潜在破坏性的技术或人的互动所涉及的韧性技术地理将注意力吸引到一些已然熟悉但还是很新的地方和行动者。在本章，我将描述家、工作场所、数字空间和公共场所如何成为连线心脏赛博格必须进行去纠缠工作以保护其混合身体不受机器和人的负面干扰的重要场所。为概念化去纠缠工作，我转向残障研究。该领域发展出研究残障人士所经历的公共空间不可及(the inaccessibility)之问题的方法，对理解与植入物共同生活的人和他们的物质环境的互动非常有帮助。如残障研究学者所描述的，对使用轮椅等技术辅助设备的人来说，在物理环境中穿梭是日常生活的重要组成部分。由于建筑环境是为健能的身体设计的，那些残障人士在参与公共领域活动时经常会遇到障碍(Siebers 2008; Winance 2010)。女性主义残障研究学者罗斯玛丽·加兰-汤姆森(Rosemarie Garland-Thomson)用术语"适宜"

120　和"不适宜"指建筑环境中"为大多数身体提供适宜，而给诸如残障人士那样的少数具身形式创造不适宜"。因为环境不是为他们而建的，残障人士必须制定谨慎的"身体管理策略"来克服这种"不受欢迎的环境"的障碍（Garland-Thomson 2014, 4, 8）。如我所展示的，与起搏器和除颤仪共同生活的人在公共场所，尤其是机场，也可能面临类似的障碍。然而，对他们而言，物质环境的障碍不限于公共场所，还可能出现在工作场所和家里。因此，把物理环境概念化为特定身体创造适宜或不适宜的概念是研究与起搏器和除颤仪共同生活的人开展去纠缠工作的一个有用方法。连线心脏赛博格在哪些环境遭遇不适宜？

保护混合身体免受具潜在破坏性的技术或人的影响不仅涉及其他地方，还涉及不同的行动者，包括亲密伴侣和儿童。如残障研究和人类增强技术研究学者所描述的，与义肢和植入物共同生活不是发生在真空中，而是依赖于与他人的互动（Sobchack 2004; Dalibert 2014; Slatman & Widdershoven 2010）。这些研究强调了亲密伴侣在具身化和纳入义肢过程中的重要性，即这些设备成为身体一部分的方式以及对改造身体的自我认同；这些过程应该被视为关系性的而非个人的。在本章，我将描述与亲人的亲密关系如何可以被理解为不单是支持纳入，还可能成为其相反面：亲密接触有时会成为混合身体的潜在威胁。因此，韧性的技术地理涉及包括亲密伴侣在内的责任分配。因此，我探索在与物体和人的物理接触中，实施了何种形式的去纠缠工作，这些互动中又出现了哪些责任。谁负责保护混合身体免受外部伤害，这种保护在日常生活中又是如何协商和实施的？

公共场所的去纠缠工作：在机场避开具有潜在破坏性的技术

通过机场的安检门，虽然经常是件恼人的事，但已成为旅行中不可避免的一部分。大多数旅行者不会意识到扫描他们身体和行李的技术的特性，但对植入心脏设备的人来说，通过安检门是体验他们的设备和体外物体之间互相作用的能动性（interactive agency）的时刻。在患者教育会议以及医院和患者组织的网站上，建议戴起搏器和除颤仪的人在通过机场安全检测仪时要小心。他们被指导要求机场安检人员允许其绕过安检门而进行人工检查，因为过长或过近暴露于安检门的电磁场可能会暂时关闭他们心脏设备的磁簧开关或导致故障。他们也应该避免手持金属检测仪检测，因为这些仪器也可能关闭这些设备。[1]此外，他们心脏设备的金属部分可能会在登记口触发警报，在通过大型机场近期引进的基于X射线的安全扫描时也可能发生。人们还被指导随身携带他们的起搏器或除颤仪的识别卡，当他们要求进行人工检查时，可以出示给安保人员。访谈中我了解到乘飞机旅行的人谨慎地遵循这些在他们设备植入时一同收到的说明。[2]被访人解释了他们如何向安保人员出示他们设备的识别卡，请求不通过安检门而被人工检查："我有一张卡片解释我戴起搏器，出示它来进行人工检查并绕过安检门"；"你必须告诉他们你不想过安检门，因为它会影响起搏器"；"我总是要求不过安检门而进行人工检查，因为强磁场会影响我的起搏器工作"（访谈2、10和11号起搏器患者）。这项去纠缠工作看似直截了当，但仔细观察这些实践表明，（简单地）学习新惯例之外，还有更多风险。预测在机场会遇到什么会让人们紧张，特别是他们在植入手术后第一次旅行时。或者像我访谈的南希女士说的："你是不允许绕过安检门的。我还没坐飞机，这也是为什么我很好奇它会怎样。说实话我有些害怕。"（访谈 13 号除颤仪患者）此外，戴内置心脏设备的人必须非常警惕，确保安保人员不用手持金属检测仪。尽管安检人员见到设备识别卡时通常会非常乐于帮忙，但他们也可能非常坚持使用金属检测仪。或者，如戴除颤仪的 52 岁荷兰药店助理琼告诉我的那样：

> 如果你要飞行，你不想过安检门。我给他们看了我的卡，告诉他们我想接受人工搜查。通常他们会配合，但有时他们会拿出手持扫描仪检查，但这又是不允许的。突然间他们站在你身后，但这不应该发生。（访谈 13 号除颤仪患者）

为了向安保人员展示他们身体的混合性，很多被访人不仅使用他们的设备卡，还用简短的信件，或有时他们胸部的 X 射线影像来解释什么是起搏器和除颤仪，这些可能成为非常有用的额外工具来说服不情愿的安保人员使用手拍来检测。为此，一位荷兰患者设计了个象形图（图 5.1）来图示这些心脏设备的存在和所需要的安检扫描程序，这个图形图可以从荷兰除颤仪患者组织（STIN）网站下载。因此，为旅行作准备打包行李时，不应被遗忘的物品清单与没有植入心脏设备的人非常不同。

重要的是，在机场的社会技术景观中导航涉及将那些与内置心脏设备共同生活的人归类为患者的过程。认定为心脏病患者是通过安检的先决条件，由荷兰除颤仪患者组织提供给戴除颤仪的人可出示给安保人员的说明是很好的例子：

第五章 / 连线心脏赛博格和日常生活的物质性

起搏器/除颤仪患者（肩下植入）

安检门（不行）

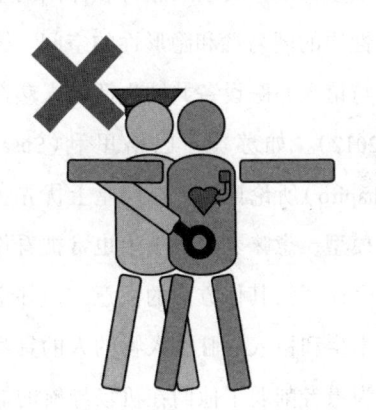

（手持）金属检测仪（不行）

人工检测（行）

J. 范·利斯 2009 年 3 月

图 5.1　提供给安保人员的图示，应该做什么以确保安全通过机场安检门
（Stichting ICD Dragers Nederland [STIN] 网站 https://www.stin.nl/ 上的插图，
设计者：J. 范·利斯。STIN 的基斯·斯拉格特供图）

尊敬的先生/女士：请您阅读此卡片。我有心脏问题。为避免危及生命的心脏律动紊乱，我的体内已植入自动植入型心律转复除颤仪或ICD（一种起搏器）。请查看我的ICD识别卡。通过安检门或使用手持磁铁可能会导致我的除颤仪故障或被关闭。因此，我恳请您用手拍来搜查我。非常感谢您。[3]

这封说明信、设备识别卡以及戴除颤仪和起搏器的人使用的其他工具共同构成了不可或缺的"生产可识别性的技巧"（Siebers 2008, 277）。与其他乘客不同，他们不仅必须表明自己的公民身份，还要表明是戴植入设备的心脏病患者。由于这种双重识别，机场从旅行和休闲的空间转变为破坏其被技术改造身体的性质的匿名性和隐形性的空间。因此，机场的替代安检程序进一步把与植入心脏设备共同生活的人塑造成"永久患者"（Baglieri & Shapiro 2012）。如苏珊·巴格里利（Susan Baglieri）和亚瑟·夏皮罗（Arthur Shapiro）所论证的，在课堂上优先考虑把残疾作为长期持久状况的医学模型，意味着残障学生也常被看作终身患者。这种方式分散了人们对个体生活其他方面的注意力，并把残障人士置于劣势地位。虽然残障学生和植入心脏植入物的人的具身体验存在许多差异，但将后者识别为患者削弱了他们在机场导航的能力。因为他们的患者身份只告诉了安检人员，这种替代安检程序可能引发其他乘客不受欢迎的注意，因为这些乘客不清楚为什么他们被分开安检。或者，如在31岁接受了第一个起搏器、以照护发育障碍者为职业的52岁荷兰女士玛丽所解释的：

一开始我很难去度假。我以为我会被分开，因为他们要手动搜查。就像你是个偷了什么东西的罪犯。现在我不那么担心了，因为我不认识周围的人。但你总是要提请人工安检。（访谈9号起搏器患者）

在荷兰 *STIN* 杂志和心脏骤停协会支持社区，描述在机场安检经历的人也有类似体验，并解释了他们如何被分开，"在读不懂你设备卡的国家，他们会把你与其他乘客分开，直到你可以登机"（Marsman 2014）；被当作违法分子，"许多旁观者说我看起来像是个罪犯"（Westerhof 2006）；或者，安检人员公开宣布他戴起搏器：

在巴黎戴高乐机场，安检女士开始惊呼我戴着起搏器……我被移出所在的快速通道、带到另一个通道，她还继续喊着"戴起搏器……"安检保安检查过我后，把卡上所有细节都写到了写字夹板上。（心脏骤停协会支持社区 2013年5月4日）

因此，机场成为为适应健能身体而给予内置心脏设备共同生活的人造成不适宜的环境。他们身体损伤和植入物的不可见性对通过安全控制的责任地理产生重大影响：安保人员不能主动提供通过安检的协助。因此，接收替代安检程序的责任转移到连线心脏赛博格本身。

在工作场所和家中保护混合身体

预测具有潜在破坏性的技术不限于机场。与起搏器和除颤仪共同生活的人很快了解到电磁几乎可以无形地隐藏在任何地方。工作中使用的机器，比如电激光器和特定实验仪器，通常含有妨碍内置心脏设备的强大变压器（Nederlandse Hartstichting 2012, 26；访谈 14 号除颤仪患者；访谈 11 号起搏器患者）。因此，对有些人，植入后重返工作岗位可能带来意想不到的、不愉快的惊奇：曾经是他们日常工作惯例一部分的机器变成了具有潜在破坏性的设备。或者如在一家技术安装公司工作的 28 岁荷兰小伙哈利告诉我的：

> 我必须注意不在我胸口左侧用空心钻和冲击钻，因为那儿有除颤仪而它们会干扰它。安装电子设备和电磁炉时我也同样要小心。（访谈 9 号除颤仪患者）

彼得，一位曾从事阿姆斯特丹地铁维修工作的 67 岁荷兰技术人员也必须改变他的工作惯例："我不得不习惯把便携式电话放在我起搏器植入的相反一边……并在安装工作期间与强磁铁保持安全距离。"（访谈 6 号起搏器患者）因此，工作场所成为另一处将连线心脏赛博格的不适宜物质化的环境，这对未来的工作机会可能产生严重影响。[4] 有时人们可能不得不更换工作内容甚至其他工作，就像彼得换到了地铁日间服务。因为对驾驶商用车的法律限制，哈利开始自己创业，或如他解释的："你对驾驶执照的选择有限，而当我为老板工作时，只被允许开车四小时。"[5] 我访谈的其他人描述了他们如何必须开展特定的去纠缠工作，例如避免与特定机器过于靠近，检查设备是否带有指代电子设备安全检查的所谓电子标识，以及不使用安全包装破损的设备（Nederlandse Hartstichting 2012, 26；访谈 9 号和 10 号除颤仪患者）。然而，距离多远才算安全、什么设备或工作区域应该被避免这类问题不总是很清晰。因此，建议戴内置心脏设备的人与其心脏科医师讨论安全距离，或是请雇主安排工作场所强电磁场的检测，这通常由除颤仪制造商的技术人员完成（Split 2013, 3；访谈6号起搏器患者）。

因此，与在机场安检相比，创造安全的工作场所的技术地理涉及广泛许多的网络，因为其包含雇主、心脏科医师、电器公司和起搏器/除颤仪制造商。然而，去纠缠工作的责任仍然落在与起搏器或除颤仪共同生活的人身上，因为他们必须启动保障工作安全的整套程序并将去纠缠工作纳入他们日常工作的惯例。这些程序的一个重要后果是连线心脏赛博格在工作中同样失去不可见性。如安德鲁·韦伯斯特所描述的，慢性病患者经常试图在工作场所隐瞒他们的病情，这是"应对长期疾病的一种常见方式"（Webster 2007, 99）。这个选项显然不适用于那些与内置心脏设备共同生活的人。为其自身安全，他们被指导在植入后返回工作或面试时告知雇主他们佩戴起搏器或除颤仪（访谈5号和13号除颤仪患者）。因此，雇主总是被告知他们的混合身体和心脏疾病，而因为工作任务的改变，同事也可能发现。虽然内置设备和心脏疾病原则上是容易隐藏的，因为他们不可见地隐藏在身体里，但为创造工作场所安全的去纠缠工作让他们被技术改造的身体对他人可见。

因为今天的日常生活充满电器和电子设备，保护混合身体同样涉及家及周边环境。对与起搏器和除颤仪共同生活的人来说，植入设备后回到家里，多样的家用电器、消费类电子产品、自组装和运动设备给他们带来进一步挑战。虽然新一代植入物带有设计来保护他们免受外部设备干扰的内置功能，但家里及周边使用的器械引入多种潜在风险源，因为它们可能不仅包含磁铁，也可能产生交变电场和高频活动

（无线电频率和微波场）。⁶ 高射频可能会干扰起搏器和除颤仪的正常工作。由未充分接地的电器漏电造成的少量电量可能足以引起不必要的除颤仪电击，因为植入物可能会将电流解读成心律紊乱，尤其是能检测电活动最低水平的最新一代除颤仪（Makaryus et al. 2014, 4）。

因此，植入心脏设备的身体可能面临来自多个外部来源的负面干预的风险，需要大量的去纠缠工作。确定哪些器械可以安全使用是一项艰巨的任务，因为有关特定设备使用风险的信息远非明确。关于哪些设备可以安全使用，哪些设备不安全，医院提供的信息以及家用电器、消费类电子产品、自组装和运动设备的手册通常包含相互矛盾的描述。以无线扬声器为例，尽管在患者组织和医院提供的信息里描述为安全可用，但这些设备的主要制造商之一提供的安全说明警告用户有以下潜在风险：

> 警告：本产品含磁性材料。如果您对这是否会影响您的植入式医疗设备运行有任何问题，请联系您的医生。⁷

造成出现对电器和电子设备风险评估互相矛盾情况的一个主要原因是，这类设备的制造商对戴内置心脏设备的人使用其产品通常采用谨慎的策略，以便出现任何问题时，保护他们的公司免于承担相应责任（Split 2013, 3）。

荷兰除颤仪患者组织 STIN 和美国心脏学会在降低使用特定设备风险的不确定性方面起到重要作用。基于内部技术专家的认真评估，STIN 在其网站提供了一个有关使用的详尽列表，囊括个人护理设备、电子音频和通讯设备、家用电器和自组装设备。这个列表显示该患者

第五章 / 连线心脏赛博格和日常生活的物质性

组织如何投入了大量精力弄清楚哪些设备安全可用。列表所包含的103种器械中,9种被标识为风险太大而不宜使用,15种为应谨慎使用。对最后一类器械,该网站提供了关于如何避免这些设备负面干预的明确说明。这类去纠缠工作不仅涉及注意仅在充分接地以抵消漏电时才使用电子设备、不使用安全包装或电线破损的设备(对所有电子设备都应该这样做),还包括避免靠近特定电器和机器,例如电磁炉和烹饪电热板、汽车导航仪、带天线的遥控器、大型扬声器装置,或靠在行驶中的汽车或摩托车的发动机上。开展这些去纠缠工作不仅提醒连线心脏赛博格他们被技术改造的身体,还为这些器械创造了另外一种含义,即被改造成可能具破坏性而需要保持距离的物体,也因此要求日常生活惯例的改变。例如,手机和移动音乐播放器那类设备不应放在胸部口袋,并且应只用与植入物相反侧的耳朵接听手机。[8]

这一在日常生活中保护连线赛博格的技术地理说明了一种去纠缠工作的分布,其中所有的责任都委派给了那些与起搏器和除颤仪共同生活的人。识别哪些器械是安全可用或需要留心、把安全说明融入他们日常生活的责任主要委派给了心脏赛博格,尽管患者组织辅助他们减少了不确定性。心脏骤停协会支持社区网站上有关车库门静电事故的讨论很好地捕捉了这一责任:"我会注意避免任何磁场或电场……只要我在看到时能识别出。"[9] 许多器械中隐藏着磁、电和高频活动,这一事实增加了这类去纠缠工作的复杂性。有些讽刺的是,另一种电子设备可能会帮助与起搏器或除颤仪共同生活的人检测具有潜在破坏性的器械和装置。心脏骤停协会支持社区网站上有个帖子描述了可以购买的,能够检测交流电、电场和磁场以及高频活动的不安全阈值的仪表。虽然它们不便宜,但在亚马逊上可以买到这些检测仪。然而,与其他技术一样，这个仪表也自带免责声明。生产商网站上提供的信息包括一项指示读者"谨慎和使用常识"地使用仪表的说明。建议使用者"不要仅依赖此设备"，因为某些类型的电磁场（例如磁铁）无法检测到，以及存在"可能暂时无法检测到潜在有害场域的情况"[10]。尽管心脏骤停协会在线社区的一些成员开玩笑般把他们经技术改造的身体与科幻小说人物进行比较——"我不记得无敌女金刚（Bionic Woman）在她的硬件方面遇到过任何这类问题☺"[11]——这些对他们身体的潜在威胁是真实的，需要持续的警觉和去纠缠工作。

去纠缠工作和亲密关系

与爱人重造亲密性

与起搏器和除颤仪共同生活的人的身体不仅需要保护其免受物质环境中物体的伤害，还要保护其免受亲人身体运动的影响。如残障学学者和人类增强学者所描述的，与义肢和植入物生活非常依赖亲人的参与。亲密伴侣在个体对被改造的身体进行自我认同的过程及设备构成身体一部分的方式中发挥重要作用（Dalibert 2014; Slatman & Widdershoven 2010）。医学社会学文献也强调了亲密伴侣的重要性，其中将乳腺癌等疾病描述为"我们的疾病"（Kaiser et al. 2007）。经过乳房切除或肿块切除等手术后，乳腺癌患者及其伴侣开始重新连接彼此以及改造后的身体。重新熟悉新身体通常让双方都感到不适和不安，且需要不同的触摸方式，尤其是在性亲密中（Slatman 2012）。

与乳腺癌患者相似，对植入心脏设备的人及其伴侣来说，触摸亲人的身体也发生了变化。访谈中，两位男性告诉我，他们的伴侣害怕碰触

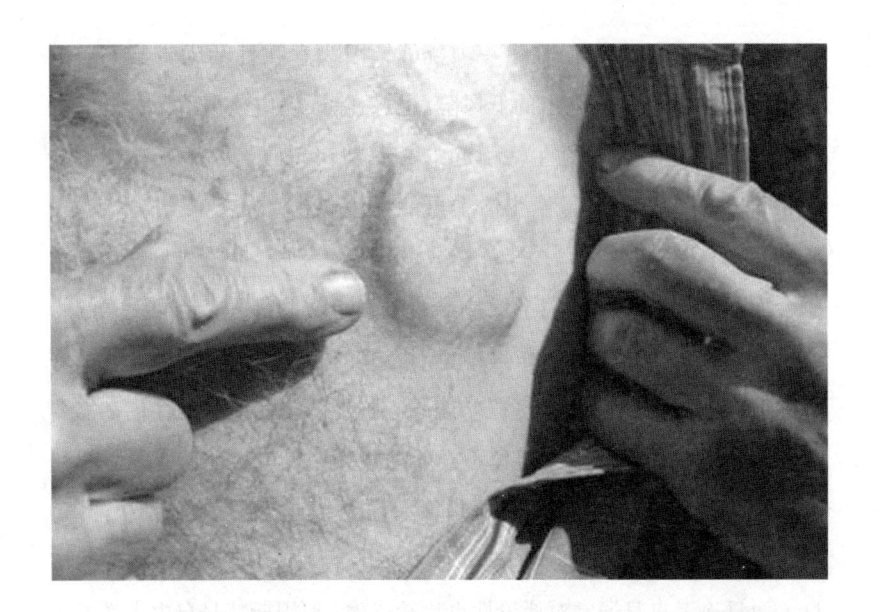

图 5.2　植入起搏器或除颤仪的身体加厚的部分（https://anatomy.elpaso.ttuhsc.edu/clinicalcases/pacemaker/pacemaker.html，2019 年 2 月 5 日下载。
迈克尔·洛朗博士供图）

他们植入物周围并且经常注意到该设备的存在，哪怕他们自身已不再留意其存在（访谈 6 号和 14 号患者）。虽然因为位于肤下[12]，设备本身不可见，稍微增厚的植入部位还是表明存在植入体内的物体（图 5.2）。

设备的可见性可能会复杂化性接触。处于长期亲密关系的伴侣需要学会如何适应被改造的身体，尽管植入手术后第一次性生活可能会引起恐惧，担心额外的体力消耗可能会再次引起心律问题并影响设备（访谈 1 号技术人员；Nederlandse Hartstichting 2012, 24）。与新伴侣的首次约会也可能变得更复杂，因为植入部位无声地见证着其心律问题（访谈 1 号未使用起搏器者）。

戴除颤仪的人还面临另一项挑战，因为存在性活动带给心脏的压力可能引发除颤仪电击的低风险。虽然除颤仪应该可以区分心脏疾病引起的快速心律和性生活引起的心率加快，但当心率升高超过为设备设定的干预值时，性生活中可能发生电击（访谈 1 号技术人员；Vazquez et al. 2010, 3）。由于存在这一风险，亲密伴侣在性亲密中的角色会发生重大改变。他们不仅参与纳入工作以重新适应他们爱人的身体，还需要参与去纠缠工作以避免不必要的除颤仪电击。因此，最好将除颤仪描述为"我们的设备"。连线心脏赛博格和他们的伴侣都需要参与特定的去纠缠工作以避免不必要的除颤仪放电。他们必须了解什么的性活动会触发除颤仪，这是件很大程度上他们要靠自己解决的事，因为患者教育信息和会议中基本不含性生活可能会遇到什么情况的信息，而且患者自身通常对谈论性也比较犹豫（阿姆斯特丹自由大学患者教育会上观察；访谈 1 号技术人员；Vazquez et al. 2010, 1）。为数不多的一项对除颤仪影响性生活的研究中，研究者描述了 50% 参与该项研究的人担心性接触和电击风险（Dubin et al. 1996）。

心脏骤停协会支持社区网站上有些帖子表明，性生活中发生电击可能不仅影响戴除颤仪的人还影响他们的伴侣；如一个帖子解释的：

> 上周六早晨，当我丈夫和我用传教士体位做爱时，设备电击了我俩。1 月份在医院时，波士顿科学企业（Boston Scientific）给我们一份信息手册。第 35 页有关性亲密内容中有句话，"如果在性生活中你被电击，你的伴侣可能会感到刺痛。这个电击对你伴侣是无害的"。我完全不同意！电击的强度极大。开始的两分钟里我挣扎着喘上气来，我感到气喘吁吁、恐慌。我丈夫和我对整件事感

第五章 / 连线心脏赛博格和日常生活的物质性

到困惑不安……我俩整天都感觉虚弱，两天后我仍然对再次亲密，甚至靠得太近感到焦虑。（发于2011年5月29日）

这些经历说明除颤仪如何真的成了"我们的设备"。虽然伴侣本身不戴除颤仪，他们也可能被电击，尽管因为感受到的能量冲击低很多，与他们的伴侣相比，方式要温和得多（Vazquez et al. 2010, 4）。因此，去纠缠工作成为一项共同责任，不仅要避免除颤仪患者的电击，还要避免他们伴侣经历电击。这种去纠缠工作可能涉及慢慢来或用性交之外的其他方式过性生活，从而重塑性亲密（Hazelton et al. 2009, 75）。

"现在谈谈我们的孩子"：去纠缠和纳入

保护混合身体不受他人伤害不仅涉及重塑性亲密，还涉及与儿童的身体接触。因为植入物的位置通常在左锁骨下方，之前习以为常的比如拥抱或被你的子女（孙儿女）拥抱、举起他们或跟他们玩可能会变成需要去纠缠工作的事。访谈中，有些人分享了他们在陪伴孙子辈、他们年轻的孩子、他们存在智力障碍的儿子或看护他们朋友的孩子时被撞到或打到的担忧（访谈5、7、8号除颤仪患者；访谈9号起搏器患者）。这些经历表明，与内置心脏设备共同生活是一种关系性而非个人的过程，这个过程中，不仅亲密伴侣而且儿童也通过参与去纠缠工作发挥重要作用。然而，两者之间存在重大差异。亲密伴侣通常被告知起搏器或除颤仪是什么，而年幼的孩子不知道而且往往无法轻易理解他们祖父母或父母胸内的这个设备是什么。有时，儿童可能非常清楚什么事不对劲，尤其是当他们目睹除颤仪电击时，这让他们对发生在他们祖父母/父母身上的事非常恐惧（Hazelton et al. 2009, 75）。但谁又能向他们解释起搏器或除颤仪在做什么、为什么他们的祖父母/父母需要这样一个设备呢？或者，如心脏骤停协会支持社区网站上"现在谈谈我们的孩子"讨论主题的发起者所说："我/我们能怎么做，不去隐藏它，而把它当作像我一个朋友说的，不必日复一日担心的'一个实用的事实'那样，它就在那儿。"[13]

让你的混合身体成为你孩子或孙子女的"实用的事实"被证明是一个相当大的挑战，因为你永远无法确定儿童可能需要到什么程度的细节，他们能否处理非常困难的信息以及什么可以减轻他们的担心，这让讲解实践变得很丰富。访谈中，一位女士告诉我她是如何通过强调除颤仪在这是"保护她免受伤害"，向她孙子女解释除颤仪的，就像"一种护家犬"（访谈5号除颤仪患者）。其他家长会画出设备的样子，让孩子触摸植入部位、感受它，或当电池耗尽更换设备时把取出的起搏器或除颤仪给他们看。或者像在一家荷兰的房屋粉刷公司做行政工作的24岁凯蒂，因具有严重心脏病遗传易感性而佩戴除颤仪所解释的：

> 我告诉他们我体内有一个可以说能治愈我的小设备。我已经做了好些年保姆，并且这些孩子来医院看过我。当他们想要嬉戏时，我必须非常小心。而且，你不能把孩子放在我身体的这边［指向她胸口的植入部位］，因为会带来太大压力。所以我们玩一会，然后我告诉他们："哦，你要小心哦，好吗？因为如果这个设备碎成碎片，我会病得很重。"……有时候他们靠着我坐在沙发上问我，"我能碰碰它感觉下吗？"……当第一个小盒子被替换时，我还给他们看了它。（访谈8号除颤仪患者）

第五章 / 连线心脏赛博格和日常生活的物质性

有时候孩子们会自己积极参与描绘他们祖父母／父母发生了什么的过程。例如，由于缺乏针对儿童的教育素材，荷兰家长决定与他们7岁的儿子一起制作了一本图册，运用他能理解和书写的语言和信息解释除颤仪是干什么的，这本图册被荷兰除颤仪患者组织收录在网站上。大一点的孩子通过在学校讲解起搏器或除颤仪，变成活跃的讲故事的人（访谈11号除颤仪患者和8号起搏器患者）。

这些讲述的实践说明去纠缠工作是如何与纳入过程紧密交织在一起的。告诉孩子他们的身体发生了什么并调整亲密接触不仅对避免伤害很重要，还通过把设备变成家庭生活的一部分，同时起到重新熟悉自己被技术改造身体的作用。这可能以一种有趣的方式发生，如我访谈的其中一人的伴侣经历所代表的：

> 孙子和我们在一起时，过去常常跳到床上，但是，嗯，就在起搏器的部位。那有些吓人。但怎么跟那么小的孩子解释什么是起搏器呢？我告诉他，他不应该再这么做了，因为爷爷现在装了个电池。当你击中它……那可不舒服。后来他跟爷爷说，"我长大后要拿到驾驶证，这样我就可以带你去医院。奶奶会死的，但你不会，因为你有电池"。（访谈5号起搏器患者）

因此，与露西·达利伯特所描述的与脊髓刺激设备共同生活的人相似，孙子女在把植入物从奇怪的或令人恐惧的事重新认定为他们祖父母生活一部分的过程中起到重要作用（Dalibert 2014, 212）。或者如心脏骤停协会支持社区网站的一个帖子写到的："我认为它是他父亲的一部分，也是我们家庭生活的一部分。"[14] 这位发帖人不仅告诉她儿子他父亲的遭遇，还告诉他在紧急情况下该做什么，例如拨打911①或去找邻居，从而积极地把他纳入他父亲的照护轨迹中。因此，儿童不仅在去纠缠和纳入工作中起到重要作用，对确保紧急情况下他们的家长能得到及时照护也非常重要。

保护电连线的身体免受外部干扰

为什么我们应该担忧可被黑客攻击的心脏？[15]

保护混合身体免受外源干扰不局限于实物或家庭成员。自具有无线监控功能的起搏器和除颤仪首次推出以来，黑客攻击的风险一直在激烈争论。据安全专家称，远程监控的植入物容易受到黑客攻击，因为它们有两个无线接口，一个协助近端调整和控制设备，常规起搏器和除颤仪也有这样的接口，另一个协助在更远距离进行这些操作（Moe 2016a）。为远程监控连线心脏赛博格，存储在起搏器或除颤仪的数据通过射频通信传输到本地发射器，有位被访者称其为一种"婴儿电话"的小盒子，常被放在患者床边。然后，数据通过传统的电话电缆网络、手机或通用分组无线业务卫星传输到设备制造商控有的远程监控数据中心。所有传输数据都应加密以保护患者的隐私和安全（de Cock et al. 2010; Noort 2017; Mulcahy 2009）。[16] 医护人员可以用特殊代码登录制造商的数据中心，通过互联网或医院网络查阅数据（访谈1号技术人员）。传输的数据涉及患者、设备及患者心脏病进展的生理数据等综合

---

① 911是美国的急救电话号码。

信息（Machulis 2011; de Cock et al. 2010）。

因此，连线心脏赛博格成为将电连线身体连接到设备制造商服务器和心脏诊所计算机的数字基础设施的一部分，或者如自身同远程起搏器共同生活的挪威安全研究者玛丽·孟（Marie Moe）所说，"心脏现在是物联网的一部分了"，或者更确切地说，"身体的互联网"（Vallance 2015）。与其他电子设备一样，传输有关植入物和心脏工作的数据的起搏器和除颤仪被认为容易受到网络攻击。过去15年间，由于远程监控起搏器和除颤仪应用更广泛，这种生物黑客攻击的风险大大增加（Bates 2006）。然而，医疗行业和医护人员似乎并未将安全和隐私视为严重的问题（Franceschi-Bicchierai 2017; Bates 2006; Kolota 2013）。[17] 设备制造商的网站或（电子）患者信息手册上没有提及黑客攻击的风险（van Harten 2013），而且欧洲没有关于远程监控的隐私立法（de Cock et al. 2010, 436），也没有任何美国联邦法规强制要求对医疗设备的远程监控采取网络安全措施（Bates 2006）。[18] 当2008年华盛顿大学和马萨诸塞大学的研究团队证明，他们已经成功地在实验室对除颤仪进行远程重编程，让它发出电击或关闭，淡化生物黑客攻击风险的问题首次引发争议："若这个设备是在患者体内而非计算机实验室，这会是一次致命的黑客攻击。"（Vallance 2015）虽然只有在距设备2英寸（5厘米）之内才能实现对设备设置的重编程，但这次黑客攻击实验成为一次"原理证明"（Kolota 2013）。与设备制造商所称相反，未经授权的人已能成功黑客攻击并重编程除颤仪。2012年，另一位美国安全研究人员证明，通过入侵连接设备和床边监控器的射频接口，可以在更远距离，50英尺（15米）对若干型号的起搏器和除颤仪进行重编程（Franceschi-Bicchierai 2017; Vallance 2015）。两次演示都发出了令人警醒的信息：

任何能接触到起搏器或除颤仪编程器的人都可以发起黑客攻击。尽管设备制造商理应谨慎控制这些编程器的配发，但这些安全研究人员在广泛使用的在线拍卖网站易贝上买到了黑客攻击实验测试的所有设备（Khandelwal 2017）。2013 年，当电视剧《国土安全》（*Homeland*）中的恐怖分子通过除颤仪的重编程暗杀了美国副总统，对许可无线通讯的起搏器和除颤仪可能被黑客攻击的担忧变得更加主流（Franceschi-Bicchierai 2017; Kolota 2013）。

尽管警钟被敲响，美国设备行业并没有采取必要的措施保护起搏器和除颤仪免受黑客攻击。2017 年 8 月，美国食品药品管理局召回了全球大约 50 万起搏器，因为他们被告知一家主要的美国制造商生产的 6 种规格的起搏器都存在安全隐患。[19] 这些安全漏洞让未经授权的用户得以访问设备并耗尽电池或实施"不恰当的节律管理"（FDA 2017）。最坏的情况下，这些黑客攻击可能会导致受害者死亡（Hern 2017）。可被黑客攻击的除颤仪无须通过侵入性医疗干预被移除，但美国食品药品管理局强制制造商通过发布编程器软件和相关起搏器固件的更新来修补安全漏洞。为获取这些更新，患者被邀请去见医生（Noort 2017）。因此，在 2017 年美国食品药品管理局召回后出现的韧性技术地理让设备制造商负责保护起搏器和除颤仪免受黑客攻击。然而，让电连线身体坚韧地抵抗网络攻击的一项关键责任落在医护人员身上，因为他们得负责安装这些安全更新。接到美国食品药品监督管理局的召回通知后，起搏器和除颤仪公司建议医师"根据更新对患者的风险，确定更新是否合适"，这项建议被一位安全专家认为很"疯狂"，怀疑医师对网络安全是否有足够了解能做此类决定（Arndt 2017）。与起搏器或除颤仪共同生活的人同样被卷入责任分配中。美国食品药品管理局和设备制

第五章 / 连线心脏赛博格和日常生活的物质性

造商均建议与起搏器共同生活的人"在常规随访中与他们的医师讨论固件更新"(Hern 2017)。因此，保护混合身体免受黑客攻击构成连线赛博格一项主要的崭新的责任。

去纠缠工作中的不使用

与由外部物体或周边环境的人的活动引起的干扰相比，保护其不受黑客攻击超出了戴起搏器或除颤仪者以及医护人员的控制范围。不同于物理空间，由于涉及来自匿名入侵者和不可见来源造成的伤害，网络空间的潜在威胁不可预测。连线心脏赛博格唯一可用的选择是不使用远程监控的起搏器和除颤仪，这应被视为去纠缠工作的一种激进形式。这种不使用的标志性例子是美国前副总统迪克·切尼(Dick Cheney)，由于担心他的植入物可能被黑客攻击，切尼让他的心脏科医师关闭了他所戴除颤仪的远程无线功能(Kolota 2013)。尽管我的田野调查是在美国食品药品管理局2017年召回之前进行的，但被访人非常清楚黑客攻击的潜在风险。与我交谈的戴起搏器和除颤仪的人中有些强烈反对使用具备远程监控功能的植入物。[20]然而，拒绝使用远程监控的植入物可能并不容易实现，因为连线心脏赛博格通常对接受哪类设备没有发言权，也不具有切尼那样的权威来协商关闭植入物的无线功能。在我观察阿姆斯特丹心脏诊所的随访门诊期间，技术人员只是简单地将称作"盒子"的居家监控设备递给患者，而不是给他们任何选择。这种较为谨慎地引入居家监控设备的方式导致了有意/无意的不使用，例如不告诉诊所他们未能在家安装这个"盒子"，或当第一个设备不正常工作却不来领新设备进行替换(访谈1号技术人员；访谈14号除颤仪患者)。

拒绝使用远程监控的植入物不仅与担忧黑客谬用有关，还与抵制一种在保护他们免受伤害的过程中采取绕过连线心脏赛博格的医护方式有关。有些讽刺的是，刻入无线起搏器和除颤仪的韧性技术地理包含相互冲突的对待连线心脏赛博格能动性的方法。尽管设备制造商让戴这些设备的人通过把身体交给软件更新，自己负责保护他们电连线的身体免受黑客攻击，但制造商不允许他们为了自身安全访问存储在植入物里的数据。在远程监控除颤仪和起搏器中刻入的权力制图里，设备制造商是数据的唯一所有者，并且只允许医护人员访问检查这些数据。因此，这些植入物的脚本将连线心脏赛博格设定为那些不想参与自身治疗的人，他们把信任交付给这个系统和医护人员来理解这些数据并保护他们免受黑客攻击。[21] 过去十年间，数据所有权已成为一个极具争议的议题。在欧洲和美国，在安全研究人员的加入下，与起搏器和除颤仪共同生活的人已组织起来，要求收回对存储在其植入物里的数据访问权。这个所谓的电子患者运动是美国参与式医学学会（US Society for Participatory Medicine）更广泛努力的一部分，在"没有我就不存在与我有关的一切"（"nothing about me without me"）的座右铭下，对医疗记录和信息主张访问的权利（Standen 2012; Kolota 2013）。因此，美国的雨果·坎波斯（Hugo Campos）和挪威的玛丽·孟等数据运动先驱发展出了最激进的去纠缠工作形式：黑客攻击他们自己的设备以获取构建软件程序的源代码。知晓运行起搏器或除颤仪的代码是至关重要的，因为它可以检测被黑客攻击的漏洞及编程缺陷。然而，与获取数据一样，获取医疗植入物的源代码也是被法律禁止的，因为这侵犯了拥有源代码版权的设备制造商的所有权权利（Moe 2016a, b）。[22] 连线心脏赛博格获取数据和代码的尝试有代表性地说明了，为重新定义刻

第五章 / 连线心脏赛博格和日常生活的物质性

入内置心脏设备和监管制度里的权力制图,去纠缠工作何以可能涉及一场艰苦的战斗。

连线心脏赛博格如同残障?

反思我对与起搏器和除颤仪共同生活的人开展的去纠缠工作的描述,我得出结论,在进行去纠缠工作的不同空间中出现的责任地理存在重大差异。在公共场所和工作区域,保护混合身体免受伤害的责任重担多压在与内置心脏设备共同生活的人肩上。在机场和工作中,他们必须主动预测和"修复"不适宜的情况。相比之下,在亲密的家庭环境中,保护混合身体更多是一项共同责任,即戴心脏植入物的人、他们的伴侣和(孙)子女都参与了把设备变为家庭生活一部分的过程。因此,起搏器和除颤仪可以被看作塑造亲密关系中的新行动者。在数字空间保护混合身体却展示了另一种责任分配。尽管设备制造商被赋予了保护电连线身体免受黑客攻击的责任,但关键的责任还是被委派给医护人员和与起搏器或除颤仪共同生活的人。然而,连线心脏赛博格被阻止积极参与保护他们身体免受伤害的工作中,这带来了形式激烈的去纠缠工作,包括不使用、选择性使用或黑客攻击以访问数据和代码。因此,本章出现的韧性技术地理涉及一种去纠缠工作的分配,其中保护混合身体免受外界伤害的责任很大程度上委派给戴心脏植入物的人和他们的亲人,以及在黑客攻击的例子里的医护人员和设备制造商。因此,本章与前两章一样加入生物医学化(bio-medicalization)文献,指出责任正在向患者个人或公民转移(Clarke et al. 2003; Rose & Novas 2003)。

基于这些发现，我提出保护混合身体免受外界伤害涉及连线心脏赛博格日常生活的两个重要转变。首先，它涉及与起搏器和除颤仪共同生活的人的感受、体验和预测他们日常物理、社会和数字环境方式的剧烈转变，唐娜·哈拉维"重塑世界"的概念能最准确地捕捉到此变化（Haraway 2008）。通过与环境的互动，出现了新的存在于世界的方式，在其中那些与内置心脏设备共同生活的人不断被提醒他们经物质性改造的身体。因此，去纠缠工作限制了植入物"真正成为我"的具身过程（Ihde 1990, 75）。其次，保护混合身体免受外界伤害构成了脆弱性的一种新形式。由于实物、日常环境中的人以及黑客可能会伤害或扰乱其植入物的正常工作，连线心脏赛博格必须在可以或不可以做的活动或应该以不同方式做的事情之间找到新的平衡。因此，与起搏器和除颤仪共同生活的人面临着日常生活惯例受限的脆弱性。或者，如尼克·福克斯（Nick Fox 2012）所说，医疗技术不仅将身体从物理限制中"去领土化"，也可能给身体引入新的限制。

重要的是，去纠缠工作的概念也可能有助于理解其他与植入物共同生活的群体的日常生活的物质性。机场等物质环境给许多其他赛博格创造了参与去纠缠工作的义务，这包括使用轮椅的人、安装人工髋关节和膝关节或义肢的人以及使用脊髓刺激器的患者。这些新旧"日常赛博格"（Haddow et al. 2015）的具身体验揭示了这些环境如何被构建来适应健能的身体，而给具有其他身体形式的人造成不适宜。然而，探索日常生活的物质环境对那些与植入物以及新一代义肢共同生活的人提出了不同挑战。与使用轮椅的人面临的物理障碍，例如台阶或门相比，建筑环境里可能成为戴植入物或义肢的人的障碍物隐藏在基础设施和实物中。此外，这些障碍不仅不可见，而且还可能自行启动与植

第五章 / 连线心脏赛博格和日常生活的物质性

入技术和义肢的互动,这给与这些技术共同生活的人带来了新的挑战,因为这种互动能动性绕过了他们自身的意图。例如,脊髓刺激植入物可能与机场和商场的探测器和扫描技术以及医院的影像技术互动。与这些植入物共同生活的人也因此被建议在通过机场安检之前关闭他们的设备。新一代义肢也可能干扰探测技术,戴义肢的人可能会被要求取下他们的义肢,这一经历甚是难堪(Dalibert 2014, 231)。如露西·达利伯特指出的,因为它们会将与其共同生活的人暴露于公共视野并限制了他们的行动力,这些扫描设备成为"外显"和去能技术("outing" and disabling technologies)。由于安全措施和相关技术的存在,他们无法作为健能身体通过,即他们无法向他人隐藏自己的身体损伤、如正常人般通过(Brune & Wilson 2013; Siebers 2008)。从这个角度说,罗斯玛丽·加兰-汤姆森的适宜和不适宜概念对于理解物质环境对与植入物和义肢共同生活的人的日常生活限制非常有帮助。然而,植入物的互动性能动性不仅通过创造不适宜,还通过给混合身体造成潜在破坏参与去能过程。因此,通过揭示当今严重密集的技术环境的物质性如何以多种不同方式让人们失能,我对与起搏器和除颤仪共同生活的人的描述完善了这一方法。

尽管残障人士和戴植入物的人之间有很多共同点,但我并不是说戴心脏植入物的人应该被视为残障人士。如果他们成功掌握了克服他们物质和社会环境障碍所需的所有技术,植入物能使他们继续他们在接受植入物之前所做的大部分活动。[23] 从这个角度说,与植入物共同生活的人类似于患慢性疼痛或肾功能衰竭等病症不显见的人。虽然不可见,慢性疾病会给他们的日常生活,包括工作环境带来许多挑战;但因其状况不会显著影响日常活动,他们实际上不算失能(Anderson

2010）。此外，与例如借助轮椅移动的人相比，心律失常和植入物的不可见性意味着与起搏器和除颤仪共同生活的人能够隐藏他们不一样的具身，并能更轻易地进入或离开他们的患者角色。因此，能动性和可见性的差异对于理解与植入物和残疾共同生活的人的具身体验差异很重要。故而我提出，与植入物共同生活的人应该被视为一种技术无形改造的新的身体类型，而不是残疾的社会类型的延伸。在本章中，这些隐形赛博格身体以一种社会物质类型出现，由经物质性改造的身体的不可见性、植入物的赋能能动性和日常生活世界的互动物质性共同构成。鉴于日常赛博格群体的快速增长，理解旧的、新的和新兴的植入物在日常生活中给人赋能或去能的社会和物质环境是理解体内体外技术如何共同构成新具身形式的一个重要命题。研究这些赋能和去能过程对理解残疾身体和赛博格身体之间流动变化的边界也很重要。

注释

1　2016 年 3 月 3 日访问，https://www.stin.nl；2015 年 11 月 22 日访问，https://stanfordhealthcare.org/medical-treatments/i/icd.html。

2　我访谈的患者中有四位没有过安检门的经历，因为他们支付不起飞行旅行或属于根本不旅游的那代人。

3　2016 年 3 月 30 日访问，https://www.stin.nl/reizen-met-een-icd/luchthavenbeveiliging.htm。

4　在医院也可能出现不适宜，因为有内置心脏设备的人不允许用 MRI 诊断，或用电烙法手术治疗。

5　因为不允许戴除颤仪的人长时间开车工作，那些开出租车、卡车的、驾驶教练或快递员也必须换做其他工作。Anonymous (2013) 和 Mulcahy (2009)。

6　2016 年 3 月 30 日访问，http://www.amazon.com/Detector-Pacemaker-Health-Alert-Device/

第五章 / 连线心脏赛博格和日常生活的物质性

dp/B000L0Q2X4。

7　Bose Soundlink 蓝牙扬声器包装中的"重要安全说明"手册。

8　2016 年 3 月 30 日访问：www.stin.nl。

9　除颤仪对静电的反应，2013 年 7 月 29 日访问：www.inspire.com/groups/sudden-cardiac-arrest-association/discussions/。

10　见尾注 6。

11　除颤仪噪音：www.inspire.com/groups/sudden-cardiac-arrest-association/discussions/，2011 年 9 月 24 日发布，2016 年 3 月 29 日访问。

12　起搏器或除颤仪的金属盒插入贴近皮肤下方的所谓口袋中，这个肌肉之间创造出的空间通常位于左锁骨下方。

13　现在谈谈我们的孩子：www.inspire.com/groups/sudden-cardiac-arrest-association/discussions/，2012 年 8 月 25 日发布，2016 年 3 月 30 日访问。

14　现在谈谈我们的孩子：www.inspire.com/groups/sudden-cardiac-arrest-association/discussions/，2012 年 8 月 28 日发布，2016 年 3 月 30 日访问。

15　Franceschi-Bicchierai (2017).

16　此外，数据在专为医疗植入物保留的频谱上传输（de Cock et al. 2010; Noort 2017; Mulcahy 2009）。

17　在我观察的阿姆斯特丹心脏诊所举办的患者信息会议上，也没有任何关于黑客攻击潜在风险的讨论。

18　在美国似乎唯一的规定是设备制造商在申请美国食品药品管理局批准新的起搏器和除颤仪上市时，应包括一份"信息安全分析"。

19　一家网络安全公司已将这种黑客攻击风险告知美国食品药品管理局，该公司此前曾因披露起搏器软件漏洞被同家制造商起诉（Hern 2017）。

20　访谈 10 号除颤仪患者；访谈 1、3、4、8 和 11 号起搏器患者。在我做田野调查的心脏诊所进行的一项问卷调查中，50% 的答题者表示不想使用远程监控的除颤仪（访谈 12 号心脏科医师）。

21　类似的观察可见 Bjorn & Markussen (2013, 26)。

22　起搏器和除颤仪在设备制造商持有知识产权的所谓专有或闭源软件上运行（2019 年 2 月 19 日就源代码访问维基百科）。

23　与起搏器和除颤仪共同生活的人不得参加拳击等全身接触运动，也不得深海潜水，而戴除颤仪的人禁止从事出租车司机、驾驶教练或快递员职业（Anonymous 2013）。

参考文献

Adams, V., Murphy, M., & Clarke, A. (2009). Anticipation: Technoscience, life, affect, temporality. *Subjectivity, 28*, 246–265.

Anderson, G. (2010). Chronic conditions: Making the case for ongoing care. *Chronic care in America: A 21st century challenge*. Robert Wood Johnson Foundation & Partnership for Solutions: Johns Hopkins University, Baltimore. http://www.rwjf.org/en/library/research/2010/01/chronic-care. html. Accessed 8 May 2017.

Anonymous. (2013). Code 1010 en de bedoeling van de wetgever. *STIN Journaal, 1*, 33.

Arndt, R. Z. (2017). *Abbott recall signals new era in medical-device cybersecurity*. http://www.modernhealthcare.com/article/20170901/NEWS/1709009986. Accessed 5 Sept 2017.

Baglieri, S., & Shapiro, A. (2012). *Disability studies and the inclusive classroom: Critical practices for creating least restrictive attitude*. London/New York: Routledge.

Bates, D. (2006). *Could hackers attack the newest heart monitors?* http://www.defibrillator-help.com/pl/hackers.htm. Accessed 13 Feb 2012.

Bjorn, P., & Markussen, R. (2013). Cyborg heart: The affective apparatus of bodily production of ICD patients. *Science and Technology Studies, 26*(2), 14–28.

Blume, S. (2010). *The artificial ear: Cochlear implants and the culture of deafness*. New Brunswick: Rutgers University Press.

Brown, N., & Webster, A. (2004). *New medical technologies and society: Reordering life*. Cambridge/Malden: Polity Press.

Brune, J., & Wilson, D. J. (Eds.). (2013). *Disability and passing*. Philadelphia: Temple University Press.

Casper, M. J., & Morrison, D. R. (2010). Medical sociology and technology: Critical engagements. *Journal of Health and Social Behavior, 51*(S), 120–132.

Clarke, A. E., Shim, J. K., Mamo, L., Fosket, J. R., & Fishman, J. R. (2003). Biomedicalization: Technoscientific transformations of health, illness, and U.S.

biomedicine. *American Sociological Review, 68*(2), 161−194.

Dalibert, L. (2014). *Posthumanism and somatechnologies: Exploring the intimate relations between humans and technologies.* PhD thesis, University of Enschede, Enschede.

Dalibert, L. (2016). Living with spinal cord stimulation: Doing embodiment and incorporation. *Science, Technology & Human Values, 41*(4), 635−659.

de Cock, C., et al. (2010). Remote monitoring and follow-up of cardiovascular implantable electric devices in the Netherlands: An expert consensus report of the Netherlands society of cardiology. *Netherlands Heart Journal, 20*(2), 53−65.

Dubin, A. M., Batsford, W. P., & Lewis, R. J. (1996). Quality of life in patients receiving implantable cardioverter defibrillators at or before age 40. *Pacing Clinical Electrophysiology, 19*, 1555−1559.

FDA. (2017). *Class 2 device recall accent family of pacemakers.* https://www.accessdata.fda.gov/scripts/cdrh/cfdocs/cfRes/res.cfm?ID=158779. Accessed 5 Sept 2017.

Fox, N. J. (2012). *The body.* Cambridge/Oxford/Boston/New York: Polity Press.

Franceschi-Bicchierai, L. (2017). *Why we should worry about hackable hearts.* https://motherboard.vice.com/En-US/article/why-we-should-worry-about-hackable-hearts. Accessed 3 Apr 2017.

Garland-Thomson, R. (2011). Misfits: A feminist materialist disability concept. *Hypatia, A Journal of Feminist Philosophy, 26*(3), 591−609.

Garland-Thomson, R. (2014). The story of my work: How I became disabled. *Disability Studies Quarterly, 34*(2), n.p.

Goodwin, D. (2008). Refashioning bodies, reshaping agency. *Science, Technology & Human Values, 33*(3), 345−363.

Haddow, G., King, E., Kunkler, I., & McLaren, D. (2015). Cyborgs in the everyday: Masculinity and biosensing prostate cancer. *Science as Culture, 24*(4), 484−506.

Haraway, D. (1985). Manifesto for cyborgs: Science, technology and socialist feminism in the 1980s. *Socialist Review, 80*, 65−108.

Haraway, D. (1991). *Simians, cyborgs and women: The reinvention of nature.* London:

Free Association Books.

Haraway, D. (2008). *When species meet.* Minneapolis: University of Minnesota Press.

Hazelton, A., et al. (2009). Coping with my partners' ICD and cardiac disease. *Circulation: American Heart Association, 120*, e73−e76.

Helmreich, S. (2013). Potential energy and the body electric: Cardiac waves, brain waves and the making of quantities into qualities. *Cultural Anthropology, 54*(7), 139−148.

Hern, A. (2017). *Hacking risk leads to recall of 500,000 pacemakers due to patient death fears*. https://www.theguardian.com/technology/2017/aug/31/hack-ing-risk-recall-pacemakers-patient-death-fears-fda-firmware-update. Accessed 5 Sept 2017.

Ihde, D. (1990). *Technology and the lifeworld: From garden to earth.* Bloomington: Indiana University Press.

Jacob, S., et al. (2011). Clinical applications of magnets on cardiac rhythm management devices. *EP Eurospace, 13*(9), 1222−1230.

Kaiser, K., et al. (2007). Cancer as a 'we-disease': Examining the process of coping from a relational perspective. *Families, Systems & Health, 25*(4), 4004−4018.

Khandelwal, S. (2017). *Over 8,600 vulnerabilities found in pacemakers*. http://thehackernews.com/2017/06/pacemaker-vulnerability.html. Posted at June 5, 2017. Accessed 5 Sept 2017.

Kolota, G. (2013, October 29). The implant was fatal, at least on TV. *New York Times*, p. 5.

Latour, B. (1993). *We have never been modern.* Cambridge, MA: Harvard University Press.

Lehoux, P. (2006). *The problem of health technology: Policy implications for modern health care systems.* New York/London: Routledge/Taylor & Francis.

Lettow, S. (2011). Somatechnologies: Rethinking the body in philosophy of technology. *Techne, 15*(2), 110−117.

Mabo, P., Victor, F., Bazin, P., et al. (2012). A randomized trial of long-term remote monitoring of pacemaker recipients (the COMPAS trial). *The European Heart Journal, 33*(9), 1105−1111.

Machulis, K. (2011). *Hacking into my heart's device's data.* http://icdusergroup. blogspot.

nl. Accessed 8 Apr 2014.

Makaryus, J. N., et al. (2014). Inappropriate implantable cardioverter-defibrillator shocks attributed to alternating-current leak in a swimming pool. *Texas Heart Institute Journal, 41*(1), 61–63.

Marsman, D. (2014). We gaan op reis en nemen mee. *STIN Journaal, 2*, 15.

Mauldin, L. (2016). *Made to hear: Cochlear implants and raising deaf children*. Minneapolis: University of Minnesota Press.

Moe, M. (2016a). *Go ahead hackers. Break my heart*. https://www.wired.com/2016/go-ahead-hackers-break-heart/. Accessed 3 Apr 2017.

Moe, M. (2016b). *I want to know what code is running inside my body*. https://backchannel.com/i-want-to-know-what-code-is-running-inside-my-body-ff9a159da34b. Accessed 3 Apr 2017.

Mol, F. (2014). Mag ik dit; mag ik dat? Technici geven antwoord op uw vragen. *STIN Journaal, 3*, 27.

Morrison, D. R., & Bliton, M. J. (2011). Exploring layers of meaning with deep brain stimulation patients. *Journal AJOB Neuroscience, 2*(1), 26–28.

Mulcahy, M. (2009). *Wireless pacemaker talks to cardiac specialist via Internet*. www.gizmag.com/wireless-pacemaker-internet-monitoring/12549/pic-ture/90493/. Accessed 13 Feb 2012.

Nederlandse Hartstichting. (2012). *Pacemaker. Brochure voor patiënten*.

Pollock, A. (2008). The internal cardiac defibrillator. In S. Turkle (Ed.), *The inner history of devices* (pp. 98–110). Cambridge, MA: MIT Press.

Rose, N., & Novas, C. (2003). Biological citizenship. In A. Ong & S. Collier (Eds.), *Blackwell companion to global anthropology* (pp. 439–463). Oxford: Blackwell.

Shuren, J. (2011). *A town hall meeting with the FDA: Democracy at work*. http://icdusergroup.blogspot.nl. Accessed 8 Apr 2014.

Siebers, T. (2008). Disability and the theory of complex embodiment – For identity politics on a new register. In T. Siebers (Ed.), *Disability theory* (pp. 278–297). Ann Arbor: The University of Chicago Press.

Slatman, J. (2012). Phenomenology of bodily integrity in disfiguring breast cancer. *Hypatia, A Journal of Feminist Philosophy, 27*(2), 281-300.

Slatman, J., & Widdershoven, G. (2010). Hand transplants and bodily integrety. *Body & Society, 16*(3), 69-92.

Sobchack, V. (2004). *Carnal thoughts: Embodiment and moving image culture.* Berkeley: University of California Press.

Split, R. (2013). Voorwoord. *STIN Journaal, 4*, 3.

Standen, A. (2012). *Patients crusade for access to their medical device data.* https://www.npr.org/sections/health-shots/2012/05/28/153706099/patients-crusade-for-access-to-their-medical-device-data?t=1551099734168. Accessed 13 Feb 2012.

Vallance, C. (2015, December 3). Could hackers break my heart via my pace-maker? *BBCRadio 4 News.* http://www.bbc.com/news/technology-34899713. Accessed 5 Sept 2017.

van Harten, V. (2013). Zijn medische implantaten hackbaar? *STIN Journaal, 1*, 8.

van Noort, W. (2017). *Half miljoen pacemakers blijken kwetsbaar voor hackers. Ook in Nederland moeten patiënten terug naar het ziekenhuis voor een update van hun pacemaker.* www.NRC.nl. Accessed 5 Sept 2017.

Vazquez, L. D., et al. (2010). Sexual health for patients with an implantable cardioverter defibrillator. *Circulation, 122*, e465-e467.

Verbeek, P.-P. (2008). Intentionality: Rethinking the phenomenology of human-technology relation. *Phenomenology and the Cognitive Sciences, 7*(3), 387-395.

Webster, A. (2007). *Health, technology & society. A sociological critique.* Houndmills/Basingstoke/Hampshire: Palgrave Macmillan.

Westerhof, P. (2006). *Mijn vliegreis zonder problemen.* STIN website. Rubriek Reizen. Subsectie Reiservaringen. http://www.stin.nl. Accessed 8 May 2015.

Winance, M. (2010). Care and disability. Practices of experimenting, tinkering with, and arranging people and technological aids. In A. Mol, I. Moser, & J. Pols (Eds.), *Care in practice: On tinkering in clinics, homes and farms* (pp. 93-119). Bielefeld: Transcript Verlag.

第三部分

韧性与差异

第六章

"你的疤痕哪来的？"
性别和适应标记可见的身体

解释差异

"起搏器是给老年男性用的，不是吗？"当我告诉别人研究内容时，这是有些人问我的问题。确实，起搏器的第一个使用者是男性。1958年，43岁的瑞典工程师阿恩·拉尔森（Arne Larsson）成为第一个接受植入式起搏器的人。他一生——享年86岁——使用多达27个起搏器。阿恩·拉尔森不是新技术的被动接受者。终其一生，通过担任患者倡导组织的主席并敦促起搏器制造商提高设备质量，他为起搏器的传播和改进做出了重大贡献（Altman 2002; Anonymous 2001; Jeffery 2001）。自第一次植入以来，起搏器技术发生了巨大变化。近几十年来，起搏器和除颤仪——后者于1980年首次引入（Welsenes et al. 2011）——发展成为小型设备，融合了计算机技术、先进的传感器和多个晶体管，

© The Author(s) 2020
N. Oudshoorn, *Resilient Cyborgs*, Health, Technology and Society,
https://doi.org/10.1007/978-981-15-2529-2_6

并得到广泛应用,特别是在经济发达和工业化社会中。[1]尽管大多数使用者依然是成年白人男性,女性也接受这些设备。[2]在美国和英国,大约有25%的除颤仪和48%的起搏器植入女性体内,还有1%植入包括婴儿在内的儿童。然而,为成年男性身体设计的技术未必很容易地"适配"其他身体。因此,女性主义对"人造物是否有性别"的问题与医疗植入物也相关(Berg & Lie 1993)。

如在第二章已经描述的,解释差异对理解成为赛博格需要什么至关重要。在本章中,我采用交叉性分析来研究性别和年龄如何在连线心脏赛博格世界起作用。女性主义非裔美国法学家金伯利·克伦肖(Kimberlé Crenshaw 1989, 1991)首次提出"交叉性"的概念,这概念指研究"社会关系和主体形成中多维度多模态之间关系"的方法论(McCall 2005)。交叉性分析基于这样一种假设,即社会和文化构建的类别,例如性别、种族、族群、性取向和残疾,不是彼此独立行动,而是在多个层面相互作用。珍妮特·希姆(Janet Shim)的《心病》(Heart Sick,2015)是采用交叉性分析开展研究的范例。通过将流行病学家处理心脏病的性别、种族和阶级差异的方式与患病之人的实际经历进行比较,希姆描述了他们解释这些差异的重要不同。心血管流行病学家把心脏病发病率的差异归因为个体的生物学或行为风险,并倾向于忽视造成这些不平等的动态权力关系。相比之下,患心脏病的少数族裔则强调种族、阶级和性别的协同负面作用,这些负面作用限制了他们在生活中的选择,包括避免患心脏病的风险。本章旨在阐明性别和年龄在女性学会与起搏器和除颤仪共同生活中是如何相互交织的。

标记的身体、通过和韧性

尽管所有连线心脏赛博格必须学会适应他们技术改造的身体，女性可能面临其他的脆弱性，部分原因是这些设备是为适应成年男性身体设计的。田野研究期间，我了解到植入起搏器和除颤仪留下的疤痕构成一个重要问题，尤其对女性而言。虽然这些心脏设备植入皮下，但它们在身体上留下疤痕。在锁骨（通常左侧）附近，起搏器和除颤仪呈圆形四边形可见，而疤痕也可能标志出植入部位。因此，植入后人们会面对变化可见的身体。如医学社会学和残障研究领域的学者所描述的，学会与标记的身体共同生活可能非常重要，因为一个人的外表不再是之前的样子。手术和植入物的可见痕迹不断提醒发生物理变化的身体，让人更难忘记身体发生了什么（Slatman et al. 2016; Dalibert 2014, 2016; Pollock 2008, 100）。与残障人士的身体相似，与内置心脏设备共同生活的人的经技术改造的身体有被与所谓正常和健能的身体区别开的风险。或如罗斯玛丽·加兰-汤姆森所说，这些身体不再被赋予健能身体的"物质和可见的匿名性"，使其适应未标记位置（Garland-Thomson 2011）。对连线心脏赛博格而言，隐约可见的植入物和疤痕将他们身体的混合性暴露在他人的凝视之下；它们像"讲故事的人"一样揭示发生物理变化的身体（Slatman et al. 2016, 1618）。

尽管所有连线心脏赛博格都必须学会与他们带标记的身体共同生活，但由于与男性身体相比，女性身体更易受到他人的凝视，女性可能会面临更多困难（Bartky 1997; Bordo 1997）。如女性主义学者所描述的，关于女性气质的西方文化规范持续按照理想化的女性形象想象来塑造女性身体，强调其光滑的身体轮廓（de Boer 2016, 111; Dalibert

2014, 225）。此外，女士服饰让隐藏植入物、避开他人问讯的目光变得更加困难。从这个角度说，靠近锁骨的这一植入位置，反映了一种无心的性别偏见，因为疤痕和植入物更容易被男性而不是女性服饰遮盖，尤其当女性时尚偏爱上衣、低胸衬衫和 T 恤或无肩带连衣裙时。确实，心理学家已描述过，与男性相比，与内置心脏设备共同生活的女性更担心改变后的身体形象（Davis et al. 2004; Starrenburg et al. 2014）。对身体形象的担心不算小事。疤痕不仅意味着"审美缺陷"；它们意味着女性与自己身体和他人的关系发生了巨大改变，反之亦然，还意味着创造韧性赛博格所涉及的工作（Slatman et al. 2016, 22; Dalibert 2014, 224; Beery et al. 2002）。如我将展示的，刻入起搏器和除颤仪中的性别美学影响了女性如何使用内置心脏设备方面。[3]

为概念化女性如何学会与她们标记可见的身体共同生活，我转向残障研究和"通过"（passing）理论。据杰弗里·布鲁恩（Jeffrey Brune）和丹尼尔·威尔逊（Daniel Wilson）所说，通过是残障人士日常生活的一个重要组成。通过指"人们通过隐藏缺陷的社会标记以避免残障的污名化并以'正常'通过"的方法（Brune & Wilson 2013, 1）。残障人士通常习惯性地隐藏其残疾。通过的一个非常出名的例子是富兰克林·德拉诺·罗斯福（Franklin Delano Roosevelt），作为美国总统，他隐藏了他的轮椅以展示从小儿麻痹症中完全康复的健康人形象。其他形象的示例包括聋人和盲人发展出丰富的通过技法以避免被识别为耳聋或失明，以及癌症治疗后进行乳房重建的女性通过戴乳房假体试图像有正常乳房的女性那样通过（Brune & Wilson 2013; de Boer 2016, 40; Slatman et al. 2016, 1619）。如罗伯特·麦克鲁尔（Robert McRuer）提出的，由于"强制性健能身体"（compulsory able-bodiedness）支配着西方

第六章 / "你的疤痕哪来的？"

文化，在其中健能的身体被认为比其他具身形式更有价值，因此像正常人一般通过是至关重要的（McRuer 2006）。对健能身体的偏好构成了一种隐藏残疾和疾病痕迹的文化和社会需要。因此，许多被视为偏离正常的人参与开发了多种通过的技法以不被与他人区别开来（Siebers 2008, 273）。残障研究的学者强调，努力作为健能身体通过的残障人士不是胆小鬼，而是"这个世界娴熟的解读者"，他们运用具身知识在一个拥抱健康有能力的身体的文化中生存（Siebers 2008, 283）。

更重要的是，通过技法不局限于身体残疾的人，连线心脏赛博格也使用它。正如我将在本章描述的，与起搏器和除颤仪共同生活的女性常参与隐藏他们的疤痕和植入物凸起的工作，这种实践可被看作创造韧性赛博格的一种非常特殊的形式。当然，建立韧性不仅涉及隐藏植入物痕迹的技法，还包括其他韧性技法。因此，本章旨在研究女性必须采用什么韧性技法来适应她们被标记的身体。同样重要的是，女性不是唯一使用通过技法的人。要理解连线心脏赛博格的世界里的差异是如何产生的，纳入医护人员的工作也很重要。研究期间我了解到，有些临床电生理学家积极参与开发创造不明显标记身体的技法。因此我提出，通过的理论应该扩展到涵盖旨在创造更容易正常通过的身体的医护人员的工作。

为研究性别和年龄类别如何在建立韧性的过程中相互作用并影响彼此，我延伸了研究范围，将与起搏器或除颤仪共同生活的女性发布在三个在线社区网站上的记录囊括其中，这三个社区均由与起搏器或除颤仪共同生活的美国人建立：Wired4Life，一个由与起搏器、除颤仪和置换心脏瓣膜共同生活的女性运营、使用的脸书社区；在线起搏器俱乐部（the Pacemaker Club Online），一个由与起搏器和除颤仪共同生活的人创建和运营的在线社区；以及心脏骤停协会支持社区（the Support Community of the Sudden Cardiac Arrest Association）网站，这是为数不多的关注除颤仪的活跃数字论坛之一，有超过25万注册用户。[4] 如我将展示的，在线社区构成了韧性技术地理的重要空间，因为它们提供了连线心脏赛博格能够分享实用知识和叙述集体身份的平台，帮助她们面对女性赛博格生活中的挑战。

把女性身体变成连线心脏赛博格

有关薄的心壁和狭窄的血管

近几十年来，体内植入起搏器和除颤仪技术已成为心脏科医师的核心技能之一（Rajappan 2009）。植入是在局部麻醉的情况下在医院手术室进行的，包括植入脉冲发生器和心脏科医师根据患者情况选择的设备类型要求的一、二或三根导线（细绝缘电线）（Medtronic 2017）。在我观察的两场植入手术中，患者的身体完全被蓝色手术单覆盖，除了在必须要做皮肤切口以植入脉冲发生器和导线的部位有一个小三角形开口。在放置好注射药物的静脉导管并连接心电图检测仪和用以监测患者的心率、血压、呼吸频率和氧合水平的设备后，真正的植入程序开始了。手术医师在锁骨正下方的上胸部做一个长大约1.5—2英寸（3.81—5.08厘米）的小切口（Medtronic 2017）。因为除颤仪是起搏器的两倍大，它们需要的切口长度为3—4英寸（7.6—10.2厘米）（Derksen 2011, 4）。尽管这是整个植入程序的一小部分，但切口的制作方式至关重要。切口做得不好不仅影响整个植入过程，还会导致美容效果不佳。通过切口，手术医师将制作一个被称作口袋的空间，放入脉冲发生器。

第六章 / "你的疤痕哪来的？"

口袋通常制作于胸区左侧，因为更便于定位导线，尤其对惯用右手的手术医师来说。口袋可以制作于皮肤或肌肉下方。然而，大多数外科医师会做一个皮下口袋，因为对患者来说疼痛较小，而且在局部麻醉渗入后用手指分开皮肤和肌肉组织也容易操作（Rajappan 2009, 260）。[5]

做好口袋后，外科医师会在血管（锁骨下静脉）上做一个极小的穿刺，以便通过塑料管将导线穿过静脉抵至心脏。通过血管插入导线实际上是整个过程中最耗时和最困难的部分。在我目睹的一台植入手术中，心脏科医师未能成功插入第三根导线而停止了耗时四小时的手术，而另一台我所观察的植入手术耗时一个半小时。[6] 一旦导线抵达心脏，手术医师将开展测试检测它们是否插入正确位置以及它们是否工作（Anonymous 2017）。植入的最后一步包括将导线连接到脉冲发生器并将发生器放入口袋中。对除颤仪，手术医师还将通过诱导一次严重的心律紊乱来做一项称作除颤检测的测试，检查除颤仪是否会发出电击终止它。因为这项测试对患者来说可能很麻烦且令人担忧，他们会给到安眠药，让其入睡（Derksen 2011, 3）。事实上，在我观察期间目睹这项测试确实令人恐慌，因为电击抬起了患者的整个身体。检测好导线和脉冲发生器后，手术医师就会用缝合线和胶条缝合皮肤切口（Anonymous 2017）。大多数患者会在第二天带着止痛药出院回家，因为切口部位可能会痛（Yarlagadda 2014）。

尽管除颤仪和起搏器植入已建成相对标准的程序，有些患者还是因为并发症而不允许出院，并发症在出现在10%的植入手术中（Mol & Sterks 2014, 27）。与男性相比，女性的并发症发生率更高，并有近两倍的严重不良事件发生率，而且老年女性（65岁以上）比年轻女性更易出现并发症（Peterson et al. 2009, 1078, 1082, 1083）。在女性中更常发生的植入相关并发症是机械性的，可能包括心脏穿孔、气胸、冠状静脉夹层和导线脱位。例如，在 Wired4Life 在线社区上分享植入经历的女性讲述了让她们留院时间更长的并发症，例如肺穿孔、一根导线刺穿心房或导线移位（Wired4life 2016 年 2 月 22、23、29 日）。因此，女性的身体似乎比男性更脆弱。确实，在一篇罕见的研究除颤仪植入不良反应中性别差异的文章中，心脏科医师提出与男性相比，女性的解剖结构给植入手术带来更大挑战。右心室壁较薄和血管直径较小可能让她们更容易发生不良事件（Peterson et al. 2009, 1082）。然而，与其责怪女性身体无法承受植入手术，我建议应该将女性较高的并发症率理解为设备和身体之间的性别不适配。女性植入相关的不良事件首次表明起搏器和除颤仪是如何设计成适应男性体型的，在此指血管直径和心室壁厚度。因此，将身体改造为连线心脏赛博格对女性身体来说更加复杂。

其他植入技法

在连线心脏赛博格的世界，性别差异不仅包括植入相关的并发症，还有女性和男性体验混合身体的方式。由于植入，她们的身体转为标记可见的身体。左锁骨处的疤痕和稍许突出的植入物无声地提醒着她们的遭遇。如我之前描述的，女性比男性更易受到疤痕和身体轮廓改变的影响。又一次，起搏器和除颤仪设计成适应男性身体的事实成为女性遭遇身体被标记问题的主要原因。或者，如 Wired4Life 在线社区上一个帖子抱怨到的：

> 医疗设备通常是按男性身体尺寸制造的（即典型的 70 公斤男

性形象)。我希望能有女性化设计的选择(尺寸和形态)，我认为这可能会改变除颤仪的适应问题。(Wired4life 2015年11月3日)

另一位女士批评了医学专家谈论植入物的方式：

> 我们希望这三个词不再被用来描述起搏器是如何植入的：安装完毕、调试完毕、连接完毕。我们不是立体声系统，我们不是花哨的礼服，我们也不是一个Word文档。你如何表述很重要。(Wired4life 2015年10月1日)

过去二十年间，医护人员对女性对植入不良后果的抱怨变得更加敏感。自20世纪90年代以来，临床电生理学家开始参与开发其他的植入技法，以便将疤痕和植入物的轮廓隐藏在身体较低位置。这些技法通常被称为美容方式，包括将植入物插入身体的不同部位。不同于标准的、在女性乳房上方造成可见疤痕的植入位置，植入物被植入胸肌或者乳房下(Walker et al. 2004)。对于胸肌下植入，手术医师沿着乳房肌肉(胸大肌)做一个2.5英寸(6.35厘米)的切口，并在该肌肉下方创建放置脉冲发生器的口袋。对于乳房下植入，口袋创建在乳腺和胸肌之间的乳房下空间，这种技法类似植入乳房假体(Savastano et al. 2016, 821)。

作为开发替代植入技法的主要动机，所有作者都提到女性在标准手术中遇到的困难，包括胸罩带造成的不适和不便、对可见疤痕的担忧以及身体形象的相关变化，"这些可能解释了除颤仪在女性中使用不足的原因"(Giudici et al. 2010; Savastano et al. 2016, 820)。电生理学家强调对于年轻女性替代植入技法的优势，但不仅限年轻女性，因为锁骨附近皮肤下的标准植入位置会带来"由于皮肤紧张而形成过多的疤痕",而由于疤痕"暴露在许多当代时尚中",这会造成问题(Giudici et al. 2010, 2013)。因此,将女性身体变成连线心脏赛博格的替代技法反映和强化了有关美丽和女性气质的文化规范,在其中,年轻的身体被认为在防止毁容方面更为重要。尽管描述替代植入技法的首篇文章早在1984年既已发表,但胸肌或者乳房下植入手术尚未被纳入当前植入实践使用的标准程序中。在2016年的一篇文章中,作者得出乳房下植入技法与标准手术一样安全有效的结论,并强调"我们的结果应该鼓励心脏科医师向他们的患者建议这种方法以提高治疗接受度"(Savastano et al. 2016, 824)。然而,心脏科医师似乎不愿意将这些替代技法纳入他们的植入实践。此外,女性也不知道这些替代技法的存在。在我所访谈和研究的三个在线社区里,没有人提到这些方法的存在。因此,尽管临床电生理学家已竭尽全力开发让身体标记不太可见的植入技法,但尝试以正常通过的工作大部分还是委派给了女性自身。

他人的凝视:"你的疤痕怎么得来的?"

植入起搏器或除颤仪后女性的生活是怎样的?带着变化可见的身体出院回家意味着什么?照镜子不再一样,因为女性会看到她们身体变化的明显痕迹,包括疤痕和或多或少突出的设备。或者,如安妮·波洛克访谈的一位女性所说:

> 每次照镜子我会想,哦,你胸口有个起搏器。这对我的遭遇是个物理显示。这是在我体内发生的事,但每天淋浴时我都能看

到它。我照个镜子,我就看到一个小肿块。是啊,我每天都在想发在我身上的事。(Pollock 2008, 100)

对女性来说,植入设备的痕迹不仅影响变化后的自我认知,还会阻碍她们对设备的接受和情感依赖(Beery et al. 2002, 7)。在访谈中,一位在 64 岁时植入起搏器的 71 岁女士向我阐述了她最初是如何抵制植入物的:

> 我是个虚荣的女人;我不想在我身上留下那个疤痕或进行任何解剖……我不想弄成伤残。我记得我向心脏科医师提到过这个。这并不是害怕起搏器;就只是虚荣心。(2012 年访谈 3 号起搏器患者)

尽管每位女性反应不同,但学会与改变了的身体共同生活不仅取决于其自身感觉,也与他人如何对待其毁容的身体密不可分。如残障学者所强调的,残疾或疾病的可见踪迹可能会引起他人不受欢迎的注意,这是一个"他人有心或无心地将特定的残疾或非残疾身份强加于个人"(Brune & Wilson 2013, 2)的过程。因此,他人的凝视很重要,对女性来说更是如此,因为女性身体比男性身体更容易受到审视。此外,因为在社交场合,男性很少会穿会露出疤痕的衣服[7],他们更少获得与其标记可见的身体相关的评论。因此,在我所研究的在线社区,他人对其疤痕的反应方式成为女性参与者经常讨论的话题也就不足为奇。

在心脏骤停协会在线社区有关"人们很好奇"的讨论中(心脏骤停

协会支持社区 2009年12月9—31日），女性描述了疤痕如何起到磁铁般的作用，特别是对那些只是盯着它们看的好奇的人。他们什么都不问，却编出故事来解释这些疤痕。或者像一位护士所描述的她的经历：

> 我植入除颤仪将近6个月了。我左胸有一个令人厌恶的疤痕，但我的衣柜里还没有换上能掩饰疤痕的衬衫，而且我也不打算这么做。我真希望人们直接问我发生了什么，而不是设想或问别人。问我就好！我已经听到了许多有关我如何在胸口留下疤痕的谣言，从"她被刺伤"到"她出车祸了"到"她喜欢自残"。我成了一个被称作"那个带疤痕的护士"的人。（心脏骤停协会支持社区 2009年12月9日）

显然，人们在找出理由解释疤痕方面富有创意。参与心脏骤停协会支持社区有关疤痕讨论的女性抱怨被这些自创的故事惹恼了。然而，她们得到的评论或问题往往更令人不适，因为它们通常不具有同理心，甚至粗鲁。一位在美国经营自己"不适宜的木乃伊的生活"（Life of the Inappropriate Tachy Mummy）博客的女士这么说：

> 所以前几周我遇到一些伤人的评论，其中之一就是为什么你的疤痕这么大、这么恐怖、如此一团糟。我还遇到有人说，看到这些疤痕让他们恶心。人们有时说话不考虑所说的对他人的影响。[我]不会撒谎：我的自尊心受到了伤害，因为，让我们诚实点，你永远不会看到美丽的芭比娃娃有"可怖"的疤痕。[8]

第六章 / "你的疤痕哪来的？"

她所遭受的评论以及她的反应体现了女性如何与女性身体和审美的主流观念做斗争。[9] 参与 Wired4life 社区的女士们描述了他人凝视的类似经历：

> 我用的是第二块电池了，两次伤口都形成疙瘩般疤痕，有几次我被提醒说胸口有口红印！我为什么要带着胸口的两处口红吻痕到处走！！（Huberty 2016, 138）

> 有一次，一个素不相识的人指着我的起搏器问我是否被刺伤了。我直直地看着她说："是，在监狱里。"（Huberty 2016, 138）

正如引用的最后一句话说明的，女性有时会对陌生人的评论感到如此恼火以致用讽刺来对抗这些反应。在我研究的在线社区，参与者还讨论了建立针对陌生人不友善反应的其他韧性技法。其中一个技法是主动与好奇的人交谈，如下面这个帖子所示：

> 我用的是第七个除颤仪了，在心脏骤停后第 22 年……这么多年以来，在面对疤痕，尤其是左肩处疤痕方面，我真的转变了。我现在做保罗建议的，在诉说故事方面争取主动，而不是任由它被想象或创造……随便举个例子吧："我注意到你在看我的疤痕。我有个除颤仪，全称心脏复律除颤仪，当电池需要替换时（微笑！），我得把整个东西都替换掉。"通常接下来会被问到一两个问题，我会实事求是地回答，而不是把它当作故事那样去说。然后我公开承认，如果他们同意的话，我不想此刻大谈特谈这个问题。"这很难，但至少结束了。"在短暂回避之后，我会把谈话引到

"我们为什么会在这儿"和"我们怎么就到了同一个地方（参加派对等）"。（心脏骤停协会在线社区　2010年1月23日）

在女性关于人们对她们标记可见身体做何反应的描述中，年龄成为一个触发反应的重要因素。许多女性分享了她们与那些根本不愿意相信她们植入了起搏器或除颤仪的人交流的经历。或者如其中一位所描述："你戴起搏器？你是不是太年轻啦？？"（Wired4Life　2016年4月11日）在Wired4Life社区分享受过类似评论的女性年龄在18岁至57岁之间，尽管其中一些人在婴儿期就接受了植入手术。她们中许多人多年来每天都听到这类评论，只希望人们不要再告诉她们自己太年轻了，以下反应就是例证：

> 如果每次被问到[我的年龄——作者注]，我能得5美元的话，我会非常富有的。（Wired4Life　2015年12月31日）

当陌生人的评论与疾病和死亡相关时，这些评论就变得更加恼人：

> "哇，27岁你就植入第一个啦，那你还能活多久？"我已经听过那样的评论两次。这令人非常惊恐。（Wired4Life　2015年9月3日）
> 你是不是太年轻啦？你不会在我们面前猝死吧，会吗？（Wired4Life　2015年9月3日）

不难想象，这些来自陌生人的问题对尝试变为韧性赛博格的女性来说不是那么有帮助，因为它们强调了她们身体的脆弱性，这可能会让她们的生活压力更大。实际上，50岁以下戴除颤仪的女性似乎有更大的风险产生社会心理压力，这不仅是因为恐惧电击，还源于死亡焦虑和身体形象问题（Vasquez et al. 2008）。这些来自陌生人的随意评论更是加重了这些焦虑和脆弱性，因为它们把一种特定的残疾加诸女性。植入心脏设备、身体带疤痕的年轻女性被告知，她们未能达到拥有女性光滑身体轮廓的健康身体的文化要求，甚至可能英年早逝。值得注意的是，与年龄有关的评论不仅出自对起搏器和除颤仪一无所知的陌生人，也来自医护人员，这种经历就更令人焦虑：

> 治疗我的神经外科医师想让我做核磁共振检查，但我告诉他因为我戴了起搏器，不能做。他疑惑地看着我说："你看着不像戴了起搏器。"（Wired4Life 2015年12月31日）
>
> 我还遇到过一位护士跟我说："你确定你真的需要植入起搏器吗？"我惊得目瞪口呆！（Wired4Life 2015年12月31日）

女性在公共场所和医院遇到的这些评论反映了不同年龄段对什么是正常女性身体的期望。她们标记可见的混合身体与年轻女性看起来应是怎样的标准相差甚远，以至于陌生人甚至医护人员都抵制这些身体的存在。因此，这些不相信的、有时甚至是冒犯性的评论应被理解为遇见不符合女性气质和身体美学文化规范的身体时，人们感到不适而发出的言论。来自陌生人和医护人员的评论还传达了与起搏器和除颤仪本身有关的年龄特异信息。通常，这些言论不仅涉及女性的年龄，也提到这些设备是老人专用的，从而强化了起搏器和除颤仪标志年老的形象。

通过技法：关于露肩连衣裙和文身

因为女性可能对总是需要解释她们身体发生了什么感到绝望，有些人决定隐藏她们植入物的可见痕迹。在我研究的在线社区里，女性积极参与分享她们应该如何做以使其在他人凝视中不那么脆弱的经验。调整衣着是其中一个技法，例如不穿像露肩连衣裙或低胸衬衫和上衣这类暴露植入部位的衣服（Wired4life 2016年6月8日；在线起搏器俱乐部 2009年3月7日）。我访谈的所有女性都穿着没有露出她们植入物的衣服。夏天尤其成问题，因为那会儿的女性时尚偏好露肩，因此给她们造成更多困难。事实证明，泳衣也同样成问题，正如心脏骤停协会的一个帖子写到的：

> 昨天我决定是时候恢复在除颤仪植入前我所喜欢的运动了，比如游泳和水中有氧运动等。所以我试穿了我在植入手术前一个月买的泳衣。我曾希望这个肩带款式能以某种方式神奇地遮掩疤痕，但不是的，在苍白的皮肤衬托下，殷红的肥厚的疤痕醒目地横亘于此，它就在那儿。我想，我真的有勇气向每个人（不管怎样，刚巧在泳池的每个人）展示那个疤痕吗？（心脏骤停协会 2010年1月4日）

有些女性建议夏天穿可以遮盖疤痕的T恤，这不仅方便隐藏疤痕，还可以防止晒伤（Wired4life 2016年6月8日）。女性用来保护她们的身体免受他人凝视的一个非常奇特的技法是用文身遮盖疤痕，这要做得非常小心以免损坏导线。或如在Wired4life社区讨论文身的女士们解释的：

第六章 / "你的疤痕哪来的？"

我有个文身。我被告知只要不碰到导线相关部位就没有关系。所以我的电生理医师在胸部扫描划出勿交叉区域，我的艺术家将其作为模板。(Wired4life 2016年1月4日)

☺.我下一个文身会是："我连线（Wired）来生活、爱和大笑！！"(Wired4life 2015年8月13日)

因此，试图通过文身隐藏疤痕可以被视为一个有趣的技法，虽然带讽刺意味的是，它需要对皮肤进行另一项干预。此外，文身也只是一种临时技法，因为当电池耗尽，心脏科医师会打开疤痕，替换起搏器和除颤仪（Wired4life 2015年7月15日）。因此，在线社区分享的这些经验表明，女性在寻找让自身在他人凝视下不那么脆弱的方法上富有创意。在这些讨论中，尝试以正常通过是隐藏疤痕的主要动机，如下面这些帖子所示：

七年前我做了开胸手术治疗先天性心脏病；现在我又植入了除颤仪，我的胸口开始看起来像一张路线图了！我穿着（之前也穿着）遮挡疤痕的衣服，因为我不想让任何人看着我，好像我病了或柔弱一般。(心脏骤停协会 2009年12月20日)

除了宽肩带泳衣，我57岁，超重，很少选择穿让疤痕可见的衣服……除了心脏骤停后幸存并植入了除颤仪，我一生还做了很多其他事，如果可以的话，我真的会与不公平地归类或污名化做斗争。(心脏骤停协会 2010年1月23日)

这些经历与杰弗里·布鲁恩和丹尼尔·威尔逊所描述的残障人士

的经历相呼应。隐藏植入物的可见痕迹是避免污名化、以正常通过的一种常用策略（Brune & Wilson 2013）。[10]女性使用这些通过技法获得控制身体作为可见客体方面的主动权。这种"形象管理"（Slatman et al. 2016, 1620）在抵制不符合高度理想化的女性气质和美丽形象的女性身体的文化中是必需的。或者，就像特蕾西·贝里（Theresy Beery）在对与起搏器共同生活的女性的研究中所说："一个女人带上疤痕后还能保持女性气质吗？"因此，通过技法也可以被理解为一种非常具体的表现女性气质的方式。[11]然而，决定使用这些技法向来不是直截了当的，而可能包含冲突和矛盾的心情。刚才我提到的那位穿上泳衣后对疤痕的可见性表示不适的女性在其帖子里继续写道：

> 我原以为我不在意完全暴露它，但现在我不确定了。我对自己无法超越这种可悲的虚荣心感到有点失望。现在我还没决定，未来是去购买能遮盖更多疤痕的泳衣，如果我能找到的话，还是我能说谁（对展示疤痕）在乎呀并继续生活，后一种是我希望我最终会去做的。（心脏骤停协会支持社区网站 2010年1月4日）

通过技法可以是暂时使用。有时候，女性习惯了她们植入物的可见痕迹并决定不再隐藏它们：

> 至今人们只盯着我的疤痕看，但如果他们问起，我会告诉他们而且我也不在意，他们对我的疤痕想怎么想就怎么想……我所有的衬衣都是低胸的，起初我隐藏我的疤痕，但现在它是我的一部分，如果人们无法接受，那他们是真的愚蠢。（心脏骤

第六章 / "你的疤痕哪来的？"

停协会 2009年12月13日）

正如我下面将论证的，线上社区可能非常有助于支持女性找到适应她们带疤痕身体的方法，而不是在公共场合隐藏它们。

通过阐明正常的新形态来建设韧性："我为我的疤痕感到骄傲"

如我们在前一小节看到的，对女性看起来应该是怎样的文化规范在与起搏器和除颤仪共同生活的女性的日常生活中起到重要作用。这并不意味着文化在她们适应标记可见身体的方式方面起决定性作用。虽然有些女性会隐藏她们植入物的可见痕迹以符合文化对女性气质和美丽的要求，而其他人则可能会公开展示她们的疤痕、抵制这些规范。如残障研究的学者所论述的，文化规范可能会创造影响通过技法的背景和环境，但不会揭示个人应该如何做来以正常通过。同样重要的是，被认作正常或异常的边界并不总是非常清晰或一开始就是固定的。如杰弗里·布鲁恩和丹尼尔·威尔逊所述，不能将残疾和正常视为二元类别，因为它们之间的边界是流动的（Brune & Wilson 2013, 3）。从这个角度说，研究女性如何适应她们变化可见的身体为理解正常的不断移动的边界提供了一个重要机会。当女性决定公开她们标记可见的身体时会发生什么？

我研究的在线社区的讨论说明了女性如何努力抵制有关光滑身体的文化规范有关的。她们没有接受与带疤痕女性身体相关的负面含义，而是积极参与阐明外观损毁的积极意义。例如，Wired4Life 的创始人把她的疤痕称为"勇气的徽章，我们人生经历的路线图"（Wired4life 2016年3月9日）。她邀请人们分享对自身疤痕的感受，这引起了很大反响。一些女性分享了她们疤痕的图片，并强调她们不认为它们丑陋（Wired4life 2016年1月6日）。其他女性解释道起初她们对疤痕如何感到局促不安，但最终开始接受它们。还有一些女性则强调她们始终为她们的疤痕感到骄傲，因为它们显示了力量和勇气（Wired4life 2015年7月14—15日）。与癌症的叙事相仿，有关幸存的修辞和其他军事化比喻时常被用来表达与带疤痕的被植入异物的身体共同生活意味着什么："在我家，我们称它们为战斗疤痕，你战斗了并存活下来了。"（Wired4life 2015年7月14日）或者像一位运营与其起搏器有关博客的女士所说：

> 那个疤痕提醒我，我的斗争、我的勇气、我的战斗、我的胜利。它们在叙述一个故事，并且它们真的让我微笑。（Life of an inappropriate tachy mommy 2016年7月18日）

家人的态度在重塑疤痕的意义方面也很重要，如以下来自 Wired4life 的一个帖子例证的：

> 我不得不说我已经开始爱上我的起搏器和手术疤痕。我花了不少时间才抵达这一步。我女儿告诉我它们是我勇气的徽章♡。（Wired4life 2015年10月26日）

有些女性还提到亲密伴侣所起的重要作用，他们给予其对疤痕的

第六章 / "你的疤痕哪来的？"

信心，并认为她们的疤痕很有吸引力，因为"它们显示我在生活中有多少仗需要打以及我有多坚强"（起搏器俱乐部 2010年2月14日）。除了分享自身与疤痕的经验，女士们还分享设计来反驳疤痕负面含义的小册子和谚语：

> 我昨天看到这个，我觉得它适用于我们，至少对我来说是这样。我有很多疤痕……它说道："疤痕提醒我们曾到过哪里，但它们不必决定我们将去向何方。"（起搏器俱乐部 2009年2月9日）

因此，为建立抵制疤痕负面评论的韧性，女性积极参与到阐明正常的新形式中。她们没有将伤疤看作异常、毁容的身体标志，而是引入了疤痕的积极意义来帮助她们适应被技术改造的身体。她们不仅在家人的亲密圈中、在在线社区结识的想法相似的女性中展示和分享其植入物的可见痕迹，还在公共场合展示她们的疤痕：

> 努力并变得更好。第一年穿露肩连衣裙。不是最好的照片，但那会儿正享受好时光，都忘了拍照或担心我的疤痕！（Wired4life 2015年2月9日）

有些女性解释说，她们实际上喜欢展示其疤痕并穿开口衫向他人展示疤痕（Wired4life 2015年7月14日；起搏器俱乐部 2010年1月29日）。公开展示伤疤也被用作一种技法，以提高人们对存在许多不符合光滑的身体轮廓标准的女性身体的意识。前文提及的那位被称为"带疤痕的护士"的女士在心脏骤停协会在线社区的帖子上继续写道：

我并不介意回答问题，我若是感到羞愧，我才会更注意遮盖疤痕。我想我有点把它看作一种让人们意识到存在这么年轻并且看起来健康的人有可能患有致命疾病的方式。它是我建立对这一问题意识的方式。当有人问起时，我可以与他们分享这一疾病、征兆和症状的知识。(Wired4life 2009年12月9日)

因此，通过技法并不是与起搏器和除颤仪共同生活的女性用来适应她们标记可见身体的唯一策略。参与在线社区的女性积极参与正常化她们被技术改造身体的过程，并抵制公众对她们植入物和疾病的无知。

创建一个集体身份："我们并不古怪，我们只是以不同方式连接"

对女性个人来说，隐藏植入物痕迹或许是针对他人凝视、建立韧性的有效策略。然而，这些通过技法可能无助于提高公众对植入心脏设备身体的存在的认识，并且它们可能会限制植入起搏器和除颤仪的女性与处境相似的其他女性建立连接的过程。如残障研究学者所论述的，通过的代价之一是排除了建立基于残疾共同经历的社群，或如伊丽莎·钱德勒（Eliza Chandler）所称的"残障社区"(Brune & Wilson 2013; Chandler 2014)。医学社会学家们已详尽描述了与对特定疾病有相似经历的人建立紧密联系的相关性。像患者组织和在线健康和疾病社区这类集体是重要的，因为它们通常能基于疾病类别或特定疾病的幸存者身份，帮助参与者建立集体身份(Sulik 2009, 1059)。这些社区使参与者能够减少异化感，分享和合法化具身知识和体验(Brown

1992; Clarke & James 2003），获得试验性治疗（Epstein 1996），以及挑战专家诊断（Borkman & Munn-Giddings 2008）。

如前所述，与起搏器和除颤仪共同生活的人通过建立特定组织，创建了包括期刊和网站在内的自己的社群。在荷兰，与除颤仪共同生活的人创建了荷兰除颤仪携带者基金会（Stichting ICD dragers Nederland, STIN），一个出版双月刊、组织会议并运营网站的组织。[12] 世界范围内，与起搏器和除颤仪共同生活的人发起和运营了至少三个在线社区：起搏器俱乐部、心脏骤停协会支持社区和 Wired4Life。这些集体的存在表明通过技法不一定排除社群的创立。在公共场合隐藏她们植入物痕迹的女性可以在网上或在这些集体组织的会议上与他人连接。考虑到大众对起搏器和除颤仪的普遍无知及对带疤痕女性身体的负面态度，韧性建设可能是一个相当孤独的过程，因此，对戴起搏器和除颤仪的女性来说，创建一个集体身份可能非常重要。

为了解在线社区如何帮助创建集体身体，我将重点放在我研究的三个社区之一：Wired4life。这个在线社区由唐·休伯蒂（Dawn Huberty）于2005年建立，她是一位生活在美国明尼苏达州的女性，在27岁时接受了第一个起搏器。在接受心脏手术和第二个起搏器后，她决定为戴起搏器（之后扩展到除颤仪和替换心脏瓣膜）的女性成立一个在线社区，因为她在互联网上能找到的唯一的起搏器支持群里只有"引发恐惧的帖子"，而没有能给到她任何真正像样的支持（Huberty 2016, 6）。[13] 她想要一个能整体反映与起搏器共同生活的女性群体的名字而创造出了 Wired4life 一词。或者，如她在所出版的有关该组织和她自身戴起搏器经历的书中所解释的：

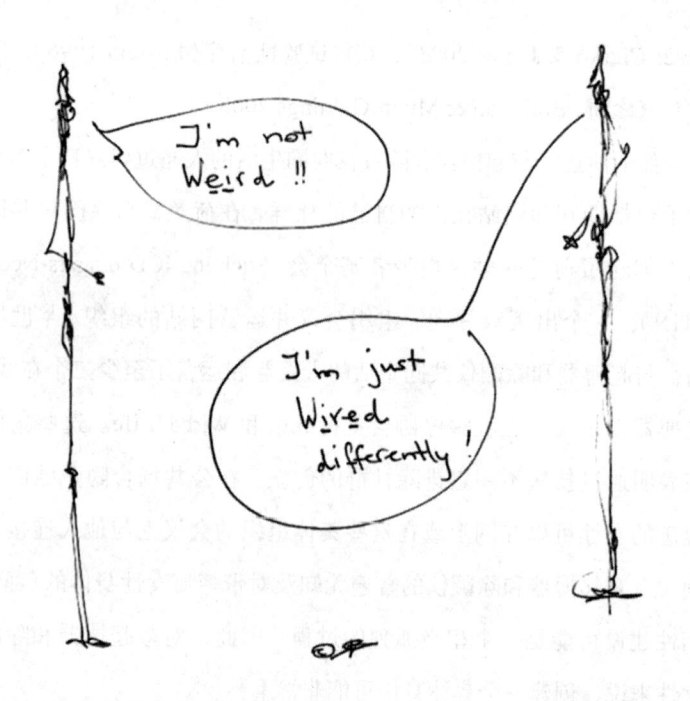

图 6.1 基于 2015 年 4 月 5 日发表在 Wired4life 上的漫画制作（罗伯·弗拉金供图）

如果你戴起搏器，生活会怎样？它意味着什么？嗯，几乎可以肯定你将在余生拥有它。所以你会……等待它……终生连线（"WIRED 4LIFE"）。（Huberty 2016, 8）

在线社区的讨论表明，终生连线确实是一个完美的短语来表达与起搏器和除颤仪共同生活的女性的共同点。这个词对于阐明一种集体身份至关重要，这种身份使女性能够解释她们的身体和生活如何不同于他人，并且彼此支持。在使命宣言中，休伯蒂强调了 Wired4life 是戴植入心脏设备的女性的"安全天堂"，在那里她们可以分享她们的经验

第六章 / "你的疤痕哪来的？"

和故事、更多了解她们的设备，并"结识理解'被连线'意味着什么的新朋友"[14]。在一幅多年来常被重新发布的卡通画中（图6.1），唐·休伯蒂进一步阐明了这一集体身份："我不古怪，我只是以不同方式连接。"在另一个帖子，她试图用以下方式正常化被连线的主体定位：

> 这世上没有比认识一位连线女士
> 更令人难以置信、更神奇、
> 更美妙和令人惊叹的了，
> 除非你自己就是一位！☺。[15]

因此，在Wired4life在线社区，"连线"（wired）获得了全新含义。虽然这个词常指与互联网或其他数字技术相连，但此处它指的是，在与起搏器和除颤仪共同生活的人的血管和心脏中存在导线。因此，由于她们植入物的导线及如果戴远程监控的起搏器或除颤仪，她们还会与数字网络连接，参与这个在线社区的女性可被视为"连线"的。与起搏器和除颤仪共同生活的女性的集体身份不是基于共同的疾病或幸存者身份，这些通常是大多数患者组织身份的核心（Sulik 2009, 1059），而是植入她们体内的技术。过去十年，Wired4life已发展成为一个与起搏器和除颤仪共同生活的女性结识其他"连线女士"的活跃的在线社区。

当我于2016年10月首次访问Wired4life在线社区时，我进入了一个前所未闻的世界。翻看这些帖子，我被女士们分享她们自身与起搏器和除颤仪的经历并且回复问题的非常温暖和支持的方式所感动。在帖子中，她们常用幽默（代表大笑出声的LOL出现频率很高）来相对化发生在她们身上的事，特别是在与他人相遇的过程中。女士们不仅发帖描述亲身经历,还分享谚语、灵性的一句话笑话、受伤的心的图片、手工制作的心形枕头和首饰的照片及印连线心脏的T恤。确实,Wired4life出售专门为该组织设计的带有Wired4life一词的T恤和项链,来帮助他们资助所组织的会议。经常发起讨论的唐·休伯蒂也会组织比赛,获胜者会获得刻有Wireless的特别设计的项链。

  Wired4life在线社区的讨论说明,学会如何与标记可见的身体共同生活不仅涉及下定决心隐藏或展示植入物的可见痕迹,还涉及其他韧性技法。在很多帖子里,女性分享了一些实用知识,比如可用来减少疤痕瘙痒的技法,或者如何防止疤痕的夏日晒伤,或者当疤痕被感染时应该怎么做(Wired4life 2015年6月7—11日;2015年8月8日)。[16]女性分享的其他实用知识包括你可以穿什么式样的文胸以避免胸带压到植入部位,接受乳房X光造影检查时应如何避免疼痛[17],以及这些植入物是否会影响妊娠(Wired4life 2015年10月26—27日;2015年3月22日;2015年4月29日—5月6日)。此外,Wired4life在线社区不仅提供了一个交流这些实践性具身知识的重要平台,这个平台还可以分享情绪和焦虑。在这些讨论中,"情感疗愈"被描述为比身体恢复更难的(Wired4life 2016年1月18—20日,4月27日,7月25日)。

  虽然女性在Wired4life在线社区做的很多事也可能发生在其他患者在线社区,但两件事对于Wired4life来说是独特的:庆祝她们植入物纪念日和给她们的设备取名字。在唐·休伯蒂的发起下,女性常参与分享她们设备的历史并庆祝彼此设备的生日。或者,援引她们的话:

    让我们庆祝设备生日吧!人人都有蛋糕和派对帽!大家分享一下二月份植入的日期吧!!(Wired4life 2016年2月15日)

第六章 / "你的疤痕哪来的？"

祝贺——我们的起搏器纪念日比真正的生日还令人激动！！！（Wired4life 2016年6月5日）

［接受植入的时候我才］61岁，这周五迎来2周年！庆祝成为连线女士2年啦！时间过得真快啊！（Wired4life 2015年4月15日）

庆祝设备纪念日不只是一件有趣或琐碎的小事，还体现了女性如何努力正常化她们的混合身体。正如庆祝你出生的日子一样，庆祝你设备植入的日子成为一种拥抱被连线的新身份的仪式。女士们不仅庆祝她们的设备纪念日，还给她们的起搏器和除颤仪取名，例如配速（Pacey）、电击（Zapped）、活力四射（Sparky）、魔力（Magic）、尼克（Nick）、马克（Mack）、保姆（the Nanny）、我的小心脏机、我的心或上帝的小盒子。她们也会给混合身体取名，例如无敌女金刚或能量小兔（Wired4life 2015年8月6日）。有些女士解释说，她们选这个名字是"让它听起来没那么可怕"（活力四射），或为了表达电击的感觉是怎样的（马克）。其他女士用她们最喜爱的有仿生人物的动画系列或科幻电影中的角色名字，或选择一个能表达设备如何保护她们（保姆）或拯救她们的生命（尼克，"因为它在紧要关头救了我"①）的名字。有时家人在给设备取名时起到重要作用，或如一个帖子解释的：

我只是觉得它需要一个名字，因为它现在已是我的一部分。活力四射和电儿（Electra）看着太明显，所以我问了问周围的人。2009年初我们南下拜访家人，一路停了好些站。实际上是我侄女

---

① "in the nick of time"是谚语，指紧要关头、最后一刻。

选择的达拉（Darla），说是个好的有力的、带南方特色的名字并且会适合我。这让我想起了《小淘气》[18]，我也感觉很合适。(Wired4life 2015年8月6日)

对另外一位发帖人，给她设备取名的重要性在于能让她与较小的孩子谈论它：

我的设备叫特鲁迪（Trudy）。我的孩子们给它取的名字。我们认为这是向我小一点的孩子们介绍它的好方法。(Wired4life 2015年8月7日)

虽然名字通常选来表达对起搏器或除颤仪的积极体验，但设备的问题也会成为选名的原因，如一位英国发帖人所说：

这是赫伯特（Herbert）。自从植入后他就没少添麻烦，在英国你叫一个人赫伯特意味着他们又傻又麻烦。(Wired4life 2015年8月7日)

因此，庆祝设备纪念日和分享设备名字成为女性启用她们被连线集体身份的两种非常具体的方式。这两种做法都可以被认为是有趣的、支持性的技法，可以帮助女性适应她们被技术改造的身体。通过庆祝纪念日和命名她们的植入物，她们将设备变为日常生活和家庭的一部分，积极参与驯服植入她们身体的设备。起搏器和除颤仪不再被视为陌生的入侵者，而是变成人们可以像对待人类一样来庆祝、指称和谈论的事情。对参与 Wired4life 在线社区的女性而言，这些拟人化技法提供了强大而富有创意的技法来正常化她们被连线的集体身份。

通过和拉伸：改变正常的边界

在本章，我描述了为何女性需要做更多工作以成为韧性赛博格。与男性相比，与起搏器和除颤仪共同生活的女性必须参与开发其他类型的韧性技法，尤其是通过技法。设备和身体之间的性别不匹配以及有关女性气质和美丽的西方文化规范都有助于韧性的技术地理的形成，而其将新的责任委派给女性。为了在不受他人凝视的阻碍下自由活动，有些女性试图通过调整着装或用文身遮盖疤痕来掩盖她们植入物的可见痕迹。像残障人士一样，这些女性不想被污名化或与他人区别开来，并尽最大努力以正常通过。女性还采用其他类型的韧性技法，例如保护疤痕免受瘙痒和晒伤、护理感染的疤痕、穿不会伤到植入部位的文胸、尽量避免乳房 X 光造影检查时的疼痛以及预测妊娠的潜在后果。[19] 这份长长的名单说明照护带疤痕的身体如何与女性的日常生活紧密相连，从而也增加了建设韧性身体的工作。

在我对女性适应她们标记可见身体的方式的记述中，隐藏植入位置成为在他人凝视下降低她们的身体脆弱性的一项重要技法，这意味着这些连线心脏赛博格迎合了关于女性看起来应是怎样的文化要求。因此，通过技法应被视为一种表现女性气质的特定方法。对年轻女性来说，遵守女性身体文化规范的压力尤其大。如我在本章所描述的，她们常常收到所遇之人的评论，包括医护人员在内的这些人认为她们太年轻了而不可能戴起搏器或除颤仪。显然，她们带疤痕的身体与年轻女性看起来应是怎样的相关太多，以致人们抵触这些身体的存在。因此，起搏器和除颤仪动摇了性别与年龄的关系，在其中只有年长的女性被允许偏离健康光滑身体的文化规范。与这些植入物共同生活的年轻女性则不允以正常通过。一个积极的发展是，女性在植入物可见痕迹方面遇到的问题也影响了植入技法。为保护年轻女性容貌受损，电生理学家开发出将设备插入身体中不太可见部位的方法。然而，这些替代植入技法尚未被整合到标准医疗实践中。

重要的是，不是所有女性都努力遵守文化压力、隐藏她们的疤痕。如我所描述的，有些女士通过展示她们标记可见的身体来抵制有关女性气质和美丽的主流文化观念。为抵制有关光滑的身体轮廓的性别规范，她们通过引入像"勇气的徽章"那样更积极的含义，积极参与重塑疤痕的负面含义。通过这么做，她们也为建立一种公众意识做出贡献，即实际上有许多女性的身体不符合女性看起来应是怎样的规范。

反思这些发现，我得出结论，有关通过的理论只能部分解释与起搏器和除颤仪共同生活的女性为应对她们标记可见的身体建立韧性的不同方式。我所描述的适应实践表明通过技法可能会朝两个不同的方向发展。第一个方向，也是残障研究学者经常描述的，涉及一个过程，即人们将他们标记可见的身体服从于他人问询的凝视和自身内观所强加给他们的有关身体的文化规范。虽然这种通过方法非常重要，因为它得以让女性在不受他人凝视阻碍下四处走动，但它也强化了身体应被视为正常或异常之间的边界。如果所有戴起搏器和除颤仪或其他植入物和因病毁容的女性都隐藏自身标记的身体，那么光滑的身体轮廓将继续作为规范。通过可能发展的第二个方向是扩大正常的边界。我提出，重要的是在通过方式中包括拉伸以描述人们不服从有关身体文化规范的实践。我

第六章 / "你的疤痕哪来的？"

引入拉伸来指代一个过程，在其中人们通过不再隐藏其标记可见的身体而试图以正常通过，进而阐明正常的新形式。由于近数十年来与各种不同植入物共同生活的女性数量有所增加，并且由于许多新植入物的开发，在不久的将来只会继续增长，在公共场合展示这些身体可能会带来将视为异常的身体变为"新常态"的转变。因此，医学植入物可能涉及一种与辅助生殖技术相似的具身动态，其中通过试管婴儿技术和同性家长孕育的婴儿被描述为"新常态"（Lie & Lykke 2017, 7）。可以肯定的是，试图通过拉伸正常的边界来以正常通过是建立韧性的一个非常困难且要求很高的方法。因此，参与拉伸实践的女性最好被描述为"道德先锋"，这是雷纳·拉普（Rayna Rapp）为描述在20世纪80年代最早参与使用新生殖技术的女性和男性们而引入的术语（Rapp 1988）。

我之前已描述过，在韧性的技术地理里，在线社区以建立韧性的重要资源形式出现。这与前一章形成鲜明对比，在前一章中，由于数据空间有助于黑客攻击内置心脏设备，其只会增强连线心脏赛博格的脆弱性。本章中，在线社区成为降低脆弱性的重要的文化适宜小环境：安全的空间，女性可以在其中分享有关隐藏或展示她们带疤痕身体的矛盾和困境、阐明自身对正常的看法、重新定义疤痕的负面含义并鼓励彼此接受并如实展示她们的身体。因此，我得出结论，阐明正常的新形式对建立韧性至关重要，并且应被视为患者集体的一项重要的附加功能。我所研究的在线社群之一展示了正常化她们标记身体的非常富有创意和有趣的方式。在Wired4life中，庆祝设备的生日和给内置心脏设备取名成为驯服、拥抱和拟人化植入物的新颖方法。这些韧性技法是植入心脏设备的身体如何从偏离正常的身体被重新定义为因技术植入物形成的众多身体变体之一的重要体现。因此，科学技术不仅如盖尔·苏里克（Gayle

Sulik, 2009）所说，有助于创造由生物医学知识塑造的新疾病身份，还有助于技术改造身体的集体身份的实施。Wired4life 可以被视为这些集体身份涌现的一个很好的例子，在其中为与起搏器和除颤仪共同生活的人创建支持网络起关键作用的是植入物而不是疾病。

注释

1. 起搏器和除颤仪的可及性在经济发达和贫穷国家之间存在重大差异，这将在第九章阐述。
2. 在除颤仪植入率最高的美国（每年有多于 10 万植入量），2006 至 2009 年间 74% 植入除颤仪的是白人男性，其中大多数有私人医疗保健。多数（80%）接收除颤仪的人是因为他们被认为存在未来心律不规律（心律不齐）的高风险但尚未经历过心脏骤停，即所谓的一级预防（Anonymous 2010; Estes 2014）。在英国有相似的模式，大约 80% 的除颤仪植入白人男性，尽管整体植入率比美国低很多，这一差异被归于美国和英国的疾病流行率差异（Cunningham et al. 2012）。荷兰是欧洲植入起搏器第三多的国家（2012 年访谈 STIN 主席），并且 30% 的使用者是女性（Nederlandse Hartstichting 2017）。不幸的是，由于没有系统性收集，其他欧洲国家有关性别差异的详细信息是缺失的。除颤仪植入的性别差异部分可以用女性和男性冠心病发病率的差异来解释。然而，也提及其他原因，特别是普遍持有的心脏病是男性问题、因此女性不太会被转诊接受心脏病治疗的观点。在美国的少数族群也出现相似的问题，与白人男性相比，除颤仪较少提供给他们（Redberg 2007; Santangeli 2010）。起搏器植入率（2011 年每百万居民 938 个植入物）也显示出性别差异，尽管与除颤仪相比，这种差异小很多，女性占比从德国的 47.2%、荷兰的 45.3% 到美国的 49%（Williams & Stevenson 2017; Boorsma & Zaadstra 2011）。尽管包括婴儿在内的儿童也接受起搏器和除颤仪治疗，但与成人相比，儿童数量很少。在美国，他们占起搏器的 1% 和除颤仪的不到 1%（Anonymous 2015; Tracey et al. 2012）。
3. 女性不是唯一受身体规范被刻入起搏器和除颤仪影响的人。儿童也受苦于它。同女性一样，他们必须学会在一种崇尚正常和健康的年轻身体的文化中与他们标记的身体共同生活。偏离这些规范的身体有被区别对待的风险。对儿童来说，这些他者化过程

第六章 / "你的疤痕哪来的？"

（Moser 2000）可能更难抗拒，因为受青年文化的社会动力影响，被识别为"我们中的一员"非常重要。对儿童和婴儿来说，还存在其他问题。为成年男性设计的设备不仅造成变化可见的身体，而且由于存在身体尺寸的差异，需要特定的植入程序。因此，接收起搏器和除颤仪的儿童面临更复杂的手术。

4 见第二章尾注 15 对这些在线社区更详细的介绍和参考。

5 皮肤太薄时会在肌肉下制作口袋（Derksen 2011, 6）。

6 患者被转诊到另一家医院，那里的心脏科医师在插入三导联线的除颤仪方面更专业。

7 据戴维斯等研究，男性更担心他们的伴侣和对其重要的人如何回应其变化可见的身体（Davis et al. 2004）。

8 2016 年 7 月 18 日发布在 https://www.facebook.com/livingwithistuk/。

9 见 Beery et al. 2002 对起搏器如何挑战女性气质和美丽之间关系的相似描述。

10 残障学研究常引用的一项经典著作是厄文·戈夫曼（Erving Goffman）的《污名》（Stigma，1963）。尽管戈夫曼理解残障的社会学研究方法一直并且仍然非常有影响力，但也有学者批评他的工作具体化了健能人对残疾的看法。见 Brune & Wilson (2013) 对这种批评的讨论。

11 见 Dalibert (2014, 214)，相似地观察到与神经刺激植入物共同生活的女性因设备可见性感到的痛苦。

12 2019 年 1 月，STIN 董事会决定通过关闭他们的期刊来精简组织。这个期刊最初称为《除颤仪期刊》(ICD Journal)，后来改名为《STIN 期刊》(STIN Journal)（Split 2019）。

13 2005 年，Wired4life 开始于来自美国、加拿大和英国的 12 位女性组成的免费雅虎小组，当唐·休伯蒂于 2016 年 5 月将该网页转至脸书社区时，这些人继续积极参与其中。Wired4life 自 2008 年注册为非营利组织以来，不仅运营在线社区，还组织国际会议，将"来自全球的连线姐妹线下聚在一起，相互见面并更深入了解她们的设备"（Huberty 2016, 13）。Wired4life 还组织小型地方性聚会，出版月刊（410 份订阅），并组织参观两家美国起搏器和除颤仪制造商。过去十年间，Wired4life 已发展成为一个在脸书上设有分支机构的活跃的在线社区，这个分支机构由首次参与 Wired4life 的女性发起（Huberty 2016, 18）。

14 https://www.guidestar.org/profile/90-0448862。

15 2016 年 3 月 2 日发布于 Wired4life。

16 疤痕感染可能会成问题，因为它们会长成比"正常"疤痕更显著可见的所谓瘢痕疙瘩。

17 尽管作为检测乳腺癌筛查技术的乳房 X 光造影检查不会损坏植入物，但它可能会增加疼痛感或影响对乳房进行有效成像（Witters 2011）。
18 《小淘气》是 1994 年一部非常流行的美国青春片的名字。
19 可以肯定的是，戴内置心脏设备的男性也必须采用其中一些身体管理技法，最显著的是降低疤痕瘙痒、护理感染的疤痕和防止疤痕晒伤。

参考文献

Altman, L. K. (2002, January 18). Arne H. W. Larsson, 86, had first internal pacemaker. *The New York Times.* www.nytimes.com/2002/01/18/world/arne-h-w-larsson-86-had-first-internal-pacemaker.html. Accessed 7 Feb 2012.

Anonymous. (2001). Biography of Arne Larsson. *Heart Rhythm Society online.* www.hrsonline.org/news/ep-history/notable-figures/arnelarsson.cfm. Accessed 7 Feb 2012.

Anonymous. (2010). *ICDs at a glance.* http://icdusergroup.blogspot.co. UK/2010/09/icds-at-glance.html. Accessed 10 Feb 2012.

Anonymous. (2015, November 2). New push for pint-sized medical devices to treat sick kids. *Associated Press. Epoch Times*, 5.

Anonymous. (2017). *Patient information about pacemaker insertion procedures at the Johns Hopkins Medical Department.* http://www.hopkinsmedicine.org/healthlibrary/test_procedures/cardiovascular/pacemaker_insertion_. Accessed 5 Jan 2017.

Bartky, S. L. (1997). Foucault, femininity, and the modernization of patriarchal power. In K. Conboy, N. Medina, & S. Stanbury (Eds.), *Writing on the body: Female embodiment and feminist theory* (pp. 128–154). New York: Columbia University Press.

Beery, T. A., Sommers, M. S., & Hall, J. (2002). Focused life stories of women with cardiac pacemakers. *Western Journal of Nursing Research, 24*(1), 7–27.

Berg, A. J., & Lie, M. (1993). Feminism and constructivism: Do artifacts have gender? *Science, Technology & Human Values, 20*, 332–351.

Boorsma, P., & Zaadstra, P. (2011). Cijfers en statistieken. *ICD Journaal, 2*, 29.

Bordo, S. (1997). The body and the reproduction of femininity. In K. Conboy, N. Medina, & S. Stanbury (Eds.), *Writing on the body: Female embodiment and feminist theory* (pp. 90–110). New York: Columbia University Press.

Borkman, T., & Munn-Giddings, C. (2008). Self-help organisations and chang ing relations between patients/consumers and health care systems in the U.S. and the U.K. In M. S. Chambre & M. Goldner (Eds.), *Advances in medical sociology, volume 10: Patients, consumers and civil society* (pp. 127–150). Bingley: Emerald Group Publishing Limited.

Brown, P. (1992). Popular epidemiology and toxic waste contamination: Lay and professional ways of knowing. *Journal of Health and Social Behavior, 33,* 267–281.

Brune, J. A., & Wilson, D. J. (Eds.). (2013). *Disability and Passing: Blurring the lines of identity. Excerpt.* Philadelphia: Temple University Press.

Chandler, E. (2014). *Disability and the desire for community.* Thesis, University of Toronto.

Clarke, J., & James, S. (2003). The radicalised self: The impact on the self of the contested nature of the diagnosis of chronic fatigue syndrome. *Social Science and Medicine, 57*(8), 1387–1395.

Crenshaw, K. (1989). Demarginalizing the Intersection of Race and Sex: A Black Feminist Critique of Antidiscrimination Doctrine, Feminist Theory and Antiracist Politics. *University of Chicago Legal Forum, 1,* Article 8. http://chicagounbound.uchicago.edu/uclf/vol1989/iss1/8. Accessed 8 Apr 2017.

Crenshaw, K. W. (1991). Mapping the margins: Intersectionality, identity politics, and violence against women of color. *Stanford Law Review, 43*(6), 1241–1299.

Cunningham, D., Charles, R., Cunningham, M., de Lange, A. (2012). Cardiac rhythm management: UK National Clinical Audit 2010. London: National Institute for Cardiovascular Outcomes Research.

Dalibert, L. (2014). *Posthumanism and Somatechnologies: Exploring the intimate relations between humans and technologies.* PhD thesis, University of Enschede, Enschede.

Dalibert, L. (2016). Living with spinal cord stimulation: Doing embodiment and incorporation. *Science, Technology & Human Values, 41*(4), 635–659.

Davis, L. L., et al. (2004). Body image changes associated with dual-chamber pacemaker insertion in women. *Heart & Lung, 33*(5), 273–280.

de Boer, M.. (2016). *Extended bodies: An empirical-philosophical study of women's bodily experiences in breast cancer*. PhD thesis, Maastricht University, Maastricht.

Derksen, R. (2011). De eigenlijke implantatie van een ICD. *ICD Journal, 3,* 4–6.

Epstein, S. (1996). *Impure science: Aids, activism, and the politics of knowledge*. Berkeley: University of California Press.

Estes, N. A. M. (2014). Is it time for a new approach to implantable cardioverter-defibrillators? *Journal of the American College of Cardiology, 63*(22), 2395–2397.

Garland-Thomson, R. (2011). Misfits: A feminist materialist disability concept. *Hypatia, A Journal of Feminist Philosophy, 26*(3), 591–609.

Giudici, M. C., et al. (2010). Sub-mammary pacemakers and ICDs in women: Long-term follow-up and patient satisfaction. *Pacing in Clinical Electrophysiology, 33*(11), 1373–1375.

Giudici, M. C., et al. (2013). Sub-mammary device implantation in women: A step-by-step approach. *Journal of Cardiovascular Electrophysiology, 24*(4), 476–479.

Huberty, D. (2016). *Wired4life. My Journey to Becoming Wired*. River Falls: CreateSpace Independent Publishing Platform. Updated version 6/2016.

Jeffrey, K. (2001). *Machines in our hearts: The cardiac pacemaker, the implantable defibrillator, and American health care*. Baltimore/London: The Johns Hopkins University.

Kimman, G. P. (2014). Goede uitleg van essentieel belang. *STIN Journaal, 3,* 22–23.

Lie, M., & Lykke, N. (Eds.). (2017). *Assisted reproduction across Borders: Feminist perspectives on normalizations, disruptions and transmissions*. New York and London: Routledge.

McCall, L. (2005). The complexity of intersectionality. *Journal of Women in Culture and Society*. http://www.journals.uchicago.edu/doi/pdf/10.1086/426800.

Accessed 8 Apr 2017.

McRuer, R. (2006). *Crip theory: Cultural Signs of Queerness and Disability.* New York: New York University Press.

Medtronic, (2017). Getting a Pacemaker Implanted. http://www.medtronic.com/us-en/patients/treatments-therapies/pacemakers/getting.html. Accessed 5 Jan 2017.

Mol, F., & Sterks, G. (2014). Relativeren is een schone zaak. *STIN Journaal, 2*, 27.

Moser, I. (2000). Against normalization: Subverting norms of ability and disability. *Science as Culture, 9*(2), 201–240.

Nederlandse Hartstichting. (2017). Hart-en vaatziekten in Nederland in 2017. Cijfers over leeftijd, risicofactoren, ziekte en sterfte.

Peterson, P. N., et al. (2009). Gender differences in procedure-related advice events in patients receiving implantable cardioverter-defibrillator therapy. *Circulation, 119*, 1078–1084.

Pollock, A. (2008). The internal cardiac defibrillator. In S. Turkle (Ed.), *The inner history of devices* (pp. 98–110). Cambridge, MA: MIT Press.

Rajappan, K. (2009). Permanent pacemaker implantation technique: Part I. *Heart, 95*, 259–264.

Rapp, R. (1988). Moral pioneers: Women, men, and fetuses on a frontier of reproductive technologies. *Women & Health, 13*(1–2), 101–117.

Redberg, R. F. (2007). Disparities in use of implantable cardioverter-defibrillators. Moving beyond process measures to outcomes data. *Journal of the American Medical Association, 298*(3), 1564–1569.

Santangeli, P. (2010). Gender differences in clinical outcomes and primary pre vention in defibrillator benefit in patients with severe left ventricular dysfunction: A systematic review and meta-analysis. *Heart Rhythm, 7*(7), 876–882.

Savastano, S., et al. (2016). Sub-mammary device implantation. Good long-term performance and better patients' satisfaction. A single-center study. *International Journal of Cardiology, 221*, 820–826.

Siebers, T. (2008). Disability and the theory of complex embodiment – For identity politics in a new register. In T. Siebers (Ed.), *Disability theory* (pp. 1–34). Ann Arbor: The University of Chicago Press.

Slatman, J., Halsema, A., & Meershoek, A. (2016). Responding to scars after breast surgery. *Qualitative Health Research, 26*(12), 1614–1626.

Split, R. (2019). *De STIN gaat door.* https://www.stin.nl. Accessed 7 Mar 2019.

Starrenburg, A. H., et al. (2014). Gender differences in psychological distress and quality of life in patients with an ICD 1-year postimplant. *Pacing and Clinical Electrophysiology, 37*(7), 843–852.

Sulik, G. A. (2009). Managing biomedical uncertainty: The technoscientific illness identity. *Sociology of Health & Illness, 31*(7), 1059–1076.

Taborsky M., & Krautzner, J. (2014). Summary of the 2013 ESC guidelines on cardia pacing and cardia resynchronization. *Cor et Vasa*, E57–E74.

Tracey, M., et al. (2012). ACCF/AHA/HRS focused update incorporated in the ACCF/AHA/HRS 2008 guidelines for device-based therapy of cardia rhythm abnormalities. *Journal of the American College of Cardiology, 61*(3), e6–e75.

Vasquez, L. D., et al. (2008). Age-specific differences in women with implantable cardioverter defibrillators: An international multi-center study. *Pace, 31*(12), 1528–1534.

Walker, J., et al. (2004). Women and the implantable cardioverter defibrillator: A lifespan perspective on key psychosocial issues. *Clinical Cardiology, 27,* 543–546.

Welsenes, G. H., et al. (2011). Improvements in 25 years of implantable cardio verter defibrillator therapy. *Netherlands Heart Journal, 19*(1), 24–30.

Williams, J. L., & Stevenson, R. T. (2017). Complications of pacemaker implantation. In A. Roka (Ed.), *Current issues and recent advances in pacemaker therapy.* Chapter 6. http://www.intechopen.com/books/current-issues-and-recent-advances-in-pacemaker-therapy. Accessed 2 Feb 2018.

Witters, C. (2011). Bevolkingsonderzoek naar borstkanker bij ICD draagsters. *ICD Journaal, 3,* 10–12.

Yarlagadda, C. (2014). *Permanent pacemaker insertion technique.* http://emedicine.medscape.com/article/1839735-technique2. Accessed 8 Apr 2017.

第七章

年龄如何起作用：与除颤仪共同生活的年轻人和老年人的情感工作

连线心脏赛博格世界中的差异

技术可以经历许多不同的活法。起初作为治疗影响少数患者群体的特定疾病的工具而引入的医疗技术可能会发展为针对许多其他疾病的处方设备，从而将其用途扩展到更广泛的人群。除颤仪也发生了这种情况。如第一章已描述的，除颤仪的使用已从对经历过心脏骤停的特定人群的最后治疗手段转变为一种在更大群体内降低因心脏病事件死亡的潜在风险的预防工具。因此，除颤仪已经受到"适应症蔓延"的影响，这个术语被引入来指特定的医学治疗"蔓延到新人群和不同疾病中"的过程（Latour & Venn 2002）。这种适应症蔓延给接受除颤仪植入的身体带来严重后果。把心力衰竭作为植入除颤仪的指征已导致这些植入物在高龄老年人中使用得越来越多，尤其但不限于美国（Kaufman et al. 2011, 9; Swindle et al. 2010）。重要的是，植入指征从二级预防向

© The Author(s) 2020
N. Oudshoorn, *Resilient Cyborgs*, Health, Technology and Society,
https://doi.org/10.1007/978-981-15-2529-2_7

一级预防扩展不仅影响老年人，还影响年轻人。家中有人因心脏骤停过世的成为遗传筛查的对象，检测可能导致严重心律问题的遗传变异。检测到这些基因可能导致受影响的家人，包括年幼的儿童全都植入除颤仪（Sherrid & Daubert 2008; Olde Nordkamp et al. 2013）。因此，连线心脏赛博格世界的差异不仅涵盖性别，还有年龄相关的差异，尤其是在除颤仪意在解决的心脏问题类型方面。在本章，我将追踪同样的医疗设备如何以不同方式影响年轻人和老年人的生活，构成不同类型的焦虑进而要求不同形式的情感工作。

感官体验，焦虑和情感工作

学会与除颤仪共同生活是一项艰巨的工作。如我们在前几章所见，除颤仪（和起搏器）需要它们的使用者终生积极参与。尽管戴内置心脏设备的人常被描绘为这些植入物的被动接受者，但我的研究表明他们必须参与不同类型的工作才得以成为韧性赛博格。因为前几章几乎没有涉及学习应对这些植入物所涉及的焦虑，我应在此强调身体被植入心律设备时可能出现的情绪困扰。为了解情绪困扰的本质，我转向除颤仪的心理学研究。这些文献里，除颤仪常被描述为"潜在的创伤应激源"，因为该设备可能给出不受控制的电击并不断提醒潜在的心脏问题（Versteeg et al. 2011a, 438）。尽管许多与除颤仪共同生活的人可能不会经历任何问题，但心理学家指出25%—33%的除颤仪使用者会经历包括焦虑和抑郁在内的情绪困扰加剧（Bilge et al. 2006; van den Broek et al. 2008）。一些连线心脏赛博格甚至被描述为有患创伤后应激障碍的风险（Versteeg et al. 2011a），并且女性似乎比男性遭受更多的心理困

第七章 / 年龄如何起作用

扰（Bilge et al. 2006; Spindler et al. 2009）。大多数研究采用定量研究方法，通过使用自我报告问卷、创伤后压力诊断量表等量表或人格类型分类法来调查情绪困扰的普遍性和决定因素（van den Broek et al. 2008; Pedersen et al. 2008, 2010）。这些心理学研究的一个主要目的是帮助及早识别患者的恐惧，以便为其提供心理社会咨询（Versteeg 2011a, 438）。为了识别高风险患者，这些研究主要关注与除颤仪共同生活的人报告的情绪困扰的个体差异（Krumholz et al. 2005）。

除颤仪相关的心理学研究主要按个人的心理轮廓或性格类型来概念化情绪困扰（Pedersen et al. 2006, 2008, 2010）。[1] 尽管这种方法可能非常有助于提供心理支持，但它存在将焦虑或抑郁归咎于与除颤仪共同生活的人，即她或他的性格的风险。为免于陷入将情绪困扰描绘为个人固有特征的陷阱，我提出一开始就将人们接受除颤仪的不同原因考虑在内是重要的。如之前简要提及的，在年轻人体内或老年人体内植入除颤仪的原因可能大不相同。许多老年人更可能为治疗心力衰竭或预防心脏骤停而接受除颤仪，而年轻人可能由于携带危及生命的心律紊乱的遗传易感性而接受这些植入物。[2] 将这些年龄的和疾病相关的差异考虑在内很重要，因为适应经技术改造的身体可能涉及非常不同的感官体验。例如，从心脏骤停中幸存下来的人体验过他们的心跳突然停止的感觉，而心力衰竭的患者则会因衰竭的心脏感到呼吸急促和疲乏。相比之下，具有心脏疾病遗传易感性的人尚未（今后会吗？）感受过心脏受任何干扰的能动性。因此，因在中年常发生的心脏骤停或晚年更频繁发生的心力衰竭中幸存下来而与除颤仪共同生活的情况，其制造的焦虑与因具有严重心律问题遗传易感性而要与植入物共同生活的年轻人非常不同。

将情绪困扰概念化为一种受技术和疾病介导的过程,而不是个体特征,让我得以理解在与除颤仪共同生活的人建立韧性应对所经历的焦虑方面,年龄如何起作用。为超越将焦虑描绘为固定的个体特征,我描述年轻人和老年人为减少由他们的设备和疾病共同生成的焦虑而投入的情感工作。他们使用哪些技法和资源来构建情绪韧性?为弄清与除颤仪共同生活的人经历和实施的不同类型的焦虑和情感工作,我分析了为研究采访的三位荷兰患者的个人叙述:

—— 凯蒂[3],一位年轻女性(24岁),因为被诊断出患先天性心脏病而植入除颤仪;

—— 南希,一位已婚的中年女性(43岁),她在经历心脏骤停幸存后植入除颤仪;

—— 史蒂夫,一位已婚的老年男性(79岁),他为治疗心力衰竭而植入除颤仪。

基于这三个人生故事,本章接下来将详细说明在不同情境下,年龄如何在成为具有情绪韧性的赛博格方面起作用。

遗传学,除颤仪和儿童

除颤仪作为家庭设备

与除颤仪共同生活的儿童和年轻人相对少见。在美国,1% 的除颤仪在接受初级预防治疗的儿童中植入(Berul et al. 2008; Von Bergen et al. 2011)。然而,我们可能会知悉这些混合身体,因为当一名年轻运动员因心脏骤停而倒在足球场或篮球场并在成功复苏后接受除颤仪,新闻媒体经常会关注他们(Schroeder 2016; Hinke 2017)。年轻人的突

第七章 / 年龄如何起作用

然死亡通常是由遗传性心脏疾病引起的(Wilde 2007)。这意味着某人年纪轻轻死于心脏骤停的悲剧可能会给其家庭带来双重影响。亲属不仅要悼念他们的儿子、女儿、兄弟姐妹或表亲,还可能自身被诊断患有同样的先天性心脏疾病并植入除颤仪。[4] 因此,对心脏疾病遗传易感性的诊断有助于改变除颤仪的含义,其方式类似于伴侣感受到爱人除颤仪电击的经历(第四章)。不同于仅影响个体的设备,除颤仪真正能够影响所有家庭成员,因此成为家庭设备。

凯蒂的故事是这一转变的生动例子。凯蒂,一位 24 岁在房屋粉刷公司做行政工作的女士,在 19 岁时接受了除颤仪。2002 年夏天,当她全家(约翰、另外两个兄弟、她父母和凯蒂)都在游泳池里,她 16 岁的哥哥约翰发生心脏骤停。在和一个兄弟比赛看谁最先抵达泳池另一端时,约翰失去了意识。令人非常难过的是,复苏尝试失败了。由于约翰年纪轻轻猝死,心脏遗传学研究人员通过检查他的心脏组织样本,调查了引发他心脏停止跳动的原因。2003 年 7 月,她父母被告知了检查结果。他们儿子的猝死是由一种先天性心脏病引起的:儿茶酚胺敏感性多形性室性心动过速,或缩写为 CPVT(Anonymous 2011)。CPVT 是一种遗传性疾病,会导致运动诱发的心室节律紊乱和/或晕厥,并增加心脏骤停的风险。[5] CPVT 患者面临心律被运动或情绪困扰扰乱的风险,这解释了约翰为什么会在一场对他的心脏来说显然过于剧烈的游泳比赛中身亡。对所有家庭成员进行心脏遗传学检查的结果显示父亲、凯蒂和她的两个兄弟威廉姆和基恩是 CPVT 患者。起初四人都接受了药物治疗。由于在心脏门诊运动测试期间,这种预防疗法未成功抑制测试诱导的心律紊乱,2008 年,19 岁的凯蒂、23 岁的威廉姆和 15 岁的基恩接受了除颤仪治疗。考虑到其年龄,他们的父亲被认为没有危及生命的心跳异常的风险,因此被建议继续服药而不是植入除颤仪(Anonymous 2011)。

以一个兄弟突然地过早死亡开始的这家人的悲剧因此给凯蒂和她另外两个兄弟带来了严重后果,并给整个家庭造成了情绪上的痛苦,正如凯蒂解释的,"那个如此美丽地开启的温暖夏日将永远成为我们生活中黑暗的一页"(Anonymous 2011)。凯蒂的痛苦不仅源于哥哥的英年早逝,还在于为自己感到焦虑。目睹哥哥的死亡并被诊断患有同样的遗传性心脏病使她担心她是否也会发生哥哥那样的事。当然,她有除颤仪,但这真的能预防猝死吗?对凯蒂来说,第一次试验发生在控制测试期间,当时除颤仪刚植入她体内。正如当我问她关于植入的经历时,她告诉我的:

> 我并不恐惧它,即使我是在手术室里,尽管我不喜欢局部麻醉。我觉得自己是个非常实事求是的人。然而,植入后他们给我做了全身麻醉来测试除颤仪是否真能起作用。那会儿我想,我将睡去了,也可能不会再醒来了。

凯蒂的焦虑不局限于植入手术。她的哥哥死于游泳对其心脏来说过于剧烈,她因此开始害怕水。悲剧发生后,她和家人再未去过事发的游泳池,那是他们家附近的一个天然泳池,曾经他们在夏天每天都去。因此,应对这些焦虑所涉及的情绪工作包括避开悲剧开始的地方。起初,凯蒂完全停止了游泳。与其他被诊断患有先天性心脏病的人一样,凯蒂和她的兄弟们被建议避免如极限运动等剧烈运动及在没有监督的情况下游泳(Priori et al. 2013)。不鼓励在戴除颤仪的情况下独自游泳，因为该设备可能会电击你，尤其是当你扎入冷水中时。凯蒂这么解释她的经历：

> 你不被允许独自游泳，因为除颤仪可能会电击。还因为如果你从温暖的温度一下子到寒冷的温度，你的心脏可能会受到惊吓。心脏科医师建议我首先测试下水温，因为当太冷的时候，你的身体会做出反应。当你在水中发生心脏骤停，除颤仪可能依然起作用，但如果你是在泳池底部，它也救不了你。这个夏天我跟朋友们一起去度假。他们准备好了要在这方面帮助我。

因此，戴除颤仪不足以应对死于水中的恐惧。对凯蒂来说，有亲密朋友的陪伴在减少焦虑方面也起到重要作用。

作为集体的和个人努力的情感工作

凯蒂的经历说明，减少恐惧所涉及的情感工作不仅是一个个人过程。访谈中，我了解到朋友和家人是建立情感韧性的重要社会资源。在凯蒂家，每个家庭成员在他们的兄弟/儿子过世后所必须接受的医疗检查和治疗都是集体准备的。凯蒂、她的兄弟们和父亲一起去了心脏遗传门诊，接受了检测他们是否是 CPVT 患者的各项检查。一位当护士的阿姨给予他们很大支持：在互联网上为凯蒂和她兄弟收集了解除颤仪植入手术期间会发生什么及除颤仪会怎样影响他们身体的信息，并且将网站上的医疗术语翻译为更简单的语言。三兄妹还分享了有关植入手术的实用知识。因为他们的手术不是同一年进行的（这是心脏科医师为避免给家庭造成太大压力而做出的决定），凯蒂可以从第一个接受除颤仪的兄长那里了解情况，而她的弟弟可以从她和哥哥两人的经历中学习。凯蒂和她的兄弟们还养成了一同去心脏诊所进行随访的习惯。通过这种方式，他们可以分享他们的经历和情绪困扰。在诊所，这似乎是种不同寻常的实践，因为他们常遇到等候室其他人好奇的目光，以及参与测试他们除颤仪和读取他们植入物存储的心电图数据的技术人员的惊讶反应。[6] 像凯蒂告诉我的：

> 我们都一起去，一种家庭社交外出☺。通常我的父亲或母亲会加入我们，但就我们三个时，我们也一起复诊过。我们都同时去见心脏科医师。等候室的人用一种非常奇特的方式盯着你看。当心脏科医师叫到我们时，他们会听到同样的姓氏被叫到三次。当然他们从一开始就会盯着你看，因为等候室里都是老年人。然后他们会看到三个年轻人一起走进咨询室。我们一起去看心脏科医师，因为我们可能有相同的问题，所以我们最好一起去。技术人员认识我们了，因为这当然是一个非常特别的故事。

虽然凯蒂和她的兄弟们可以彼此支持来忍受发生在他们身上的很多事，但什么可以与家人分享也是有限度的，至少对凯蒂是这样。当她收到心脏诊所的来信说她的除颤仪有导线断裂的风险，她没有告诉她父母或兄弟。与她的兄弟们不同，凯蒂植入的是一种使用更细导线的新型除颤仪，后来发现这种导线的折损风险更高。2009年春，一家主要的除颤仪制造商告知全球的心脏诊所，在他们新近上市的一款除颤仪中他们引进的新导线不如预期牢固。这意味着约有268000人面临导线断裂的风险。凯蒂不巧是其中一名不幸的患者（Anonymous 2011）。

第七章 / 年龄如何起作用

此外,她的除颤仪已经连续几个早上发出警报音。第一次发生这种情况是在周日的教堂礼拜期间。和其他第一次经历他们的除颤仪发出警报音的人一样(见第三章和第五章),凯蒂起初并没有意识到声音是由她自身的植入物发出的,而以为声音来自一个手机,她还因此环顾四周同去教堂的人。当她第二天早上又听到嘟嘟声,她去网上查询了信息,意识到嘟嘟声是她的除颤仪发出的,她的除颤仪可能出了问题,并且她应该联系心脏诊所。起初,她想结合已经安排于下周六的随访门诊一道去访问医生,这样她就可以避免告诉家人。但当她意识到她的除颤仪可能出现严重问题时,她变得非常焦虑:

> 我想,在下个周六随访到来之前,我什么都不要说。我没有告诉任何人。但我知道出问题了……这个嘟嘟声……后来我变得很焦虑。我没有向任何人透露半分,但最终我打电话给了妈妈,然后和我一起的一位朋友给医院打了电话,他们说可以在一小时内见我。是的,它恰巧是一根断裂的导线。

凯蒂没有即刻告诉父母她除颤仪出问题的原因就是她不想让他们变得太紧张。或像凯蒂说的:

> 我更容易担心别人。你不想让别人焦虑;或许它没有想的那么糟。我想首先自己搞清楚状况。

当凯蒂打电话给诊所时,他们对她在听到嘟嘟声时没有立即打电话给他们非常不高兴,因为面对潜在的危及生命的心律紊乱,她的身体已不再受到保护。当她被告知她的故障除颤仪必须替换为新的并需要全身麻醉时，她对替换手术感到非常焦虑。再一次，她没有告诉任何人她的恐惧，因为她不想惊动家人：

> 全身麻醉让我担心……我试着为每个人勇敢地承受它。我以为我会自己处理。但你身边的人，他们已经目睹了坏事可能会发生。我觉得这非常令人担心……

应对她的故障除颤仪所涉及的情感工作不仅限于让家人免受焦虑，还包括保护自己不要过度担心已经发生在她身上的事。虽然她最终知道是什么出错了，但她没有告诉别人，因为她需要时间处理自己的情绪。或再次引用凯蒂的话：

> 我知道什么不对劲了，所以我可以自己先消化，再次住院的可能……如果你知道这个消息后马上就告诉别人，他们就会分享他们的观点和情绪。然后你还必须处理那些。

应对焦虑所涉及的情感工作在独自完成时可能令人苦恼的程度有时候还小些，至少对凯蒂而言是这样。

对不戴除颤仪生活的焦虑

凯蒂经历的情绪困扰不限于全身麻醉、对游泳的恐惧或对故障除颤仪的不信任。当一位心脏科医师告诉她，当她的设备电池耗尽时，她将不需要新的除颤仪时，新焦虑产生了，因为这通常需要替换一个

第七章 / 年龄如何起作用

新植入物。一位参与遗传性心脏病临床研究的心脏科医师告诉这家人，他们想测试一种治疗CPVT的新药，并邀请他们参加临床试验。凯蒂和她的兄弟们决定接受邀请，事实证明这款新药对他们都非常有效。在心脏诊所运动测试期间，他们没有出现心律紊乱，并且他们除颤仪上存储的心电图显示在运动测试期间没有出现异常节律。起初，他们对未来不需要终身携带除颤仪的前景感到很高兴。这个出乎意料的消息意味着他们将不必每七年左右进行一次替换手术。最小的弟弟基恩希望他成为一名货车驾驶员的愿望现在能成真，这是在戴除颤仪的情况下无法达成的[7]抱负。然而，当为她植入除颤仪的心脏科医师没有给出与参与药物试验的心脏科医师同样的建议时，凯蒂变得非常紧张。

这一分歧说明了心脏科医师在治疗遗传性心脏病方面所面临的两难境地。有关除颤仪适应症的专业指南在为儿童和年轻人推荐除颤仪方面非常谨慎，因为风险可能很大，不仅因为存在把为成人设计的设备植入儿童体内的挑战（见第六章），还因为存在感染以及如导线断裂、不恰当电击等设备故障的风险。在年幼时植入除颤仪带来的长期累积性风险导致所有这些风险在儿童和年轻人中更频繁发生（Sherrid & Daubert 2008; Olde Nordkamp et al. 2013; Priori et al. 2013）。因此，心脏科医师警告说，除颤仪或许会带来"治疗的巨大负担"，特别是对有危及生命的心律紊乱遗传易感性的儿童和年轻人来说，因为他们自己之前尚未经历任何心脏问题（deWitt et al. 2014）。因此，年轻人面临一个新问题。尽管除颤仪被认为是成年人的终生承诺，但年轻人可能不会变成"终生连线"（第六章），他们可能必须决定是否继续使用除颤仪。因此，他们必须参与权衡终生植入的风险与不植入新除颤仪的后果，后一种情况可能更加严重，尤其是当药物不起作用时。

凯蒂的情况概括地反映了继续使用与否的两难困境。尽管她已经经历了几次并发症，包括导线断裂和由于身体消瘦而经历的痛苦植入，但她对不戴除颤仪生活的前景感到焦虑。这个新药会一直有效地抑制危及生命的心律失常吗？尽管她并未经历过心脏危机，但她清楚地记得她哥哥的遭遇。是否继续使用除颤仪的决定对她来说与对她的兄弟们更难。当凯蒂告诉我，如果她怀孕的话就不能服用这些药物时，我意识到做决定过程的情感困扰显示出重要的性别差异：

> 对我来说这跟我兄弟们有很大不同，因为怀孕时你是不允许吞服这些药片的……而且当你生病并且不得不呕吐时，你也没办法把药物留在体内。除颤仪给你100%的确定性，但药物不能。药物，你每次都要等待你身体是否消化它们，它们是否留在体内，而且你可能会忘记服用它们。

凯蒂对建议她取出除颤仪的心脏科医师强调除颤仪的风险也感到非常意外，当她接受首次植入时，这些风险并未被提及。此外，当她意识到心脏科医师将决定是继续使用除颤仪还是换成药物治疗的责任委派给她时，凯蒂更加焦虑了，因为导线断裂，她的除颤仪必须被替换，而留给她做决定的时间很短。访谈中，凯蒂表达了对此情形的愤怒：

> 阿姆斯特丹的教授告诉我，我可以不用它；兹沃勒的教授告诉我相反的情况。周五他们通知我这件事，只给到我周一来决定我要怎么做。我必须自己弄明白，嗯，那真容易……我一点都不喜欢这种认为这毫不重要的态度。如果我像他们那样接受过知道

怎么做的培训，我会非常乐意地去做决定。但我在一家粉刷公司工作，我不会告诉询问我建议的顾客自己去决定用哪种油漆最好，或者他们是否应该使用底色。我总是告诉他们我认为什么是最优方案。

最终，凯蒂决定使用一个新的除颤仪。尽管经历了第一个植入物的副作用，同药物相比，她更信任除颤仪并且已经适应将设备作为她身体的一部分。如凯蒂解释的：

> 简单来说，它是我的一部分。如果它被移走并且没有其他的东西替代它，我会觉得很奇怪……这就像你会有一个腾空的空间那样。我觉得这是件我熟悉的事。你知道它会拯救你。

凯蒂的故事说明，当她的一个兄弟死于心脏骤停，她所面对的焦虑中年龄和性别是如何起作用的。这种由性别、年轻和为先天性心脏病植入除颤仪组合而成的特定身体与技术融合给她带来多种焦虑，这需要集体的和个人的情感工作来应对情绪困扰。

人到中年的除颤仪和心脏骤停

除颤仪作为救生设备

心脏骤停是西方世界的主要死因之一，主要但不局限于40岁以上的成年人。在美国，每年约有326200人在医院外发生心脏骤停，并且只有十分之一的人幸存下来（Kronick et al. 2015; Schroeder 2016）。[8]

这个疾病更多影响男性，并且存在重要的族群差异。[9] 如其名字提示的，心脏骤停是突然和意外的无脉性心脏病，通常由心室颤动或心脏电系统异常引起。[10] 当发生心脏骤停时，血液无法向全身供血，并且因为大脑接收不到从心脏运送的血液和氧气，人会突然晕倒。经历心脏骤停的人被视为"临床死亡"，而除非有人立即帮助他们，这种状态会一直持续。尽管大多数心脏骤停发生在家里，但也可能发生在公共场所。经历心脏骤停的人只有在及时接受复苏并快速使用自动体外除颤仪（AED）[11] 治疗才能存活。由于急救医疗通常无法及时抵达心脏骤停受害者处，旁观者的及时帮助和公共场所自动体外除颤仪的可及性就至关重要。许多心脏骤停幸存者会接受除颤仪来降低再一次出现危及生命的心脏事件的风险。医学文献所示，除颤仪已经挽救了数千人的生命（Sherrid & Daubert 2008; Olde Nordkamp et al. 2013）。因此，对经历过心脏骤停的人来说，除颤仪成为潜在的救命设备，可以降低这种戏剧性事件再次发生的风险。

南希，一位在一家营销公司担任采购经理的43岁荷兰女士，是心脏骤停的少数幸存者之一。她的故事是心脏骤停经历的示例。2012年11月，她离开办公室赶火车回家，在火车站站台突发心脏骤停。此前她从未出现过任何心脏问题，所以这像是个"晴天霹雳"。因为她晕倒时站长正好在附近，他立即开始心脏复苏并通知了铁路警察，他们将自动体外除颤仪连接到她身体。在医院，她被诊断出左心室肌肉增厚，并在发生心脏骤停两周内就植入了除颤仪。五个月后，南希和她的姐妹们以及母亲一同去心脏遗传诊所进行了遗传检测，调查她的心脏问题是否涉及遗传性心脏病。[12] 因此，与凯蒂不同，南希经历了心跳停止时会出现的各种问题。如我将描述的，她对衰竭的心脏的感官体验在

第七章 / 年龄如何起作用

她经历的各种焦虑以及在心脏骤停后学习如何与除颤仪共同生活所投入的情感工作方面发挥了重要作用。

"除颤仪还工作吗？"克服对再次发生心脏骤停和除颤仪工作的焦虑的情感工作

尽管因遗传性疾病或心脏骤停后植入除颤仪的人可能会经历类似的焦虑，但与曾与死亡擦肩而过一事和解会带来不同级别的情绪困扰。心脏骤停幸存者常经历高度焦虑、抑郁、压力、愤怒和否认，尤其是在出院后的最初半年（Dougherty 2001）。[13] 对南希而言，如果他人没有对她进行复苏她可能已经死去一事很难消化，正如她所说："你就像当初一样困惑。发生在你身上的事对你的影响太大了。"虽然她没有全程失去意识，她把那段经历描绘为"黑箱"。对其他心脏骤停幸存者而言，这种事件可能再次发生的可能性会带来新的焦虑，或如南希解释的：

> 理论上讲，我随时都可能发生心脏骤停……那儿会再出错的恐惧一直存在。前两周我有一种非常不好的感觉，持续了五分钟。

因此，感官体验在塑造对再次发生心脏骤停的恐惧方面起到重要作用。这些恐惧不仅出现在白天，还更多出现在夜晚。心脏骤停幸存者有时会担心入睡，因为害怕他们将不会醒来（Vlay & Fricchione 1985）。南希告诉我她害怕独自入睡，实际上在发生心脏骤停八个月以后她才第一次这样做到。为减轻对再次发生心脏骤停的焦虑，南希所做的情感工作的一部分在于建立对除颤仪的信任。鉴于心脏骤停戏剧化的经历，学会信任除颤仪将有效预防心脏骤停再次发生至关重要。

为确保她的除颤仪会正常行使功能，南希决定接受一个能让技术人员远程监控的除颤仪。南希对决定使用远程监控的除颤仪做出如下解释：

> 我使用一个家用远程控制设备，他们能在监视器上看见几乎所有事。我知道每周的周日或周一晚上它［除颤仪］都会被读取。如果有什么不妥，医院会打电话给我。这是一大好处，你不必处于不确定之中……哎，它还有效吗？

她对起搏器是否正常工作变得特别担忧的一次发生在通过超市门禁时。如我们在第五章所见，通过使用电磁操作的门可能会对除颤仪的磁性开关产生负面干预的风险。得知此事的南希担心她的除颤仪可能被关闭了。或者，如她回顾这次经历所述：

> 当时我正在超市付账，我把胳膊搁在什么东西上，当我意识到那是警报门时已经太晚了。我很害怕，心想，好吧，它［除颤仪］可能被关闭了。我只是不确定它是否还在工作。

这事发生后，她决定给医院打电话，请他们远程检查她的除颤仪，以减轻她的担忧。最终，从医院监控器读取她除颤仪功能的技术人员告诉她，它仍然正常工作。因此，远程监控服务帮助她重建了对她除颤仪正常工作的信任。此外，除颤仪的家用监控功能帮助她减少了对异常心跳的焦虑。当她察觉可能出问题时，她又给医院打电话，请他们远程监控她。他们指导她将储存在她设备的心电图发过去，半小时后他们电话回复了她，报告说没有什么需要担心的。尽管心电图显示出现过两次心律紊乱，但她的身体已能自行克服这些节律问题而不需要除颤仪的干预。

至此，我所描述的减少与她心脏骤停和除颤仪相关的情感工作最好理解为在她身上所发生之事的积极一面和消极一面之间寻找平衡的过程。当我问她对其除颤仪的看法时，她解释道：

> 我认为除颤仪是一个能拯救我生命的积极手段。我认为它减少了我的负面经历。我不会因为它们入院。这就是为什么我很高兴拥有它。

因此，对南希而言，除颤仪支持她抑制发生心脏骤停后不得不忍受的戏剧性感官体验。

害怕失去对心跳的控制：对除颤仪测试的焦虑

如南希的故事所例证的，除颤仪在减少对心脏骤停的焦虑方面发挥着重要作用。然而，除颤仪也可能带来新的担忧，因为他们引入新的感官体验。如第三章和第四章所描述的，与除颤仪共同生活的人必须学会应对植入物引起的新感觉，这可能包括当他们的心脏被电击恢复到正常心律时，克服将会发生什么的焦虑。据心理学家所说，对电击的恐惧在除颤仪使用者中是一种非常普遍的情绪困扰（Bilge et al. 2006; van den Broek et al. 2008）。当我访谈南希时，她的除颤仪尚未发出过电击，但她告诉我她对电击非常焦虑。然而，她主要的忧虑是必须每年进行两次的检查她除颤仪导线的测试。测试期间，技术人员必须调查需要多大的电量让异常心跳恢复正常节律，即所谓过度起搏。

如我在第三章所描述的，技术人员会给出电脉冲刺激心室，从而加速患者自身的心律。这项测试中实际发生的是，技术人员通过干预心脏的能动性夺取患者心律的控制权。那些接受这一测试的人可以感受到这一干预，因为它干扰了心脏的正常收缩以及血液循环：他们经历心悸或心跳丢失。为本研究我访谈的许多人压根儿不喜欢这种对他们心脏的"黑客攻击"，南希是其中一个。已经经历了一次心脏骤停，她害怕任何其他对她心脏造成干扰的干预，尤其是如果这些干预是由她无法控制的技术人员进行时。当南希告诉我在植入后技术人员在医院做这项检查时她的经历时，她开始哭泣，因为她能清楚地记得测试期间她的焦虑：

> 你习惯了你的心脏自己跳动，而现在他们能引导它，那太奇怪了……我告诉他们我有很奇怪的感觉，它在抽搐、抽搐、抽搐。我说："这是什么？它令我困扰。你们在做什么？"他们说："哦，你能感觉到？你看来非常敏感。"我告诉他们我不关心我是不是比其他人敏感，而是我在遭罪。他们可以诱导我的心跳而我不能做任何事阻止它。你知道，他们可以永远这么做。在某种程度我是信任他们的，但这非常奇怪……好吧，你可以看到它触发了什么情绪，这是最困扰我的。

访谈中，通过告诉自己技术人员给出的电脉冲用了高于她心脏正常电活动的电压，她试图抓住让她惊恐的新感官体验。失去对她心跳的控制让她觉得自己像个机器人，并让她非常清醒地意识到她的脆弱性。测试开始之前，她已经变得警觉，因为技术人员没有告诉她，他要来住院病床前做测试。当他打开笔记本电脑开启程序来控制导线时，

第七章 / 年龄如何起作用

她问他到底在做什么。他表示歉意并告诉她,他是在与她的除颤仪相连。南希告诉我,她如何变得非常焦虑,因为她不知道她的除颤仪可以被无线连接访问。此外,她好奇技术人员如何知道他是与她的除颤仪连接而不是旁边病床上的人的除颤仪连接。她还因没有在测试前告知她将会发生什么而责怪技术人员:"他们根本没有认识到这个测试会对你造成什么影响。"对她除颤仪测试的负面经历只增加了她关于心脏的焦虑而不是安抚她:

  植入后我感觉肋骨下有轻微的触感。当这种情况发生更猛烈时[她指测试]我想:"哦,这是什么?"你倾向于将太多事都相互关联起来,我对此感到非常烦扰。

  由于每次到心脏诊所进行随访门诊都会重复测试导线,南希开发出若干技法来建立应对她心脏被黑客攻击的韧性。为减少她的恐惧,她训练自己总是要求进行这项测试的技术人员事先警告她。她为克服恐惧投入的情感工作还包括参加一项涉及通过搏动心脏引起心律紊乱的除颤仪研究项目,就是为了习惯他人控制她心跳的想法,"让这种感觉变成我自己的感觉"。

信仰焦虑:"上帝会准许除颤仪吗?"[14]
  与上述的焦虑相比,还有一些形式的情绪困扰无法从感官体验理解,比如与信仰和宗教有关的焦虑。对信仰宗教的人来说,开发来预防猝死的医疗设备可能会引起对是否允许技术和医疗专家干预死亡过程的焦虑。虽然伦理学家和哲学家时常辩论医疗技术可能导致宗教冲突的方式，但除颤仪的角色在这些讨论中很大程度是缺席的。少数关注宗教和除颤仪之间关系的研究显示了宗教、灵性、信仰和上帝如何在塑造除颤仪的接受度方面发挥作用。如玛丽·威尔逊（Mary Wilson）所描述的，有宗教信仰的人可能对除颤仪有更大的接受度（Wilson 2010）。然而，宗教信仰也可能在人们学习应对他们的植入物方式方面产生负面影响。对某些人来说，宗教会起到保护和安慰的作用，但其他人可能会从宗教角度思考发生在他们身上的事是否是上帝的惩罚，或严重怀疑上帝是否批准他们使用除颤仪。与其他患者群体相比，使用这些消极形式的宗教应对策略在与除颤仪共同生活的人中似乎更多，而女性更有可能既使用积极的也使用消极的宗教应对策略（Magyar-Russell 2012）。

南希的经历表明宗教塑造焦虑的方式不是一个静态二元的过程。访谈中，她告诉我她是如何学会应对她的植入物引起的宗教冲突的。她这样解释她的宗教信仰问题：

> 我是信仰宗教的，并且不知何故，我相信如果到你该离开的时候，你就会离开。但现在我有了个除颤仪，并且至今它们可以挽救我的生命。这就是为什么我认为，主给了我周边的人力量来拯救我。你也可以反过来想，不，我还没到死的时候。听着，我体内出错的事实，你不能指望上帝把每个人都制造成完美。嗯，我体内有一个小的制造缺陷而且出错了。他给了人们力量来挽救我。

尽管南希因此认为人们挽救了她的生命是上帝计划的一部分，但她仍然对她除颤仪干预生命的能力感受到宗教挣扎：

第七章 / 年龄如何起作用

现在有一个技术援助来拯救我,有时我想,嗯,对我的信仰来说……我觉得有时这很棘手。我相信当我的时刻来临……不是你自己决定,那是由上苍决定。但现在这个设备能够对它施加影响。我无法接受这一点。但或许我也不必接受,因为我确信心脏骤停不是上帝的旨意。至少我是这么认为的。但除颤仪会影响我的死亡时间。如果它没有做好它的工作,我就会死去,但那也不会发生,因为我在诊所很好的监控之下。

对南希而言,发生心脏骤停后人们通过复苏术挽救了她的生命的事实引发了较少的宗教焦虑,因为她能够将此事与她对上帝的信仰一致起来。相比之下,协调除颤仪与她的宗教信仰就困难得多。显而易见,与技术设备的救命能力相比,人为干预生死问题更容易融入她对上帝的信仰。[15]因此,应对宗教恐惧所涉及的情感工作包括仔细重新考虑干预死亡的过程中人和技术设备是如何适应上帝的计划,包括对宗教和技术关系的矛盾情绪的接受。

对失去积极独立生活方式的恐惧

抵达南希故事的尾声,我们或许会思索对经历过心脏骤停并植入除颤仪的人而言,年龄如何在塑造其所经历焦虑方面起作用。与其他心脏骤停幸存者一样,植入除颤仪后,南希的担忧之一是她可能会失去自主性。由于心脏骤停常发生在40岁以上人群,许多幸存心脏骤停的人必须学会在他们依然拥有积极独立生活方式的人生阶段应对这一戏剧性事件。心脏骤停的经历以及重新发生心脏骤停的可能性会引起失去安全感、控制权和独立性的感觉,这很难与他们积极的生活方式相调和（Vlay & Fricchione 1985）。不幸的是，除颤仪可能会增加这些担忧。研究期间，我了解到对失去自主性的恐惧可能涉及中年除颤仪使用者日常生活的许多不同方面。像她同时代的许多人一样，南希曾经是一位热爱运动的女性，喜欢深海潜水和长途徒步旅行。尽管她依然徒步，她不得不习惯背一个不太重的背包，不然背包会给她的植入部位带来过多伤害。然而，考虑到对除颤仪的压力，她不再被允许潜水到 6 米以下。[16] 因此，与其他除颤仪使用者一样，南希必须学会让她的一些积极体育活动适应她经技术改造的身体。

生活方式活跃的除颤仪使用者的另一项主要担忧是植入物可能会限制他们的行动力。由于荷兰的法律规定禁止在除颤仪植入或除颤仪电击发生后两个月内开车，焦虑会变得依赖他人是一种时常出现的困扰。[17] 医院的患者信息会议上及患者组织的信息索求中，有关驾驶限制的问题是最常被问及的问题之一。[18] 尽管限制汽车使用是暂时的，但这些规定对南希而说令人沮丧，这也是访谈中唯一一次她明确提及年龄：

> 当他们告诉我驾照出问题时，我不得不去去换驾照。当时我觉得，嗯，我变得有点难过。你想，通常当你 70 岁，你会被叫去检查，然后得到一个新的驾驶证。而且，嗯，五年之内［她预计下一回替换除颤仪的时间］我还将被检查一次。对我来说这触及我独立性的一部分。我是个相对独立的人，而我将不得不习惯那样。

中年心脏骤停幸存者经历的对失去独立的积极生活方式的恐惧还包括对工作的焦虑。如第五章描述的，连线心脏赛博格有时可能会失去工作或不得不换其他工作地点。幸运的是，这并没有发生在南希身上。尽管如此，她告诉我，尤其是在工作中，她常被提醒发生在她身上的事。如南希所述：

> 我仍然清楚地记得发生在我身上的事。这与我在工作中尚未达到我应该达到的位置有关。这让我热衷于……好吧，我不得不牺牲很多。

此外，她担心如果心脏骤停发生在工作期间，她会发生什么事。为减少这些焦虑，她所做的情感工作包括通过个人方式以及公司通讯告诉同事她发生了什么，以及如果除颤仪未及时反应，他们应该对她进行复苏以减小对她大脑的伤害。尽管南希已经对她的除颤仪建立了信任，但在工作环境中，对植入物是否正常行使功能的焦虑再次出现。同样重要的是，出现心脏骤停时依靠同事的帮助也有其局限性，因为她不想太麻烦他们。因此，当涉及你的健康问题时，在保持你的自主性和变得依赖同事之间找到恰当的平衡构成了南希情感工作的重要组成部分。

心力衰竭、除颤仪和老年人

除颤仪作为延长寿命和死亡的设备

如第一章及前文所述，除颤仪越来越多地用于植入诊断出心力衰竭的人。心力衰竭是由心脏泵血功能受损造成的一系列不适和症状，心脏泵血功能损伤使心脏无法向全身输送足够的血液。尽管近几十年来医学治疗有所进步，但心力衰竭是一种进行性并最终致命的疾病（Rosamund et al. 2007）。受苦于心力衰竭的人会感到疲劳和呼吸急促。

大多数身患心力衰竭的是老年人，并且这一疾病是美国和欧洲65岁及以上患者住院治疗的主要原因（Go et al. 2013; Van Riet et al. 2014）。患者通常接受药物、饮食和生活方式指导的综合治疗，或者可能接受一类特别设计用来治疗心力衰竭的除颤仪，植入式心律转复除颤仪-心脏再同步治疗（英文缩写ICD-CRT）。通过将除颤仪与双心室起搏器相结合，该设备具有双重能动性：针对潜在的心律紊乱它会给出电击保护患者，也可以提供电脉冲刺激两边心室同时收缩，即所谓的慢性再同步化治疗（Anonymous 2010; Wilde & Simmers 2009）。这种除颤仪起初仅开处方给患有严重和中度心力衰竭的患者使用，但植入具有再同步化治疗功能的除颤仪的适应症已扩大到包括患有轻度心力衰竭症状的人，从而增加了老年人中植入除颤仪的数量（Wilde & Simmers 2009）。过去十年间，植入心脏再同步治疗的除颤仪已成为富裕的北方国家给老年人的一项标准治疗（Jeffrey 2001）。然而，许多心力衰竭患者并未完全受益于多功能除颤仪。虽然该设备有助于降低这一患者群体的死亡率，但对他们心腔的双心室起搏并不总能缓解他们的呼吸急促或疲劳。[19] 因此，对老年人来说，除颤仪的寿命延长能力也有其缺点。由于该设备有助于延长他们的生命，他们可能会更久地遭受心力衰竭之苦。故而，在研究技术在美国医疗实践中的复杂文化作用时，萨朗·考夫曼及其同事将除颤仪称为一种"具有讽刺意味的技术"，因为它"推迟了死亡"但同时"延长了死于心力衰竭的生命状态"（Kaufman et al. 2011, 6）。因为除颤仪降低了心脏骤停的风险，它们降低了迅速死亡的可能性，并让人们活着并经历痛苦更久，这些痛苦不仅源于心力衰竭的症状还有老年人中常发生的严重疾病（Goldstein & Lynn 2006）。因此，对老年人来说，除颤仪成为一种有助于延长生命和向死亡过渡的设备。

对老去衰败的身体的焦虑

与年轻人相比,为心力衰竭接受除颤仪的老年人所经历的焦虑更加普遍。由于他们常受困于其他退行性疾病,他们的情感工作涉及学习应对与多种疾病相关的感官体验,包括衰竭的心脏和除颤仪的能动性的感官体验。史蒂夫的故事例证了应对老去衰败的身体所涉及的焦虑。史蒂夫是一名79岁的男性,在其76岁时接受了除颤仪,退休之前史蒂夫曾在阿姆斯特丹担任拖船和运河旅游船船长。当我去家中拜访他时,用来装饰客厅的他自己制作的放在酒瓶里的小船无声地提醒着工作时期他对船的热爱。除了心力衰竭,史蒂夫还被诊断出心脏瓣膜渗漏和高血压;他接受过数次手术,包括膀胱和前列腺手术;他背痛;而且每天要服用多达八种不同的药物。因此,除颤仪只是史蒂夫变老后经历的许多医疗干预中的一项。

访谈期间,他常淡漠地提及这些其他检查和手术。例如,当我问他除颤仪植入的经历时,他简短地告诉我一切进展顺利,并接着细致地描述了在膀胱检查时发生的事,那次检查非常痛苦,因为导管堵塞了好几次。因此,像疼痛这样的感官体验塑造了哪些医疗干预在与多种疾病共同生活时起到显著作用。然而,史蒂夫对除颤仪的感官体验也起到重要作用。前列腺手术后,很不幸地,负责检查他除颤仪的技术人员在手术期间关闭除颤仪后未能正确地调整他的植入物。结果是,在植入手术前他曾经历的严重呼吸困难的感官体验及对衰竭心脏的焦虑强力回归了。由于他做前列腺手术的医院对除颤仪情况没有足够的经验,只有当他被转诊到另一家医院,他的抱怨才得到正确的诊断,在那里他们调整了他除颤仪的设置。[20]

重要的是，为治疗心力衰竭植入除颤仪的人感觉到他们设备能动性的方式与那些因遗传性心脏病或心脏骤停接受除颤仪的人不太一样。由于除颤仪中包含的心脏再同步治疗刺激两侧而不是一侧心腔，植入这种多功能设备的人可以体验到他们心脏（双）心室同时收缩的感觉。或者如史蒂夫解释他心脏的这种双心室起搏所说：

> 我有时能感觉到它在工作，但他们已经告诉我了……我感觉到轻微的踢动［指向他的胸部］但并不痛。这经常发生在晚上我躺在床上要入睡之前。不总是发生但时而出现。嗨，它有效！

因此，这些与除颤仪能动性有关的感官体验支持他建立了对植入物的信任，而当他因为失去知觉被救护车转移到医院且心脏科医师安抚他说除颤仪挽救了他的生命时，更是这样了：

> 我信任除颤仪，因为它救了我。它有效而我不再有心律紊乱。我不再知道那是什么感觉了，但我那会儿也不清醒。嗯，我很高兴我有它［除颤仪］。它是一项补救措施，是一项发明。

尽管除颤仪因此延长了他的生命也减轻了植入手术前他所经历的心律问题，但他的设备并没有完全缓解他的呼气短促和疲乏。再次，史蒂夫对是什么引起了这些不适有些困惑并且责怪自己老去的身体，但在访谈中全程在场的他妻子提醒他，这与他的心脏也有关。因此，与其他患有心脏衰竭的人一样，史蒂夫恰好是不能从多功能除颤仪中完全获益的不幸者之一（Taborsky & Kautzer 2014; Young et al. 2013）。

第七章 / 年龄如何起作用

由于除颤仪没有治愈他受损的心脏泵血功能的能力，对他衰竭心脏的焦虑一直存在于他和配偶的生活中。访谈中，他妻子告诉我，当她目睹丈夫如何在看电视时失去意识时，她非常焦虑，并且她必须打电话叫救护车送他去医院。实际上，在心脏科医师决定植入除颤仪之前，他曾晕倒数次，那是他们生活中压力非常大的一段时期。尽管她对除颤仪持非常正面的态度——"它救了他的命"——但这个植入物并没有减少她的担忧。如她所解释的：

> 当他在楼上有段时间我没有听到动静，或当他准备下楼但还没有到，我总是叫他，因为我还是担心。上一次，当你服用这些止痛药时[与她丈夫交谈]，我想"我没听到楼梯升降机的声音"，然后我发现你半躺在楼梯上，因为你倒在了楼梯升降机旁边的椅子旁边。我不得不请我们的邻居帮我把你扶起来。听着，我总是很警觉。夜里当我醒了，我常常去看看他。我仍然很焦虑，因为我经历了好几次[他晕倒]，这让我感到害怕。

因此，学习如何应对发生在她丈夫身上的事给史蒂夫夫人带来了严重影响。如心理学家所描述的，与除颤仪患者相比，焦虑在他们伴侣中实际上可能更普遍（Sowell et al. 2007; Pedersen et al. 2009）。如史蒂夫的故事所体现的，配偶在减少他们伴侣的焦虑方面也可能发挥重要作用：

> 有时候我想，它[除颤仪]不应该抛弃我。夏天我总是会有些轻度抑郁。然后她[指向妻子]不得不把我拉出来。

214

与凯蒂一样，史蒂夫的故事说明建立情感韧性是一项共同的努力，在其中家人，或在这个案例里亲密伴侣发挥着重要作用。

在缩小的世界学习应对身体局限

由于史蒂夫依旧受困于呼吸短促和疲乏，他和妻子不得不调整日常生活中很多事情。像对其他心力衰竭的人的描述那样，衰竭的心脏的症状给你能做还是不能做什么带来严重限制（Pihl et al. 2011）。访谈中史蒂夫告诉我他如何不再能够清扫街道、爬楼梯（那是他们安装电梯的原因），而且他避免了很多其他需要过多体力或集中注意力的活动，比如长时间散步和读书。此外，他不再开他的汽车和过去度假时他开的旅行拖车，也不再使用他的电动自行车。幸运的是，他依然能够驾驶他的电动代步车，这使他能够去附近的商铺购物并每到周六去逛市场。但是，他的世界——包括家人和朋友的亲密圈——还是变小了。史蒂夫告诉我他如何不再想离开他的房子去见其他人：

> 每个人都知道我不再这么做了。他们可能会来看我，但我哪儿都不想去。我觉得自己不自在。我感觉很差。感觉就像我有恐惧症一样。

史蒂夫还感觉到大多数人不理解他的体力局限，也不问询他的植入物或他怎么样。因此，他的疾病和植入物的不可见性似乎限制了他人可以支持他应对疾病的方式。因此，史蒂夫的故事与凯蒂和南希的故事形成鲜明对比，在她们那里，包括同事和朋友在内的更大范围的人在建立情感韧性方面发挥了重要作用。凯蒂和南希能够招募他人共

第七章 / 年龄如何起作用

同学习应对她们的焦虑,而史蒂夫必须在越来越小范围的人群中学习应对他的焦虑。这个缩小的世界包括失去了他年纪最轻的弟媳妇,身故时年仅 59 岁。因为他与她的关系很紧密,而且她非常理解他心力衰竭的情况,她的身故对他影响很深,他告诉我他仍然为失去她感到悲伤。当你变老,失去所爱的人更频繁地发生,进而剥夺了心脏连线赛博格学习与他们的老去脆弱的身体的脆弱性共同生活的重要社会资源。尽管史蒂夫尽全力接受这些失去,但他的脆弱性让他考虑自己的死亡:

> 当然我有时会抑郁,因为你非常想做一件事,但你无法成功做到。然后你必须克制自己。而且在你梦中,嗯……我脑子里有那么多事在旋转。我想,嗯,我已经 79 岁了,我还必须要活多久?

因此,史蒂夫的故事例证了植入心力衰竭患者体内的除颤仪的延长生命功能如何延长了伴随着焦虑体力限制、心脏病恶化和失去亲人的生命。

戴着除颤仪、多重疾病和相伴的身体局限生活是一项非常痛苦和艰巨的任务。尽管与老去衰败的身体共同生活带来了种种恐惧和复杂性,但史蒂夫和他配偶设法调整了他们的日常生活来应对这些焦虑。在访谈中,他们的情感韧性给我留下了深刻印象,在他们生活中这段充满压力的阶段,通过重新定义什么让生活值得,他们建立起这一韧性。虽然他们都表达了他们的焦虑和问题,但他们也解释了他们如何努力让他们的生活继续并有意义。因为史蒂夫变得越来越离不开家而且不能再阅读,他开始更频繁地看电视,尤其是自然电影,因为它们不像其他电视节目那样展示世界上其他问题的严重性。晚餐对他而言也变得更加重要。他告诉我他如何享受妻子的厨艺，他真正喜爱的是什么菜，而且有时他们如何一同准备晚餐。他还珍惜他们住的房子和他们的帮佣提供的实际支持，"一个非常可爱的女人"。反思他目前的处境，他总结道：

> 嗯，除去我的除颤仪以及膀胱和前列腺手术，我是一个幸福的男人。我可以走一小段距离。我还能做一些事。这世上有很多人已不能做任何事或者失智了……

因此，将自己与他人进行比较，史蒂夫得以重新评估他的身体局限，并且在与老去衰败的身体共同生活中恢复谨慎的平衡。

情绪困扰的共生产

在本章中，我描述了一名年轻人、一名中年人和一名老年人通过不同方式努力成为情感韧性赛博格。比较凯蒂、南希和史蒂夫的经历，我得出结论，年龄通过三种不同方式起作用。首先，除颤仪本身的含义在年龄相关方面就存在重要差异。对因遗传性心脏病在19岁接受除颤仪的凯蒂来说，除颤仪成了一个家庭设备。因为对先天性心脏病的诊断涉及其他家庭成员，她不是家中唯一植入除颤仪的人。对在42岁从心脏骤停幸存后接受除颤仪的南希而言，除颤仪成了救命的设备，因为它承诺将降低再次发生心脏骤停的风险。对在76岁为治疗心力衰竭植入除颤仪的史蒂夫而言，除颤仪变成一个能让他在受困于衰竭的心脏及其他退行性疾病的情况下活得更久的设备。除颤仪的这些不

第七章 / 年龄如何起作用

同含义对凯蒂、南希和史蒂夫体验他们除颤仪的方式有重大影响。如凯西·卡麦兹（Kathy Charmaz）所描述的，对身患慢性疾病的人而言，特定医疗干预对特定人的含义可能会影响他或她的身体体验（Charmaz 1991, 22）。我对与除颤仪共同生活的人的经历的描述说明了医疗器械的具体含义如何对他们所经历的焦虑产生重大影响。如我们所见，凯蒂、南希和史蒂夫所表述的情绪困扰存在重大差异。因此，焦虑的差异成为连线心脏赛博格世界中年龄发挥作用的第二种方式。凯蒂的一个兄弟死于心脏骤停的事实在很大程度上塑造了凯蒂的恐惧。由于除颤仪变成了一个家庭设备，她经历了与两个兄弟相似的忧虑，比如对她是否会出现心脏骤停的焦虑和对游泳的恐惧。然而，她还必须应对她兄弟没有经历过的恐惧。与上一章相似，性别差异也很重要。

与凯蒂相比，南希经历了非常不同的焦虑，其部分与感官体验的不同有关。尽管除颤仪在减少她对再次发生心脏骤停的恐惧方面发挥了重要作用，但由于她的植入物引入了新的感官经历，其他焦虑也出现了，例如害怕失去对心跳的控制、害怕失去积极独立的生活方式以及与宗教冲突有关的困扰。在这方面，南希并不是例外，因为其他在中年接受除颤仪的人也会经历工作的情绪困扰和宗教焦虑（Vlay & Fricchione 1985; Magyar-Russell 2012）。我对史蒂夫为心力衰竭接受除颤仪的经历的描述表明，老龄戴植入物生活又引入其他类型的焦虑。与凯蒂和南希相比，他的焦虑更普遍，因为它们不仅与衰竭的心泵及除颤仪的能动性所产生的感官体验有关，还源于他患有的其他退行性疾病的感官体验。因此，史蒂夫的故事例证了萨朗·考夫曼言简意赅地将除颤仪描述为具有讽刺意味的技术（Kaufman et al. 2011）。对史蒂夫这样的老年人来说，可以延长寿命的除颤仪是一个福音，但讽刺的是，它们也延长了人们不得不忍受多种慢性疾病的退行性影响和失去亲人的那个生命阶段。

第三，年龄在凯蒂、南希和史蒂夫为应对焦虑投入的情感工作以及他们在建立情感韧性方面可以依赖的社会资源方面也起到不同作用。因为，对南希而言，除颤仪已经成为一个家庭设备，她的兄弟们分担了不少为减少情绪困扰所投入的情感工作，而且朋友们也发挥了重要的支持作用。与凯蒂相比，南希没有经历过类似焦虑的家庭成员可以依赖。尽管她没有"同侪"分担她的焦虑，为应对心脏骤停可能发生在工作场所的恐惧，她有同事一同做相关情感工作。与凯蒂和南希相比，史蒂夫必须学会在一个小得多的人群中应对他的焦虑。尽管如此，他的妻子在帮助他应对他的情绪困扰方面发挥了重要作用。因此，史蒂夫的故事说明，在不断缩小的老年世界中，应对与戴除颤仪、心力衰竭和其他退行性疾病的焦虑是如何变得非常费时费力的，不仅对患者如此，对他或她的亲密伴侣也是如此。

反思这些发现，我得出结论，本章介绍的对情绪困扰的另一种研究方法很有成效。通过将情绪困扰概念化为一个技术和疾病介导的过程，我能够阐明因不同原因接受除颤仪的年轻人和老年人在焦虑和情感工作方面的差异。在我的描述中，焦虑是由年龄、性别、除颤仪旨在解决的心脏病类型、设备的含义、除颤仪的能动性、衰竭的心脏和所患其他退行性疾病的感官体验、戴除颤仪的人的宗教信仰、技术人员开展测试的方式以及心脏科医师对是否继续使用除颤仪给出的不同建议等共同生成的。因此，情绪困扰应该被理解为由许多不同方面共同生产的，而不是一个个体特征。共生产的视角对旨在建立情感韧性的照护实践具有重大意义。除却心理咨询，扩展减少焦虑的工作也会有帮助，包括教育技术人员有关他们测试的情绪影响，告知患者除电击之外他们可能面对的情绪困扰以及如何努力克服它们，在做出（停止）继续使用除颤仪决定的过程中给（年轻）人提供咨询，以及给亲密伴侣提供（心理）支持，特别是但不限于老年人伴侣。

最后，运用共生产方法研究情绪困扰的有用之处还在于有助于社会科学学者对临床研究进行关键干预，以理解相同的医疗干预所引发的各种不同的身体反应。如勒内·阿尔梅林（Rene Almeling）和艾瑞斯·威利（Iris Willey）所论述的，在这一研究中将研究标准扩展至纳入个人接受医疗干预的原因很重要。与除颤仪一样，肾脏捐赠、面部手术和试管婴儿等医学治疗通常被用于不同原因，这可能对个体对相同干预的反应方式产生严重影响。例如，与用试管婴儿技术以卵子换金钱的女性相比，接受试管婴儿技术生育孩子的女性会经历更多痛苦（Almeling & Willey 2017, 21）。本章介绍的研究强调了将使用医疗干预的不同原因纳入不仅是照护实践还在心理社会和临床研究中的重要性，这将有助于提高我们对与除颤仪相关的焦虑（年龄）差异的理解。

注释

1. 因此，情绪困扰的心理学研究不同于韧性的心理学研究，将韧性当作固定的个人特征的概念在后者已被将韧性视为多元过程的观点所取代。见第二章对心理学研究中这一概念性变化更详尽的描述。
2. 这并不意味着年轻人没有心脏骤停或心力衰竭的风险，但这些疾病在老年人中更常见。
3. 出于隐私原因，我使用虚构的名字指代这三位受访者。

4　在年轻人猝死后的心脏遗传学研究涉及对整个家族的遗传筛查，这可能检测出数十位遗传性心脏病携带者（van den Broek 2012）。理论上讲，遗传性心脏病诊断意味着约有50%的直系亲属有患带有猝死风险的相同疾病的风险。实践中，这一风险小很多，因为大多数遗传性疾病不外显。因此，很多家庭成员不会经历任何心脏问题（Wilde 2007, 4）。

5　2017 年 7 月 17 日访问 www.en.ecgpedia.org。

6　见第三章有关在心脏诊所随访时会发生什么的详细描述和分析。

7　荷兰和其他欧洲法律不允许戴除颤仪的人成为职业货车司机（Anonymous 2013）。

8　此外，在医院心脏骤停每年发生 209000 次（Kronick et al. 2015）。

9　在美国，院外心脏骤停发生率，黑人为每 1 万成年人 10.1 人，西班牙裔为每 1 万成年人 6.5 人，白种人为每 1 万成年人 5.8 人（Sudden Cardiac Arrest Foundation 2015）。

10　造成这些异常的潜在原因包括心脏病发作、心肌增厚、心律失常和心脏瓣膜疾病，以及消遣性毒品使用（Anonymous 2010）。

11　这种治疗应在昏倒发生后 3—5 分钟内进行，以避免大脑出现缺氧。自动体外除颤仪是与除颤仪非常相似的设备，但不植入体内。它们是便携式电子设备，可以通过电击恢复正常心律，并且是专为外行人使用设计的。如果有效地进行复苏并随后使用自动体外除颤仪治疗，心脏骤停受害者的生存率会从 6% 提高到 74%（Anonymous 2012）。

12　因为这次访谈是在南希访问心脏遗传诊所之前进行的，访谈期间还不知道测试结果。

13　心理学文献显示，50% 的心脏骤停幸存者被诊断出患有某种类型的重度抑郁、适应障碍或恐慌症（Dougherty 2001）。

14　Magyar-Russell (2012).

15　尽管技术史学者描述了人们有时将技术视为上帝的杰作，但在南希的宗教困扰中，她并没有将此点考虑在内。例如，见大卫·奈（David Nye），描述了当蒸汽发动机首次引入美国时，美国人如何将其视为上帝直接的杰作（Nye 1994, 57—58）。

16　在医院和患者组织提供的说明里，除颤仪和起搏器患者被告知他们不应再进行深海潜水和全身接触的体育活动（Anonymous 2015）。

17　在美国，除颤仪使用者受到电击后被禁止驾驶的期限从 2 个月到 4 个月不等（American College of Cardiology 2011）。植入除颤仪的人还需要心脏科医师开出的健康证明，并且不再授予货车、公共汽车或出租车司机的可营业驾驶执照（2017 年 8 月 3 日访问 STIN 网站 Rijbewijzen, https://www.stin.nl）。

18　2012 年访谈荷兰患者组织 STIN 主席。

19　根据医学文献，心脏再同步治疗仅在植入这些设备的 50%—70% 患者中有效改善心脏泵血功能并减少呼吸急促和疲劳（Albouaini et al. 2007）。使用多重功能除颤仪治疗将一年死亡率降至 10% 以下（Taborsky & Kautzer 2014, e66）。尽管医学专家同意心脏再同步治疗有助于预防死亡，但在老年人中常规化使用这一心脏治疗方法一直存在争议，并且是医学文献中争论不休的话题。由于 75 岁以上的老年人之前未被纳入检查除颤仪-心脏再同步治疗的效果的临床试验，心脏科医师已对心脏再同步治疗的承诺提出了批评。最近的研究聚焦在哪些老年人可能从除颤仪植入中获益最多（Taborsky & Kautzer 2014; Young et al. 2013）。

20　见第三章、第四章有关调试除颤仪所涉及的挑战。

参考文献

ABC news. (2011, May 5). http://abcnews.go.com/health/doctors-implant-defibrillator-family-genetic-heart-conditions/story?id=13529748. Accessed 4 Aug 2015.

Albouaini, K., et al. (2007). Cardiac resynchronization therapy: Evidence-based benefits and patient selection. *European Journal of Internal Medicine, 19*, 165-172.

Almeling, R., & Willey, I. L. (2017). Same medicine, different reasons: Comparing women's bodily experiences of producing eggs for pregnany or for profit. *Social Science & Medicine, 188*, 21-29.

American College of Cardiology. (2011). Driving driving restriction guidelines for patients with implantable cardioverter defibrillators. Find out which patients with ICDs shouldn't drive within 2-4 months of their last shock. *CardioSmart. News & Events*. https://www.cardiosmart.org/News-and-Events/2011/06/Driving-Restriction-Guidelines-for-Patients-with-Implantable-Cardioverter-Defibrillators. Accessed 3 Aug 2017.

Anonymous. (2010). *Pacemakers: The new generation. Today's implantable units do far more than previous models.* Cleveland Clinics.

Anonymous. (2011, January). Misschien hebben we in de toekomst wel geen ICD meer nodig. *Stin Journaal*. http://www.sidned.nl. Accessed 3 July 2017.

Anonymous. (2013). Code 1010 en de bedoeling van de wetgever. *STIN Journaal, 1*, 33.

Anonymous. (2015). Informatie voor patiënten. Een ICD. *Wilhelmina Ziekenhuis Assen*. https://www.wza.nl/media/610853/cardi20_-_juni_2015.pdf. Accessed 7 Aug 2017.

Berul, C. I., et al. (2008). Results of a multicenter retrospective implantable cardioverter-defibrillator registry of pediatric and congenital heart disease patients. *Journal of the American College of Cardiology, 51*, 1685–1691.

Bifulco, P., et al. (2014). Frequent home monitoring of ICD is effective to pre vent inappropriate defibrillator shock delivery. *Case Reports in Medicine*: 579526.

Bilge, A. K., et al. (2006). Depression and anxiety status of patients with implantable cardioverter defibrillator and precipitating factors. *Pacing Clinical Electrophysiology, 29*, 619–626.

Charmaz, K. (1991). *Good days, bad days: The self in chronic illness and time.* New Brunswick: Rutgers University Press.

Cleveland Clinic. (2010). *Biventricular pacemaker*. https://my.clevelandclinic.org/health/treatments/16784-biventricular-pacemaker. Accessed 4 Aug 2015.

Conley, M. (2011). New defibrillators keep 5 family members from cardiac arrest.

deWitt, E. S., et al. (2014). Time dependence of risks and benefits in pediatric primary prevention implantable cardioverter-defibrillator therapy. *Circulation, Arrhythmia and Electrophysiology, 7*, 1057–1063.

Dickstein, K., et al. (2008). ESC guidelines for the diagnosis and treatment of acute and chronic heart failure 2008: The task force for the diagnosis and treatment of acute and chronic heart failure of the European Society of Cardiology. Developed in collaboration with the Heart Failure Association of the ESC (HFA) and endorsed by the European Society of Intensive Care (ESICM). *European Heart Journal, 29*, 2388–2442.

Diez-Villanueva, P., & Alfonso, F. (2016). Heart failure in the elderly. *Journal of Geriatric Cardiology, 13*(2), 115–117.

Dougherty, C. M. (2001). The natural history of recovery following sudden cardiac arrest and internal cardioverter-defibrillator implantation. *Progress in Cardiovascular Nursing, 16*(4), 163–168.

Fuchs, V. R. (1968). The growing demand for medical care. *New England Journal of Medicine, 279*(4), 190–195.

Go, A. S., et al. (2013). Executive summary: Heart disease and stroke statistics – 2013 update. A report from the American Heart Association. *Circulation, 127*, 143–152.

Goldstein, N. E., & Lynn, J. (2006). Trajectory of end-stage heart failure: The influence of technology and implications for policy change. *Perspectives in Biology and Medicine, 49*(1), 10–18.

Hinke, B. (2017, July 10). Hartritme stoornissen van "Appie" houden Ajax in onzekerheid. *NRC*, p. 5.

Jeffrey, K. (2001). *Machines in our hearts: The cardiac pacemaker, the implantable defibrillator, and American health care*. Baltimore: Johns Hopkins University Press.

Kaufman, S. R., Mueller, P. S., Ottenberg, A. L., & Koenig, B. A. (2011). Ironic technology: Old age and the implantable cardioverter defibrillator in US health care. *Social Science and Medicine, 72*(1), 6–14.

Kronick, S. L., et al. (2015). Part 4: Systems of care and continuous quality improvement. American heart association guidelines update for cardiopulmonary resuscitation and emergency cardiovascular care. *Circulation, 132*(18 Suppl 2), S397–S413.

Krumholz, H. M., et al. (2005). Report of the National Heart, Lung, and Blood Institute working group on outcomes research in cardiovascular disease. *Circulation, 111*, 3158–3166.

Latour, B., & Venn, C. (2002). Morality and technology: The end of the means. *Theory, Culture and Society, 19*(5/6), 247–260.

Magyar-Russell, G. (2012). Religious and spiritual issues among cardiac patients: Dilemmas faced by implantable cardioverter defibrillators (ICD) recipients. *Newsletter of the Society for the Psychology of Religion and Spirituality. American Psychological Association Division, 36*(1), 1–2.

Montfort, A. P. W. P., & Helm, M. H. J. (2006). Telemonitoring of patients with chronic heart failure. *Disease Management & Health Outcomes, 14*(1), 33–35.

Nieuwenhuis, H. (2017). Een erfelijke aandoening kan heftige emoties oproepen. *STIN Journaal, 2*, 6–8.

Nye, D. (1994). *The American technological sublime*. Cambridge, MA: MIT Press.

Olde Nordkamp, L. R. A., et al. (2013). The ICD for primary prevention in patients with inherited cardiac disease. Indications, use and outcome: A comparison with secondary prevention. *Circulation, Arrhythmia and Electrophysiology, 6*, 91–100.

Oudshoorn, N. (2011). *Telecare technologies and the transformation of health care*. Houndmills/Basingstoke/Hampshire: Palgrave Macmillan.

Pedersen, S., & Denollet, J. (2006). Is Type D personality there to stay? Emerging evidence across cardiovascular disease patient groups. *Current Cardiology Review, 2*, 205–213.

Pedersen, S., et al. (2008). Clustering of device-related concerns and Type D personality predicts increased distress in ICD patients independent of shocks. *Pacing Clinical Electrophysiology, 31*, 20–27.

Pedersen, S., et al. (2009). Increased anxiety in partners of patients with a cardioverter-defibrillator: The role of indication for ICD therapy, shocks, and *personality*. *Pacing Clinical Electrophysiology, 32*(2), 184–192.

Pedersen, S., et al. (2010). Pre-implantation implantable cardioverter defibrillator concerns and Type D personality increase the risk of mortality in patients with an implantable cardioverter defibrillator. *Europace, 12*, 46–52.

Pihl, E., et al. (2011). Patients' experiences of physical limitations in daily life activities when suffering from chronic heart failure: A phenomenographic analysis. *Scandinavian Journal of Caring Sciences, 25*(1), 3–11.

Priori, S. G., et al. (2013). *HRS/EHRA/APHRS expert consensus statement of the diagnosis and management of patients with inherited primary arrhythmia syndromes*. http://www.escardio.org/static-file/Escardio/Press-media/pressrealeases/2013/diagnosis-management-patients-inherited-primay-arrhythmiasyndromes.pdf. Accessed 8 Aug 2017.

Priori, S. G., et al. (2015). ESC guidelines for the management of patients with ventricular arrhythmias and the prevention of sudden cardiac death. The task force for the management of patients with ventricular arrhythmias and the prevention of sudden cardiac death of the European Society of Cardiology (ESC). *European Heart Journal.* https://doi.org/10.1093/eurheartj/ehv316.

Rosamund, W., et al. (2007). Heart disease and stroke statistics–2007 update: A report from the American heart association statistics committee and stroke statistics subcommittee. *Circulation, 115,* e69–e171.

Sager, M., & Zuiderent-Jerak, T. (2016). Standardization from the heart: Resisting evidence-biased medicine and complexity-biased STS. (unpublished article).

Schroeder, M. O. (2016, January 28). Preventing sudden cardiac arrest in kids. *US News,* p. 3.

Sherrid, M. V., & Daubert, J. P. (2008). Risks and challenges of implantable cardioverter defibrillators in young adults. *Progressive Cardiovascular Disease, 51,* 237–263.

Sowell, L., et al. (2007). Anxiety and marital adjustment in patients with implantable cardioverter defibrillators and their spouses. *Journal of Cardiopulmonary Rehabilitation Preview, 27,* 46–49.

Spindler, H., et al. (2009). Gender differences in anxiety and concerns about the cardioverter-defibrillator. *Pacing Clinical Electrophysiology, 32,* 614–621.

Sudden Cardiac Arrest Foundation. (2015). AHA releases 2015 heart and stroke statistics. *SCA News.* https://www.sca-aware.org/sca-news/aha-releases-2015-heart-and-stroke-statistics. Accessed 15 Apr 2018.

Swindle, J. P., et al. (2010). Implantable cardiac device procedures in older patients: Use and in-hospital outcomes. *Archive of Internal Medicine, 170*(7), 631–637.

Taborsky, M., & Kautzer, J. (2014). Summary of the 2013 ESC guidelines on cardiac pacing and cardiac synchronization therapy. *Cor et Vasa, 56,* e57–e74.

van den Broek, M. (2012). Specialist in ontregelde ritmes. *STIN Journaal, 4,* 23–25.

van den Broek, K. C., et al. (2008). Shocks, personality, and anxiety in patients with an implantable defibrillator. *Pacing Clinical Electrophysiology, 31,* 850–857.

Van Riet, E. E., et al. (2014). Prevalence of unrecognized heart failure in older persons with shortness of breath and exertion. *European Journal of Heart Failure, 16*, 772–777.

Van Veldhuisen, D. J., et al. (2009). Implementation of device therapy (cardiac resynchronization therapy and implantable cardioverter defibrillator) for patients with heart failure in Europe: Changes from 2004 to 2008. *European Journal of Heart Failure, 11*(2), 1143–1151.

Versteeg, H., et al. (2011a). Post-traumatic stress in implantable cardioverter defibrillator patients: The role of pre-implantation distress and shocks. *International Journal of Cardiology, 146*, 438–439.

Versteeg, H., et al. (2011b). Type D personality and health status in cardiovascular disease populations: A meta-analysis of prospective studies. *European Journal of Cardiovascular Prevention & Rehabilitation, 19*(6), 1–8.

Vlay, S. C., & Fricchione, M. D. (1985). Psychological aspects of surviving sudden cardiac death. *Clinical Cardiology, 8*, 237–243.

Von Bergen, N. H., et al. (2011). Multicenter study of the effectiveness of implantable cardioverter defibrillators in children and young adults with heart disease. *Pediatric Cardiology, 32*, 399–405.

Weber, M. A., et al. (2006). Who should be treated with implantable cardioverter-defibrillators? *The American Journal of Geriatric Cardiology, 15*(6), 336–337.

Wilde, A. A. M. (2007). Erfelijkheidsonderzoek en de gevolgen daarvan voor ICD-indicaties. *ICD Journaal, 4*, 4–5.

Wilde, A. A. M., & Simmers, T. A. (2009). Primary prevention with ICDs: Are we on the right track? *Netherlands Heart Journal, 17*(3), 92.

Wilson, M. (2010). *The relationship between religiosity and quality of life in patients with implantable cardioverter defibrillators*. Doctoral dissertation, East Carolina University. http://hdl.handle.net/10342/3193. Accessed 3 Aug 2017.

Young, D., et al. (2013). Survival after implantable cardioverter-defibrillator implantation in the elderly. *Circulation, 127*, 2383–2392.

第四部分

赛博格身体如何分崩离析

第八章

"我们应该关闭起搏器吗?"
死亡的轨迹和权利与责任的地理

从生到死的旅程

在本书的前几章中,我们已经看到除颤仪和起搏器如何以多种不同方式影响植入这些设备的人的生活。我贯穿这些章的论述是,维持混合身体的存活需要戴这些植入物的人、他们的近亲、技术人员、护士、心脏科医师以及设备本身的积极参与。但当连线心脏赛博格面对生命终结时,究竟会发生什么呢?他们体内的技术如何影响他们应对死亡过程和死亡的方式?尽管大多数关于这些内置心脏设备的哲学和社会科学记述仅关注身体与技术的融合,而只字不提混合身体分崩离析时会发生什么,但我提出,理解怎样才能变成韧性赛博格的任何尝试都应该纳入对死亡过程和死亡的审问。[1]

在本章,我将论证连线心脏赛博格从生到死的旅程不同于未与内

© The Author(s) 2020

N. Oudshoorn, *Resilient Cyborgs*, Health, Technology and Society, https://doi.org/10.1007/978-981-15-2529-2_8

置心脏设备共同生活的人。由于具有延长生命的潜能，除颤仪和起搏器有可能延缓死亡，因此这些技术不仅为植入这些植入物的人，还为他们的家人和医疗人员带来一个重大的两难困境。当人们因绝症而病重并且不想再继续受苦活着时，应该继续"使用"内置心脏设备多长时间？因此，临近生命终点会带来新的脆弱性和焦虑，这需要包括连线心脏赛博格及其近亲在内的许多主体的积极参与。因此，本章旨在理解起搏器和除颤仪如何塑造死亡的过程，以及谁被赋予关闭设备的权利。我将在下一小节讨论延长生命技术参与重塑死亡和死亡过程的具身体验的方式的有关文献。我继而将比较并对比美国、欧洲和荷兰关于除颤仪和起搏器停用的专家共识声明，以及参与决定关闭其父亲或母亲起搏器的近亲的亲身经历。我描述起搏器如何在死亡轨迹的形成中起作用：其间对设备在死亡过程中的预期能动性和死亡后它真实的能动性的焦虑构成了连线心脏赛博格及其家人的主要负担；在他们生命中这一艰难阶段，这些负担限制了韧性的构建。

延长生命技术和死亡轨迹

近几十年，我们思考和体验死亡和死亡过程的方式发生了巨大转变。品种繁多的生命延长技术的引入造成死亡被不断延后的情况（Riley 1983, 21）。[2] 反抗死亡的技术在重症监护室尤为显目，在那里，一系列设计来替换心、肝、肺和其他身体功能的机器维持身体活着的状态（Brown & Webster 2004, 134）。虽然这些医疗技术拯救了许多生命，但它们也让定义生命的终结变得不那么容易。机械呼吸机是复杂化我们对死亡感知的技术的代表，这种机器帮助已不能自主呼吸的患者呼吸。在美国、欧洲和世界其他高收入地区的医院，对不接受呼吸机会立即死亡的人，使用这台机器已成为标准做法，除非这些人事先明确表明他们不愿以这种方式维持他们的身体机能（Kaufman 2005, 56）。当医院工作人员最终决定关闭机器时，机械呼吸机对我们如何体验死亡的巨大影响变得非常具象。已经习惯看着机器维持他们所爱人的身体活着的患者亲属常常会转去看指示生命指标的其他设备，例如心电图监护仪上的波形或可能指示患者心脏依然在跳动的嘟嘟声（Hadders 2009; Lupton 2012, 49）。因此，技术已成为生与死的重要符号。

延长生命的技术不局限于重症医护室使用的机器。今天，尤其但不限于美国，晚年罹患重病的人越来越多地接受或选择品种日益繁多的高科技医疗。对年过八旬、九旬甚至更老的人来说，延长生命治疗已成为"新常态"而且很难拒绝（Kaufman 2015, 1）。越来越多地使用心脏手术、肾脏或其他器官移植和肾透析等延长生命干预措施深远地影响了我们对终末期疾病的看法。这些医疗的成功让我们相信在治愈身体方面没有极限，寿命可以被无限延长，这创造了一种"长寿的新义务"（Kaufman 2015, 8, 28）。

越来越多用来延长老年人寿命的技术之一就是除颤仪。如上一章所述，诊断患有心力衰竭（一种特别易在晚年表现出症状的疾病）的人通常会接受这一植入物，以试图减轻这种慢性、无法治愈疾病[3]的令人衰弱的症状。像机械呼吸机一样，除颤仪在重塑死亡的具身体验方面发挥了重要作用。由于该设备通过电击干预可能致命的心律，它因此将死亡过程从一个由心脏骤停导致的"轻松的"死亡转变为由心力衰竭或非心脏疾病引发的进行性死亡。因此，除颤仪阻止了许多人或许更偏好的死亡方式：一次快速致命的心脏骤停（Goldstein & Lynn 2006；Kaufman 2011）。安妮·波洛克已描绘过与除颤仪共同生活的人何以会感到他们的植入物"欺骗了他们"，因为它阻止了他们想要的死亡方式（Pollock 2008）。连线心脏赛博格和他们的近亲越来越多地面临选择一种可能的死亡类型而不是另一种的困境，尽管他们中大多数人可能没有意识到除颤仪是如何影响死亡过程的。[4] 通过预防心脏骤停，除颤仪带来一种人们知道他们不会死于某种方式的新颖性，假设该设备正常工作，电击会不断提醒他们不会拥有的死亡方式（Pollock 2008）。此外，在世界富裕地区将除颤仪作为标准工具纳入医疗保健这一情况已将猝死重新定义为过早死亡，即无论年龄大小都可以避免的死亡，进而成为医学的失败（Kaufman 2015, 142）。

延长生命技术在高等和中等收入国家的广泛使用创造了一个重大困境：一项医疗干预将延长患者的生命，还是会导致其以不希望的方式延长活着和死亡时间？自首次引入机械呼吸机，患者、家属和医护人员就在与何时停止维持生命治疗的问题做斗争。如医学社会学家和人类学家所描述的，决定不进行心脏手术、接受喂饲管或除颤仪，即便是80多岁或90多岁的人，都常被视为"可疑"或等同于自杀（Goldstein et al. 2008; Dickerson 2002; Kaufman 2015, 1; Pollock 2008, 99）。如我在第一章所描述的，由于医护人员、患者及其家庭都受困于一个越来越多的干预措施在医院已成为标准操作的系统，拒绝生命延长技术已变得极其困难。这种"强迫性治疗"意味着，不选择或想停止延长生命治疗的患者不仅要与医生还要与亲人进行讨论、协商和恳求，而这都会带来严重的情绪困扰。

因此，生命延长技术制造了在引入这些技术之前不存在的责任。

第八章 / "我们应该关闭起搏器吗？"

由于我们生活在一个期望患者在医疗决定中发挥重要作用的时代，接受、拒绝或停止使用生命维持技术的责任重担在很大程度上委派给了患者和他们的近亲（Kaufman 2015, 40, 245）。这并不意味着这些决定完全掌握在患者及其家人手中。虽然他们被给予了选择，但关于应该做什么的决定还是受限于操作流程、共识声明和指导医师决策的支持工具里所规定的照护标准（Brown & Webster 2004, 159; Berg et al. 2000）。这种情况引发了关于临终关怀中权利和责任的重要问题。谁有权关闭维持生命的机器？谁有责任发起有关停用这些设备的讨论？因此，本章旨在理解赋予医师、技术人员和连线赛博格来停用起搏器和除颤仪的权利和责任。由于有关医疗的决定常分散在诸多医护人员和患者之间，我使用玛德琳·阿克里奇（Akrich 1992）提出的责任地理的概念。阿克里奇解答了人和技术之间责任的分散性质，但通过纳入权利分配，尤其是患者和医师就继续还是停止医疗的权利，我拓展了此研究方法。专家共识声明阐明了有哪些关于除颤仪和起搏器停用的权利和责任地理，以及在决定是否关闭这些设备时，连线心脏赛博格及其近亲都面临什么样的情感困扰。

重要的是，与内置心脏设备共同生活的人及其家人可能经历的情绪困扰不仅与停用内置心脏设备的决定有关，还涉及停用将如何影响死亡过程的焦虑与不安。针对这种情绪困扰建立韧性涉及一个复杂的过程，其中对死亡过程的感知和预期起到重要作用。为理解连线心脏赛博格及其家人，以及参与制定停用指南的医护人员如何设想植入除颤仪或起搏器的人的死亡历程，我使用"死亡轨迹"这个概念。20世纪60年代，巴尼·格拉泽（Barney Glaser）和安塞姆·施特劳斯（Anselm Strauss 1965, 1968）在首个研究美国医院临终患者照护问题的社会科学研究中提出了这一概念，研究中他们描述了照护工作的组织如何在很大程度上被不同类型的死亡所塑造。他们指出每次死亡在持续时间和形态上都有所不同，并且死亡过程不全由疾病决定，还受到医护工作组织方式的影响（Glaser & Strauss 1968）。尽管格拉泽和施特劳斯提出"死亡轨迹"这一术语来研究对患者死亡的预期，以及医护人员、患者及其家人就这一预期所进行的沟通（Hallenbeck 2003），但我用这一术语来理解对死亡的感知和预期是如何被塑造并被停用内置心脏设备的决定影响的。关于停用除颤仪和起搏器的专家共识声明阐述了哪些死亡轨迹？植入起搏器的人及其近亲如何设想和体验死亡轨迹？哪些资源可供他们使用来建立韧性以应对预期从生到死的旅程所经历的情感困扰？

合法化停用：安乐死或放弃生命？

尽管内置心脏设备历史悠久，起搏器自 1957 年、除颤仪自 1991 年已开始使用，但仅当除颤仪适应症扩展到包括幸存心脏骤停的人之外更广泛人群[5]，有关停用的讨论才开始。由于在富饶国家除颤仪的扩展使用，许多医护人员越来越多地面临除颤仪电击对死亡过程的干扰。临近生命尽头的患者在死亡前不久可能会受到多次痛苦的电击。在他们生命的最后几周，高达 20% 的植入除颤仪的人会受到电击，这不仅给患者带来痛苦也增加了患者及其家人的困扰（Wu 2007, 532; Goldstein et al. 2004, 7; Padeletti et al. 2010, 1488）。同样有问题的是，患者去世后除颤仪可能会继续发出电击，这给死者的家人和朋友带来额外的负担（Stoevelaar 2018）。2005 年左右开始，以《死亡和除颤仪：一场电击／

令人震惊的^① 经历》(Nambisan & Chao 2004)、《它能活动不止》(Looi 2006)和《生命尽头的植入式心脏设备：停用在道德上是否能得到辩护？》(Hamel 2010)这样生动的标题命名的社论和文章开始出现在医学期刊上。尽管起搏器不会给出电击，设备的起搏活动也可能在生命尽头造成不必要的负担(Padeletti et al. 2010, 1488)。因此，避免死亡被破坏已成为医护人员制定关于当患者面临生命终结，是否以及如何关闭除颤仪和起搏器的建议的主要动力之一(Padeletti et al. 2010; Lampert et al. 2010, 1008; Anonymous 2013, 15, 16)。2010 年，美国和欧洲领先的医学专业团体联合发布了两项主要的专家共识声明。⁶这些文件包括关于因何原因及何时关闭这些设备是合法的仔细考量，以及在其中应得到尊重的伦理、法律和宗教原则。

由美国心律学会(Heart Rhythm Society)制定的美版共识声明的一个主要关注点是传达这样一个信息，即停用除颤仪和起搏器不应被视为医生协助自杀或安乐死行为。预料到临床医师不情愿停止维持生命的治疗，美版文件的作者们论证到，从伦理和法律上讲，关闭除颤仪或起搏器"既不是医生协助自杀也不是安乐死"。相反，他们强调，停用应被视为一种照护，"允许患者在罹患疾病的情况下自然死亡——而不是终止患者的生命"(Lampert et al. 2010, 1009)。为发展这一论点，他们进行了仔细的语义研究，以解释停用与协助自杀和安乐死的区别。作者阐明的第一个主要区别是临床医师的意图。在共识声明中，关闭除颤仪和起搏器被描述为"撤回不再需要的治疗"，其中临床医师的意

---

① 原文是"a shocking experience"，shocking 在此有双关之意，既指除颤仪电击本身也指患者死后继续电击给目击者带来的令人震惊的经历。

图"不是要加速患者的死亡,而是撤销一种被患者视为负担的治疗"。相比之下,安乐死中临床医师"有意识地终止患者的生命(例如,致命性注射)",而在医生协助自杀中是患者"使用医师提供或开处的致命方法,有意识地终结他/她自己的生命"(Lampert et al. 2010, 1011)。

美国共识声明中强调的第二个重要差别是死因。协助自杀和安乐死中,导致死亡的是临床医师提供、开处或施用的物质。但在停用内置心脏设备的情况下,导致死亡的是所患疾病(Lampert et al. 2010, 1011)。为合法化其论点,这些作者参考了美国最高法院做出的判决,其中对拒绝提供或撤销维持生命的治疗、安乐死和医生协助自杀进行了类似的区分。此外,援引最高法院对在美国患者拥有"宪法规定的拒绝治疗的权利"的判决,该文件强调了患者有权要求关闭起搏器或除颤仪(Lampert et al. 2010, 1011)。因此,在合法化停用起搏器和除颤仪治疗的论述中,美版文件强调了死亡轨迹的差异:停用导致的死亡轨迹应被视为不同于临床医师或患者积极参与结束生命的死亡轨迹。这种对死亡轨迹的详细阐述对于避免与医生协助自杀或安乐死产生任何关联来说非常重要,后两种情况在美国许多州都存在很大争议。此外,作者阐述了一种停用除颤仪不太可能引起立即死亡的死亡轨迹,这也有助于将其与安乐死或协助自杀区分开来(Lampert et al. 2010, 1017)。

与美版文件一样,由欧洲心律学会(the European Heart Rhythm Association)制定的专家共识声明也强调了设备停用导致的死亡轨迹与安乐死和医生协助自杀死亡轨迹的不同。然而,欧洲心律学会试图说服临床医师停用的必要性和合法性的方式上与美国同行存在重要差异。这些作者没有强调患者有权拒绝治疗,而是强调通过提供安宁疗护[7]改善,尤其是植入除颤仪的人的死亡轨迹的重要性。因此,与美版共识声明一样,欧版文件阐明了停用除颤仪在法律和道德上都得到准许的一种死亡轨迹。

关于停用起搏器的分歧:患者权利还是生活质量

美版共识声明:避免运行中的起搏器带来不必要负担

与在生命末期关闭除颤仪取得的共识相比,此共识声明对停用起搏器的必要性和伦理辩护方面的共识要少得多。美版共识声明中,用于决定是否停用的标准既适用于除颤仪也适用于起搏器。这些标准包括治疗的有效性、获益和负担,并且后两项应由患者决定:"每个患者都是独一无二的并且会根据他们自己的价值观、偏好和健康相关目标来权衡这些获益和负担。"(Lampert et al. 2010, 1012)作者强调,即使在临床医师认为起搏没有造成负担的情况下,患者也可能请求停用他们的起搏器(Lampert et al. 2010, 1488)。

在解释处于生命尽头继续使用内置心脏设备的获益和负担时,美版文件讨论了由所谓起搏器依赖的绝症患者提出关闭起搏器请求的情况。当患者心律不佳或不存在并且他们的心脏功能因此完全取决于起搏器的起搏时,他们被定义为起搏器依赖(Pacemaker-dependent)。对这些患者来说,起搏器是生命维持设备,但与其他戴起搏器和除颤仪的患者一样,该设备无法逆转绝症。作者解释到,虽然"继续起搏器治疗的直接负担很小,但间接负担可能很大"。继续使用起搏器会延长死亡过程,这个过程的特征是痛苦、干扰自然死亡以及与延长疾病有关的失去尊严和控制权等引起的情感负担。权衡这些负担与有限的有效性和缺乏获益,该文件得出停用除颤仪是合理的结论。它也再次强调了获益和负担只能由患者决定,即使非绝症患者也可能做出继续使用起搏器的负担要高于获益的决定(Lampert et al. 2010, 1012)。

对完全依赖起搏器的患者停用起搏器对其死亡过程有直接影响。由于这些患者没有自主心律,设备停用后会立即死亡(Lampert et al. 2010, 1017)。对还有自己的心律的患者来说,停用对死亡过程的影响方式就没那么好预测,并且临床医师们也不确定继续使用起搏器是否会延长死亡。由于停用起搏器可能会加重所患心脏病病症,美版共识声明建议临床医师参与"恰当的症状控制……以确保症状是可以被管理的"(Lampert et al. 2010, 1017)。在这类患者中关闭起搏器被视为合理行为,因为"必须防止这些设备对患者造成过度负担"(Padeletti et al. 2010, 1488)。因此,美版共识声明阐明了起搏器依赖性患者和仍有自主心律的患者的两种截然不同的死亡轨迹。前一种情况下,关闭起搏器后患者会立即死亡,而停用影响死亡时间的方式在后一种情况则变得难以预测。此外,美版文件描述了一种在两组患者中关闭起搏器可能有助于避免运行中的起搏器带来不必要负担的死亡轨迹。

欧版共识声明:优先考虑临床医生对起搏器运行负担的评估

尽管参与心脏病患者临终关怀的美国医学专业组织一致认为停用起搏器是合理的行为,但在欧洲共识要少得多。造成分歧的一个主要原因是,起搏器依赖性患者在设备关闭后会立即死亡,这与医生协助自杀有着令人困扰的类比。欧版共识声明反对关于死亡轨迹的这一解释,并强调起搏器停用不应被视为协助自杀,因为死因是所患疾病而非临床医师注射的致命药物,这与美版文件所用论点相似(Padeletti et al. 2010, 1483)。然而,他们的建议并未包括停用起搏器,这构成了

第八章 / "我们应该关闭起搏器吗？"

与美版共识声明的一项至关重要的区别。

欧版文件援引欧洲国家价值和文化的多样性来解释这一差异，而这给临终照护的伦理和法律规定带来了重大影响。这些作者把由50个国家和7.31亿人口组成的欧洲描述为"在传统、文化、信仰团体和法律体系方面极其多元"（Padeletti et al. 2010, 1481）。这一多元性也体现在欧洲国家之间在立法方面的重大差异。在患者权利和撤回治疗的伦理方面，每个欧洲国家都有自己的法律和法规，这对停用内置心脏设备的决定具有重要影响。尽管许多国家允许关闭起搏器，但在有些欧洲国家，法律禁止对起搏器依赖性患者停用起搏器，因为这被视为协助自杀。由于缺乏整体的欧洲法律框架，欧版共识声明建议临床医师了解其执业所在的司法管辖区的具体法律规定，而未在其建议中纳入起搏器停用（Padeletti et al. 2010, 1483）。[8] 尽管美国人也有不同的宗教和文化传统，但与欧洲不同，美国有联邦法律体系，即由唯一的立法体系制定和解释法律：美国最高法院保障了患者有权拒绝医疗。此外，美国医学会（the American Medical Association）已引入了一项伦理准则，要求临床医师告知患者他们有权拒绝治疗（Padeletti et al. 2010, 1488）。因此，美版共识声明的作者可以依据一个整体法律框架，在法律层面合理化全美各州的起搏器和除颤仪停用。

欧洲对停用起搏器的谨慎方式不仅限于起搏器依赖性患者，还包括仍然有自主心律的人，他们植入起搏器来为不规律的心跳定速度或减轻心力衰竭的虚弱症状。[9] 欧版共识声明在建议中将停用起搏器排除在外体现了他们在评估起搏器给临近生命终点的患者带来的负担方式方面存在重大差异。作者将起搏器与除颤仪进行比较，后者可能会在死亡前给出痛苦的电击，而得出"患者察觉不到起搏，因此是无痛的"

的结论（Padeletti et al. 2010, 1482）。因此，欧版文件优先考虑临床医师而不是患者对继续使用起搏器负担的评估，这与美版共识声明形成鲜明对比。虽然后者也提及不存在疼痛，但它得出的结论是，当生命将抵达终点，患者可能体验起搏为一种"不必要的负担"（Padeletti et al. 2010, 1488）。值得注意的是，欧版共识声明的主要内容里没有任何关于在不存在起搏器依赖性患者中停用起搏器的利弊讨论。

荷兰指南：工作中的起搏器不干扰死亡过程

与欧洲共识声明一样，荷兰指南仅包括关闭除颤仪的建议，尽管该指南对为什么不应在死亡前停用起搏器进行了更详细说明。据作者所说，由于这些设备不会给出电击，它们不会干扰死亡过程，因此没有关闭的必要。此外，他们强调停用不会导致立即死亡，尤其是当患者卧床不起并且在他们生命尽头不需要做什么的时候（Anonymous 2013, 7, 14）。然而，对包括心力衰竭在内的还有自主心律的患者来说，关闭起搏器的起搏和心脏再同步功能可能会导致难以预测的心脏不适增加，包括呼吸急促、眩晕和/或间歇性昏厥。因此，这些作者得出结论，正常工作的起搏器对患者的舒适度很重要，并认为停用是不可取的（Anonymous 2013, 15, 16）。因此，由临床医师评估的生活质量成为反对起搏器停用的主要考虑因素。类似的考虑也用在起搏器依赖性患者上。

尽管荷兰指南在建议不停用起搏器方面与欧版共识声明相似，但也存在重要差异。欧版文件对起搏器依赖性患者停用起搏器采取了审慎态度，以避免与医生协助自杀或安乐死产生任何关联，而荷兰指南则采取了严格措施来保障临终患者的舒适度。与欧版共识声明的另一

第八章 / "我们应该关闭起搏器吗？"

个重要区别是，荷兰指南讨论了临床医师可能偏离他们不关闭起搏器的建议的情况。尽管该文件强调"原则上起搏器功能不应被停用"，但作者提出，在患者明确表达此希望的情况下，偏离这一原则可能是可取的。发生这种情况时，临床医生应"权衡预期的效果与患者实际的和预期的痛苦，并且只有在各从业者相互咨询后才决定停用起搏器"（Anonymous 2013, 15）。作者提及避免临终患者所不希望的生命延长是停用的主要动机。对这种情况，建议临床医师给患者"足够的镇静剂"，这与美版共识声明中包含的建议相似（Anonymous 2013, 14）。然而，一个重要差别的是，美版文件建议给所有起搏器患者都开处预防起搏器停用副作用的药物，从而减轻了对停用可能引起患者不适的担忧。值得注意的是，荷兰指南和欧版共识声明未采纳这种方式。

因此，美版、欧版和荷兰文件所阐明的植入起搏器的人死亡轨迹截然不同。美版共识声明阐明了一种运行中的起搏器可能构成患者不必要负担的死亡轨迹，而其中药物可以预防起搏器停用的症状。相比之下，欧版和荷兰文件描述了一种依旧工作的起搏器不会打扰死亡过程而有助于患者舒适度的死亡轨迹。与美版文件相同，荷兰指南还描述了一种有自主心律的患者停用除颤仪不会导致立即死亡的死亡轨迹。

权利地理：患者的自主性和对医护人员的依赖

到底谁决定起搏器和除颤仪的停用？在生命尽头管理这些内置心脏设备的共识声明和指南里出现了哪些权利和责任地理？如前文简要提及的，通过优先考虑患者的自主性，美版共识声明阐述了最激进的立场。根据这份文件，患者具有法律赋予的拒绝医疗的权利，其被阐述为一项个人权利（Lampert et al. 2010, 1009, 1012）。优先考虑患者权利并不意味着当他们希望停用设备时，患者不需要依赖医护人员。在美版共识声明、欧版和荷兰文件中，可以区分三种不同形式的依赖。排在首位的是，由于患者无法自行关闭这些设备，想要停用起搏器或除颤仪的患者都必须提出停用请求。这些共识声明和指南出现的第二项主要依赖性是患者不能强求关闭他们的设备。三份文件都强调了"临床需要"或"恰当性"的重要性，而这将停用决策中权力关系的平衡转向了临床医师而非患者（Padeletti et al. 2010, 1484）。这些共识声明和指南出现的第三也是最后一项依赖性是医护人员停用起搏器和除颤仪的意愿。当停用违反了他们的宗教信仰和/或道德价值观念时，有时临床医师可能不愿关闭这些设备。因此，这些共识声明和指南阐述了这样的权利地理：尽管在权利分布上存在重要差异，但平衡临床医师和患者的权利成为停用起搏器和除颤仪的决策过程的一项重要特征。

这些共识声明和指南中一个重要部分用来解释在做出停用决定后，允许谁关闭内置心脏设备及实际应该做什么来关闭起搏器或除颤仪。根据美版和欧版共识声明和荷兰指南，停用应由具有电生理学专业知识的医护人员执行，例如临床医师、心脏科医师、设备诊所的护士或技术人员。如果找不到这些专家，停用也可由临终关怀医师或护士执行，但他们必须在起搏器或除颤仪公司代表的指导下执行此操作。护理专业人员只有在获得负责医师（最好是书面）的命令时才允许停用内置心脏设备（Lampert et al. 2010, 1020; Anonymous 2013, 24）。[10] 起搏器的停用应通过设备品牌特定的编程器将起搏功能降低到亚阈值水平来完成，这会让起搏器失效。除颤仪的停用应通过设备重新编程关闭其电击功能来实现（Lampert et al. 2010, 1019, 1021）。起搏器和除颤仪也可以通过在内置设备上方放置强磁铁并对其持续使用来关闭。欧版和荷兰文件强调磁铁的使用仅限于医护人员，而美版共识声明则把使用磁铁的权利委派给患者以及允许危机情况下使用。援引患者接受反复电击时紧急停用除颤仪的迫切需要，作者们强调了临床医师应考虑给"诊断患有绝症的患者"提供一块磁铁及其使用说明（Lampert et al. 2010, 1021）。

因此，这些共识声明和指南包括了存在重大差异的权利地理，这会影响植入起搏器和除颤仪的人的死亡轨迹。由于美版共识声明允许患者自身积极参与除颤仪停用，连线心脏赛博格可以通过影响死亡时间的方式把死亡轨迹的控制掌握在自己的手中。如我们之前所见，在美国，患者的自主性至关重要。欧版共识声明和荷兰指南阐述了非常不同的权利地理，其中只有医护人员才有权停用除颤仪。因此，与内置心脏设备共同生活的人将继续依赖临床医师的决定和意愿，这造成一种死亡时间更加不确定的死亡轨迹。

责任地理：难以管理的告知患者实践

这些共识声明和指南包含的权利和责任还回应了患者应该以何种方式告知停用他们起搏器或除颤仪的可能性问题。所有文件都强调了告知患者的重要性，特别是因为很少与患者讨论关闭这些设备（Lampert et al. 2010, 1009; Padeletti et al. 2010, 1485; Anonymous 2013, 13; Hill et al. 2016, 20）。根据这些共识声明，讨论起搏器和除颤仪的停用常因道德困境在医师中造成不安和痛苦，尤其是但不限于涉及起搏器依赖性患者，这常被视作协助自杀或安乐死（Padeletti et al. 2010,

1487; Lampert et al. 2010, 1013）。医师不愿讨论停用设备的其他原因还包括患者预后的不确定性和缺乏关闭这些内置设备的专业技能。停用也可能被视为令人生畏的，因为使用这些设备编程器需要特殊培训（Hill et al. 2016, 21; Hauptman et al. 2008; Kramer et al. 2012, 292）。同样有问题的是，医师通常不知道除颤仪电击会给患者带来痛苦，也不知道他们可以通过关闭临终患者的除颤仪的电击功能来避免这些患者的不必要痛苦（Padeletti et al. 2010, 1487）。

医师的不知情、不安和缺乏停用技能对戴起搏器或除颤仪的人的临终关怀有重大影响；大多数设备仅在患者死亡后才关闭（Padeletti et al. 2010, 1481; Goldstein et al. 2004）。因此，改善医护人员和患者就设备停用的沟通交流是美版和欧版共识及荷兰指南的一个重要目标。在这些文件中，告知患者停用的责任委派给了临床医师和医师，他们被期望"提供有关继续使用设备治疗的获益和负面影响的事实信息"（Lampert et al. 2010, 1016）。尽管这三份文件都阐明了非常相似的关于谁应该告知患者停用及何时应开展此工作的责任地理，但欧版和荷兰版文件仅包括改善关闭除颤仪的沟通的建议。虽然荷兰指南包括了如何与患者讨论停用除颤仪的详细介绍，但关闭起搏器仅包含在文件最后一页有关停用起搏器程序的概要中。指南建议到"总的来说，起搏器停用是不可取的。这也是为什么随访中并不提及这个话题"，即植入后进行的设备控制门诊或与心脏科医师的其他咨询（Anonymous 2013, 20）。但是，当患者或她/他的家庭医师要求停用以缩短绝症患者受苦的时间时，可能会讨论起搏器停用。因此，在荷兰，提出停用讨论的责任完全落在患者或她/他的全科医师身上。

这种对起搏器停用采取谨慎态度的方式对与这些植入物共同生活

的人及其家人产生了重大影响。由于他们没有被告知停用的可能性——荷兰心脏病学会提供的患者信息手册[11]也没有停用,手册仅提及除颤仪问题——对起搏器可能如何影响死亡轨迹,他们被蒙在鼓里。面对死亡过程中戴内置心脏设备的人及其近亲可能面对的情感困惑,这些缺失帮不了他们建立韧性。值得注意且相当痛苦的是,这些共识文件和指南甚至忽略了具体说明当连线心脏赛博格临近生命终点可能出现哪些脆弱性和焦虑。内置心脏设备的不可见性可能会阻止全科医师或其他医护人员通过向他们的患者提供这些必要信息来填补这一空白。如戈尔茨坦(Nathan Goldstein)及其同事所指出的,"物质性提醒的不可见性"是医师通常不与临终患者讨论除颤仪停用的原因之一(Goldstein et al. 2007, 4)。虽然戴起搏器或除颤仪的人必须随时携带设备识别卡(见第五章),但医护人员可能并不总会检查患者是否有这样一张卡或可能无法获取患者的医疗记录,这可能特别会发生在但不限于紧急情况下。

因此,连线心脏赛博格和他们的家人很大程度上得依靠自己,就起搏器会如何影响死亡过程和死亡的焦虑以及在生命走向终点时是否应该选择停用起搏器的担忧建立韧性。因此,本章的最后三节将探讨,在缺乏医护人员明确指导的情况下,荷兰患者及其近亲如何设想并经历戴运行中或停用了的起搏器的死亡轨迹。我们将追随以下三位戴起搏器患者的家属的经历:

—— 克莉丝汀(58岁),詹森女士的女儿,詹森女士[12]是一位92岁的女性,想知道她的生命在起搏器影响下会如何结束;

—— 安德鲁(63岁),巴克先生的儿子,在巴克先生去世前不久请求医师关闭了他96岁高龄父亲的起搏器[13];

——玛丽亚（54岁），目睹了她70岁母亲彼得森女士的死亡，当时起搏器还在运行。

设想死亡轨迹："我会死吗？"

83岁时，詹森女士被诊断出血管阻塞，并接受了疏通冠状动脉的手术（血管成形术）。五年后，由于健康状况不佳多次入院治疗后，她的心脏科医师敦促她考虑植入起搏器。起初，她的女儿克莉丝汀有些存疑，因为她不知道她母亲脆弱的身体能否支撑植入手术——"她血管那么细"——并且她也排斥对老人"无穷无尽的治疗"。因为她不知道起搏器到底是什么，她咨询了她的前伴侣——一位医院专家——了解这些设备的优缺点。权衡受益与风险后，詹森女士同意了植入，因为她认为植入要比血管成形术侵入性低很多，并且希望起搏器会缓解她疲劳的情况。当我访谈克莉丝汀时，她母亲已经与起搏器共同生活了四年。她们对该设备均持正面评价，因为它减轻了詹森女士的疲乏，使她能够在家做此前好些年都无法做的日常事务。然而，当她的心脏科医师告诉她在设备检查时显示的起搏器在门诊随访前期的激活时间表明她的心脏已完全依赖起搏器的能动性时，她内心的平静被严重打破。当时陪同母亲随访的克莉丝汀告诉我，得知这个消息，她母亲如何变得非常沮丧，尤其是当心脏科医师继续解释起搏器依赖的好处时。据心脏科医师所说，变成起搏器依赖的好处是当她出事时，他们能关闭起搏器。尽管这一解释意图安抚詹森女士，但它一点都没能宽慰到她。如克莉丝汀回忆的：

第八章 / "我们应该关闭起搏器吗?"

她告诉她是为了安抚她,那倒是方便,因为,嗯,她没有这么说,但我们明白这是个轻松的死法,有点像安乐死。我母亲非常震惊,不是因为安乐死,而是如果他们不关闭起搏器,她会发生什么事?那是她说的第一句话。因为她希望能像父亲那样悄然咽下最后一口气。但她想:"嗯,起搏器会让我心脏继续跳动。我死不了了。"那是非常可怕的恐惧。所以专家试图安抚她,但她的理解完全相反。(2014年访谈克莉丝汀)

克莉丝汀和母亲对心脏科医师关于关闭起搏器选项的解读方式反映了在医学专家对待起搏器停用的方式和患者及其家属体验关闭设备的举动之间存在天壤之别。与我之前描述的专家共识声明相反,詹森女士和她女儿将起搏器停用视为安乐死。她们并不害怕安乐死,但恐惧技术和医护人员对生命终结的控制。关于她依赖起搏器的信息让詹森女士意识到,她不能期望像丈夫那样"轻松"死去,因为她的心跳取决于一个只有医护人员才可以关闭的设备。知晓起搏器依赖的情况在很长一段时间都困扰着她。每次随访门诊期间,她都非常想知道测试结果,尤其是起搏器激活运行时间所占百分比。[14] 每次访视后,她都会打电话给克莉丝汀,告诉她测试结果。有次门诊中她的心脏科医师告诉她,她对起搏器的依赖降至40%时,她松了一大口气。然而,她的焦虑并没有完全消失,这不仅因为下一次随访门诊可能显示依赖程度又高了,还因为朋友们一直告诉她,她不能戴着起搏器死去并且她的心脏不会停止跳动。

克莉丝汀和她母亲的经历说明了关于起搏器可能如何影响死亡过程存在着丰富想象和焦虑。因为没有人告诉詹森女士和她女儿及朋友们这些设备是如何管理心脏的,他们依赖于自身对起搏器和死亡之间关系的理解。如第五章描述的，戴起搏器或除颤仪的人的孙子女也有相似的故事，并且认为由于戴着起搏器，他们的祖母或祖父永远不会死去（Anonymous 2011, 19）。根据美国心律学会提供的患者信息手册，期望起搏器让心脏永远保持跳动是一个常见的误解。在美国，与起搏器共同生活的人被告知，起搏器"实际上不为心脏跳动，但它递送能量来刺激心肌跳动"。当人停止呼吸，身体不再接收氧气，而"即使有起搏器，心肌也将死亡并停止跳动"（Snipes et al. 2014, 3）。不同于美国患者，由于没有专门的患者信息手册或荷兰语在线信息资源提供给患者，荷兰患者无法依靠易于获取和理解的有关起搏器能动性的信息。当心脏科医师告诉她们詹森女士对起搏器依赖时，克莉丝汀和她母亲才意识到起搏器对心脏做了什么。

为了帮助她母亲建立应对焦虑的韧性，克莉丝汀决定去了解，如果母亲戴着工作中的起搏器死去，到底会发生什么。由于心脏科医师没有向她们提供所需的资源，克莉丝汀又找到她的前伴侣。尽管她试图向母亲解释她了解到的有关起搏器的知识，她意识到她母亲很难理解该设备如何管理她心跳的信息。然而，对克莉丝汀来说，她所获的信息是非常令人安慰的并且帮助她克服了对母亲会如何死去的恐惧。如她解释的：

> 我不确切地知道……但我确定你会死去。但我认为它［她母亲的起搏器依赖——作者注］会起到相反作用。如果我妈妈出了什么事，你肯定会关闭它，所以你不会需要任何糟糕的吗啡或经历令人难堪的过程。她不会经历那种痛苦。我觉得那很让人安心，我妈妈将会以这种方式过世。（2014年访谈克莉丝汀）

因此,克莉丝汀对起搏器停用会给母亲带来平静死亡方式的期望大大降低了她的担忧。她告诉我,她知道她母亲想要什么,因为她已经表达过在临近死亡时不希望被救回的愿望,这在过去十年发生了三次。再次引用克莉丝汀的话:"我真的很想满足她的愿望。"

因此,詹森女士和她女儿关于起搏器会如何影响死亡过程的观点揭示了所设想的两种不同的死亡轨迹。起初,两人均以为起搏器会让詹森女士保持心跳从而阻碍死亡过程。当詹森女士的心脏科医师告诉她们起搏器会如何影响死亡过程时,另一个死亡轨迹出现了。随后,她们不再将起搏器视为死亡过程的障碍,而是将其视为一种至少当起搏器关闭时,可以让死亡不那么痛苦的设备。如我们将在下一节看到的,停用起搏器和死亡过程之间的关系并没有那么简单。尽管医学文献一致认为患者可以在不关闭起搏器的情况下死于绝症,但对于起搏器关闭后患者何时真正会死亡存在许多不确定性。克莉丝汀和她母亲的故事说明了缺乏起搏器如何影响心脏和死亡轨迹的信息如何导致一种责任地理,在其中了解这些重要事件的责任完全委派给了家人。当母亲对死亡变得焦虑时,克莉丝汀承担起一系列责任来了解情况、教育她自己和母亲、陪同母亲去一些随访检查并让她放心不用为她的死亡担心太多。当然,发生在克莉丝汀和她母亲身上的事也可能发生在其他情况,即当年迈的父母病重并越来越依赖他们的子女(常常是女儿)时(American Sociological Association 2014)。因此,起搏器应被视为家庭的另一项责任。重要的是,缺乏明确的医学指南严重限制了应对死亡过程的情绪困扰建立韧性。相反,它制造了若医护人员提供了必要信息可以避免的焦虑和担忧。

起搏器停用后等待死亡："我们曾希望若关闭起搏器，就结束了"

为了解当患者及其家人决定要求医师关闭起搏器时会发生什么，我在这里介绍巴克先生的案例。巴克先生在86岁时因心跳过缓且越来越疲劳而植入了起搏器。植入手术后，他感觉好多了，并如他儿子安德鲁所说，"又变回了原来的自己"。尽管巴克先生和他妻子和孩子们对第一个起搏器非常满意，但当九年后必须替换此设备时，他们变得不那么确定了。如巴克先生的女儿格洛丽亚所回忆的[15]，他们想知道为什么要折磨一个95岁高龄的人让他入院治疗，即便是场"小"手术并且起搏器非常"老"了。但是，巴克先生还是接受了第二个起搏器并在植入后度过了一个非常糟糕的夜晚。一年后，他的身心健康状况恶化太多，他告诉家人他不想再活下去了。安德鲁告诉我，他父亲几乎已经不能行动，说话有困难，并且非常抑郁。尽管他神志清楚，但常做又一次经历第二次世界大战期间被关在集中营的噩梦。巴克先生一生都积极参与欧洲和平政策，由于不能再在公共生活中起任何重要作用，他也感到沮丧。

在与子女长谈后，他请求曾作为荷兰议会第二议员推动安乐死立法的安德鲁结束他的生命。或如安德鲁所解释的：

> 他敦促我结束他的生命。嗯，他96岁了，过了精彩纷呈的一生，并且每晚从集中营的回忆里满身大汗地醒来。但他不想告诉妻子他想离开了。他对我明确表达他再也活不下去了。我告诉他，不太可能找到医师愿意帮助他死去，但他可以停止服用药物。那

第八章 / "我们应该关闭起搏器吗？"

次谈话后，我记得是个周日，他喝了杯烈酒，然后如释重负：可以说，我把它［死亡］掌握在自己手中。第二天他就停药了。（2013年访谈安德鲁）

因此，安德鲁面临了巨大的责任，但愿意尽最大可能帮助他父亲。然而，家人担心他们父亲的起搏器可能会阻止他死亡。或者，再次引用安德鲁的话：

> 突然间，我们非常纠结起搏器的问题。想象一下他会死去。但如果心脏继续跳动，死亡又是什么？……因为我父亲已经决定停止用药……是否还可以关闭起搏器呢？这可能确实会加速死亡过程……这符合他求死的意愿，所以理应停用起搏器。当我们讨论它时，他非常热情。但随之而来的问题是：如何才能关闭这个东西？（2013年访谈安德鲁）

因此，与詹森女士和她女儿一样，巴克先生的家人设想了一种起搏器会阻止他们的父亲死亡并且该设备会在他死后让他的心脏持续跳动的死亡轨迹。[16] 当他们与父亲的心脏科医师讨论起搏器停用、电生理医师最终关闭巴克先生的起搏器时，一家人开始意识到他们对起搏器会阻止他们父亲死亡的期望是不正确的。或如格洛丽亚所说：

> 直到现在我才意识到信息有多么的不足……那个心脏会持续人工跳动的折磨人的想法根本没有必要。我希望所有人都知道这一点。（2013年格洛丽亚电子邮件）

因此，巴克先生和他近亲的经历再次说明了医疗信息的缺乏如何带来了不必要的焦虑和不确定性，这些焦虑和不确定性限制了他们应对这段时期所面临的重大困扰建立韧性。在等待他们父亲死亡期间，家人们还意识到他们必须调整对停用影响死亡时间的期望。虽然在美国，家人可以很容易地获取患者信息，其中解释了关闭起搏器可能不会带来立即死亡，并且停用的后果因人而异[17]，巴克先生和他的家人不得不以艰难的方式学会这一点。安德鲁告诉我将近花了一周时间他父亲才死去。由于他父亲也接受了安宁镇静治疗，他们预计他会在24小时内死亡并且已经为他的葬礼做好了必要准备。如安德鲁追忆的：

> 奇怪的是停用没有任何立竿见影的效果。或许生命已经基本离开了他，并没有多少剩下了。他每天只有几个小时是清醒的。心脏只是继续跳动。我们实际上曾经希望，如果我们关闭了起搏器，那就结束了。但那并没有发生。他已经如此疲倦，起搏器或许已起不到什么作用了。(2013年访谈安德鲁)

巴克先生的家人在实践中学到了在荷兰指南中所描述的但没有告知患者的内容，即起搏器停用通常不会产生直接后果，尤其是当患者卧床不起并且不再能够进行体力活动时(Anonymous 2013, 4)。[18] 我访谈的一位技术人员告诉我，除颤仪也会带来类似的经历，即家人通常期望停用该设备会导致立即死亡。当他们到患者家里关闭除颤仪时，有时会遇到对技术人员来得太快感到难过的家人，因为有些家人还没有赶到，而他们都希望停用后亲人离世时都能在身边(2012年访谈3号技术人员)。因此，信息缺失不能帮助患者及其家人为设想起搏器停用后的死亡轨迹做充分的准备。巴克先生的例子说明他的死亡轨迹如何发展成为一段有关他的死亡能力和死亡时间的不必要的焦虑期。[19]

戴着运行中的起搏器死亡:"起搏器开始疯狂地发出嘟嘟声"

与戴着停用的起搏器死去的巴克先生相比,大多数植入起搏器(或除颤仪)的人去世时设备没有关闭(Padeletti et al. 2010, 1481; Goldstein et al. 2004)。因此,在本章最后一节,我介绍彼得森女士的案例,她在急诊室过世时,起搏器还在运行。退休前做公司秘书的彼得森女士在 69 岁时被诊断出肺癌。当她在医院接受癌症治疗时,医生发现她经历过短暂的心跳停止。因为她经常摔倒,做出了给她植入起搏器的决定。半年后,她出现严重的腹部疼痛,被救护车紧急送往医院。在急诊室,他们诊断出现肠穿孔并告诉陪同母亲乘救护车前来的女儿玛丽亚,她需要接受侵入性手术。因为玛丽亚知道由于遭受了太多癌症治疗的严重副作用折磨,母亲不想再接受手术——"实际上她被治疗太久了"——她请求医师不进行手术。彼得森女士当时依然清醒,确认了女儿的请求,医生也决定不再干预。玛丽亚告诉我,在母亲告诉她,她女儿"是发生在她身上最棒的事"后,母亲很快就睡着了,然后就去世了。尽管母亲最后的告别成为玛丽亚珍贵的回忆,但母亲的死亡对她是压力非常大的一次经历。她母亲过世的那一刻,她被巨大的嘟嘟声打扰了,或如玛丽亚回忆的:

> 她死去那会儿起搏器开始疯狂地发出嘟嘟声,因为它认为

"我必须做点什么"。我根本不明白发生了什么,但他们[医护人员——作者注]知道是怎么回事,因为他们可以在监视器上看到。她与急诊室的所有那些机器相连。他们看到它也意识到了,哦,天,是起搏器。然后一位护士说,"哦,是起搏器",然后她向我道歉并关掉了机器。(2013年访谈玛丽亚)

尽管巨大的嘟嘟声不是来自起搏器本身而是心脏监护仪,但这信号不仅让玛丽亚还让护士困扰并担忧。由于护士们不知道彼得森女士戴着起搏器,所以当他们听到警告音并看见心脏监护仪上记录的起搏器电脉冲的心电图时,才意识到它的存在。当患者死亡时[20],心脏监护仪会发出长而连续的音调并显示不变的基线,但在彼得森女士一例中,监护仪没有显示水平线而开始快速地发出嘟嘟声。如玛丽亚告诉我的:

> 我看到监护仪上的心电图疯狂地震荡着。然后是嘟嘟声和护士的惊吓。他们事前不知道她戴了起搏器,但他们目睹它发生。那是相当难堪的事。嗯,那是……机器控制了这件事。(2013年访谈玛丽亚)

彼得森女士的死亡说明了无形地隐藏在体内技术的另一个后果。内置心脏设备的不可见性不仅会如第五章所示,复杂化与它们共同生活的人的日常生活,还会塑造人们死去的方式。如前面简要提及的,医护人员可能不会意识到匆忙来医院的人,尤其是来急诊室的,会戴着起搏器或除颤仪,因为没有明显的标记提醒他们这些植入物的存在,至少当患者穿着(睡)衣服时。这让他们考虑是否应该在死前关闭设备

第八章 / "我们应该关闭起搏器吗？"

变得不可能。但当患者死亡时，那不可见但依然工作的起搏器用巨大的响声和电流曲线让其存在可听可见。起搏器和心脏监护仪的能动性可以极大地破坏死亡过程，正如玛丽亚对她所经历的母亲死亡的描述所例证的：

> 我看着她放下一切离开。我非常专注于她。我想："哦，现在她离开人世了……"当这一切正在发生时，那个设备开始发出巨大的嘟嘟声……实际上，在急诊室死去的整个过程都令人震惊……所有那些围在她身边的人跟你一点关系都没有，还有所有那些机器。那是个无论如何超级技术化的世界，但起搏器的嘟嘟声还是那么响亮刺耳。

虽然玛丽亚意识到目睹某人在急诊室死去本身就给人很大压力，但起搏器让事情变得更糟。因此，彼得森女士的案例说明了内置心脏设备如何导致另一类被破坏的死亡。运行中的除颤仪可能会通过电击干扰死亡过程，而运行中的起搏器则可能会制造这样一种死亡轨迹，即因为起搏器和心脏监护仪的互动能动性发出令人心烦的声音，家人无法沉浸在他们近亲死亡的那一刻。因此，玛丽亚经历母亲去世的方式与欧版和荷兰共识声明阐述的死亡轨迹形成鲜明对比，后者强调了因为运行中的起搏器不会干扰死亡过程从而不会造成过度负担。在这些专家意见里，家人或他人在急诊室目睹亲人的死亡显然没有被考虑在内。没有任何资源可以帮助家庭成员为戴着运行中的起搏器死亡期间可能发生的事情做好准备，这严重地破坏了他们应对父母死亡的情感困扰的韧性。

技术介导的死亡轨迹

反思我的发现，我得出结论，关于起搏器如何影响死亡过程的焦虑和不确定性不仅限于连线心脏赛博格本身。本章呈现的权利和责任地理显示，协助植入起搏器的父母做出有关停用他们植入物决定的责任很大程度上被委派给了近亲，这些人对他们父亲或母亲戴着停用或运行中的起搏器死亡会发生什么自身也存在恐惧。缺乏明确的医疗指南只会增加他们的情感负担。因为他们无法依赖必要的医疗资源，近亲和连线心脏赛博格本人必须依靠他们自己对起搏器如何塑造死亡过程的想象。如我们所见，植入起搏器的人及其家人设想的死亡过程与专家共识声明阐明的死亡轨迹之间存在重大差异。第一个差异涉及死因。在美版、欧版和荷兰文件中，起搏器停用后的死亡轨迹被定义为不同于安乐死或医生协助自杀，因为患者会死于所患疾病而非致死物质的提供。然而，詹森女士和她女儿克莉丝汀的例子说明关闭起搏器依赖性患者的起搏器可能会被体验为安乐死。对他们来说，起搏器停用与安乐死相似，因为他们关心的是对死亡时间的影响而非死亡原因。因此，他们看待起搏器停用的方式呼应了那些把关闭没有自主心律患者的起搏器的行为定义为安乐死的医师的担忧（Padeletti et al. 2010, 1487; Lampert et al. 2010, 1013）。然而，这中间也存在一个重要区别。医师坚持将起搏器依赖性患者的起搏器停用归为安乐死作为不关闭该设备的理由，而克莉丝汀和母亲却因为起搏器停用可能会带给詹森女士平静的死亡，欣然接受了它。

共识声明描述的死亡轨迹与戴内置心脏设备的人及近亲的经历之间存在的第二项主要差异是起搏器停用对死亡时间的影响。尽管专家文件表示不确定在起搏器关闭后多久有自主心律的患者后会离世，但他们

第八章 / "我们应该关闭起搏器吗？"

也强调，撤销起搏器治疗不太可能导致立即死亡，尤其是当患者卧床不起时。这与我描述的其中一个家庭的期望形成了鲜明对比，他们期望父亲的起搏器关闭后会很快离世。巴克先生及其家人的故事例证了当家人经历关闭起搏器并不会加速他们亲人死亡时，给家人带来的情绪困扰。

最后，医疗专家、连线心脏赛博格及其家人对运行中的起搏器如何影响死亡轨迹的看法也存在重要差异。尽管美国共识声明提示依然工作的起搏器可能会给患者带来过度负担，但没有具体说明这种负担意味着什么，欧版和荷兰文件则阐明了起搏器不会创造不需要负担的死亡轨迹。这些文件对"负担"采用狭义方式将其定义为不存在由起搏器能动性造成的疼痛感，却忽略了非身体负担。前文描述的患者及其家人的经历例证了戴着运行中的起搏器死亡如何会带来情感上而非身体痛苦方面的过度负担。如詹森女士和巴克先生及他们的家人的事例说明，连线心脏赛博格及其近亲担心死亡后起搏器是否会让心脏继续跳动，以及起搏器是否会阻止他们死亡。戴起搏器的人及家人还担心起搏器是否会让"轻松死亡"变得不可能。尽管这些期望被证明是错误的，但关于起搏器如何影响死亡过程的丰富想象在其后果方面却是真实的。缺乏有关起搏器干预死亡过程能力的信息，将他们亲人的死亡轨迹变为了一段新的却不必要的焦虑期，担心技术将如何控制死亡过程。这些恐惧不能仅从缺乏患者信息的角度来理解；它们也说明了人们认为心脏相关技术具有能动性。因为心脏在保持身体存活方面起着至关重要的作用，而且我们生活在一个机器能够获得许多人类能力的时代，引入调节心跳的技术很容易被赋予神话般的能动性，即使在死后也是如此。尽管赛博格身体不再是科幻小说而是活生生的现实，虚构的想象仍然塑造着日常赛博格及其家人和朋友的生活。

建立对临终过程中出现的情感困惑韧性不仅因缺乏有关起搏器如何影响死亡过程信息而受阻，还因缺乏有关起搏器在死亡后不久的实际能动性的信息而受阻。彼得森女士和她女儿玛丽亚的例子例证了仍然活跃的起搏器如何扰乱家人或其他见证亲人死亡的人所经历的死亡过程。起搏器和心脏监护仪互动产生的分散注意力的声音让他们无法完全专注于死亡的那一刻。因此，美版共识声明提到的这种"间接负担"对患者及家人都是巨大的。我的研究表明，起搏器在死亡轨迹的形成中发挥作用，在这些估计中，对设备设想的和死后实际的能动性的焦虑构成了连线心脏赛博格及其家人的主要负担。医疗指南的缺乏带来了恐惧和担忧，它们削弱并破坏了对忍受这一艰难且苛求的生活阶段至关重要的韧性。

与巴尼·格拉泽和安塞姆·施特劳斯（Glaser & Strauss 1968）在他们对20世纪60年代美国医院死亡管理的开创性研究相似，本章说明了对患者死亡的预期如何在塑造死亡轨迹方面发挥重要作用。因此，很容易得出这样的结论：在格拉泽和施特劳斯做研究时[21]尚未得到广泛使用的起搏器的引入并没有实质性地改变人们经历死亡过程的方式。然而，前文描述的戴着起搏器生活和死去的人的死亡轨迹不仅涉及对死亡时间的担忧，还涉及对植入体内调节心脏的技术能动性的不确定性和担忧。在这方面，重要的是要记住起搏器不是唯一改变死亡过程的技术。与起搏器和除颤仪一起，呼吸机、人工心脏和心脏瓣膜、大脑植入物等技术，以及许多其他新兴植入物都影响着重新定义面对生命终结的意义。因此，我认为重要的是扩展格拉泽和施特劳斯引入的死亡轨迹研究方法，将技术塑造死亡过程的方式包含在内。格拉泽和施特劳斯将死亡轨迹的分类限制在人们对死亡时间的预期差异上[22]，但

第八章 / "我们应该关闭起搏器吗？"

外部机器或植入物将如何改变对死亡过程和死亡的预期也同等重要。毋庸置疑，我并非提出要把技术介导的死亡轨迹列为一个独特的、独立的类别。格拉泽和施特劳斯区分的死亡轨迹，以及伦尼（Lunney）及同事根据导致死亡的疾病（包括猝死、绝症、器官衰竭和虚弱）进行的分类，都可能由技术塑造（Lunney et al. 2002, 2003）。本章介绍的案例说明死亡轨迹中起搏器和疾病——彼得森女士的肺癌和巴克先生的虚弱——在塑造从生到死的过渡中均发挥了重要作用。

理解这些技术介导的死亡轨迹是重要的，因为在死亡过程，干预生死的技术给患者及其家人参与技术可能发挥作用带来一种新的参与方式（Kaufman 2015, 15.142）。这种新参与方式可能不仅包括决定是否关闭设备，还可能涉及了解运行中的设备可能如何给连线心脏赛博格及其家人带来过度负担的知识。前文描述的权利和责任地理表明，变得精通技术的责任负担往往完全留给了患者及其家人。患者及其家人还被认为应该主动向医护人员提出停用讨论，并为死后可能发生的事做好准备。因此，本章揭示了不同于第五章所描述的另一种预期工作。戴起搏器的人及其近亲不仅必须通过预期日常环境中的技术物如何负面影响他们设备的能动性参与到保持混合身体存活的工作，他们还必须在死亡过程中参与防止起搏器带来过度负担的预期工作。

注释

1 见 Kaufman (2005, 2011) 和 Pollock (2008) 两个值得注意的例外。
2 实际上，死亡可被视为技术—医学创新的一个重要驱动力（Brown & Webster 2004, 19）。

3 可以肯定的是，心力衰竭患者可能会接受起搏器、除颤仪或心脏再同步治疗设备。这些设备的共同点是它们都包含能同时起搏双侧心室的功能，即心脏再同步治疗。

4 在我所研究访谈的心脏病患者中，仅有一人明确反思了除颤仪可能影响他死亡的方式。

5 见第七章对除颤仪适应症状扩展的描述。

6 2010年5月14日，美国心律学会发表了《临近生命末期或要求撤除治疗的患者中管理心血管植入式电子设备的专家共识声明》（Lampert et al. 2010）。欧洲心律学会是该文章的共同作者之一。三个月后，该组织发表了自己的共识声明，其中美国同行美国心律学会给予了类似合作（Padeletti et al. 2010）。除颤仪停用的荷兰建议出台于2013年（Anonymous 2013）。

7 为临近生命终点的患者提供的安宁疗护旨在通过治疗疼痛及心理、生理问题来提高生活质量（Padeletti et al. 2010, 1481）。

8 值得注意的是，欧版共识声明没有具体说明在哪些欧洲国家法律禁止停用起搏器。

9 见第七章对起搏器或除颤仪可包含的不同功能的说明。

10 若由公司代表执行停用，他们应在一名医护人员的直接监督下工作（Lampert et al. 2010, 1019）。

11 荷兰心脏病学会（2013）。在荷兰开展除颤仪植入的主要学术性医院，例如莱顿大学医学中心，在心脏诊所的等候室里也有告知患者应该考虑在生命尽头应如何处置除颤仪的海报（2014年访谈14号除颤仪患者）。

12 出于隐私原因，我用虚构的名字指代这三位受访者。

13 除了访谈安德鲁，他的姐姐格洛丽亚也给我发了电邮，提供了她对起搏器如何影响她父亲死亡的描述。

14 见第三章对每年两次的心脏门诊检查的详细描述。

15 巴克先生的女儿格洛丽亚2013年8月7日发来的电子邮件。

16 我为研究访谈的植入起搏器的人中还有一位对起搏器可能如何影响他的死亡表达了类似的担忧（2011年访谈1号起搏器患者）。

17 美国心律学会提供的患者信息手册（Snipes et al. 2014, 3）。

18 只有起搏器依赖性患者会在设备停用后立即死亡（Lampert et al. 2010, 1017）。

19 当我2019年5月结束本书写作时，詹森女士还活着并且也焦虑起搏器将如何影响她的死亡。与此同时，她的心脏科医师已经决定，当电池耗尽时不再替换她的起搏器，这个决定可能受到詹森女士担忧的影响（2018年5月12日、2019年4月6日与克莉丝汀口头交流）。

20 心脏监护仪通过在屏幕显示心电图波形记录心脏的电活动,当患者死亡时,心电图波形会逐渐变弱并最终趋于水平线(Rodgers 2011)。

21 有趣的是,格拉泽和施特劳斯出版的两本书中简要提及了起搏器:《死亡时间》(*Time for Dying*,1968)和《死亡意识》(*Awareness of Dying*,1965)。然而,他们主要关注的是护士的工作而不是患者及其家人,并且没有反思起搏器在塑造死亡轨迹方面的作用。

22 在他们的分类中,格拉泽和施特劳斯区分了可能由致命意外事故导致的"猝死"(sudden death);在癌症等情况下可能发生的"缓慢痛苦死亡"(lingering death);患者被送回家并可能再活数年的"缓期轨迹"(suspended-sentence trajectory);以及患者的健康状况缓慢恶化,她/他可能经历数次住院和返家的"入院-再入院轨迹"(entry-re-entry trajectory)(Glaser & Strauss 1968, 6)。

参考文献

Akrich, M. (1992). The de-scription of technical objects. In W. Bijker & J. Law (Eds.), *Shaping technology – Building society: Studies in sociotechnical change* (pp. 205–244). Cambridge, MA/London: MIT Press.

American Sociological Association (ASA). (2014, August 19). Daughters provide as much elderly parent care as they can, sons do as little as possible. *ScienceDaily*. www.sciencedaily.com/releases/2014/08/140819082912.htm. Accessed 13 Feb 2017.

Anonymous. (2011). Mijn opa kan niet doodgaan! *ICD Journaal, 3*, 19.

Anonymous. (2013). *Richtlijn ICD/pacemaker in de laatste levensfase*. Utrecht: Nederlandse Vereniging voor Cardiologie.

Berg, M., Horstman, K., Plass, S., & van Heusden, M. (2000). Guidelines, professionals and the production of objectivity: Standardisation and the pro fessionalism of insurance medicine. *Sociology of Health & Illness, 22*(6), 765–791.

Brown, N., & Webster, A. (2004). *New medical technologies and society: Reordering life*. Cambridge/Malden: Polity Press.

Chaitsing, R., Theuns, D. A. M. J., & Pedersen, S. S. (2014, January). Uitschakelen van de ICD in delaatste levensfase: het perspectief van de patient. *STIN.* https://www.stin.nl/leven-met-de-icd/sociaal-maatschappeli-jke-artikelen/uitschakelen-van-de-icd-in-de-laatste-levensfase.htm. Accessed 13 Nov 2017.

Corbin, J., & Strauss, A. (1991). A nursing model for chronic illness management based upon the trajectory framework. *Scholarly Inquiry for Nursing Practice, 5*, 155–174.

Dickerson, S. S. (2002). Redefining life while forestalling death: Living with an implantable cardioverter defibrillator after a sudden cardiac death experience. *Qualitative Health Research, 12*(3), 360–372.

Glaser, B. G., & Strauss, A. L. (1965). *Awareness of dying.* Chicago: Aldine Publishing.

Glaser, B. G., & Strauss, A. L. (1968). *Time for dying.* Chicago: Aldine Publishing.

Goldstein, N. E., & Lynn, J. (2006). Trajectory of end-stage heart failure: The influence of technology and implications for policy change. *Perspectives in Biology and Medicine, 49*(1), 10–18.

Goldstein, N. E., et al. (2004). Management of implantable cardioverter defibrillators in end of life care. *Annals of Internal Medicine, 141*, 35–38.

Goldstein, N. E., et al. (2007). It's like crossing a bridge. Complexities preventing physicians from discussing deactivation of implantable defibrillators at the end of life. *Journal of General Internal Medicine, 23*(1), 2–6.

Goldstein, N. E., et al. (2008). That's like an act of suicide: Patients' attitudes toward deactivation of implantable defibrillators. *Journal of General Internal Medicine, 23*(1), 7–12.

Gross, S. K., Lavi, S., & Boas, H. (2019). Medicine, technology and religion: The case of brain death definition in Israel. *Science, Technology and Human Values, 44*(2), 186–208.

Hadders, H. (2009). Enacting death in the intensive care unit: Medical technology and the multiple ontologies of death. *Health, 13*(6), 571–587.

Hallenbeck, J. L. (2003). Dying trajectories and prognostication. In J. L. Hallenbeck (Ed.), *Palliative care perspectives.* Chapter 2. Oxford: Oxford University Press.

Hamel, R. (2010). *Implantable cardiac devices at life's end: Is deactivation morally licit?* https://www.chausa.org/docs/default-source/general-files/379da35e69dd4cd397bd2417db0556851-pdf. Accessed 10 Oct 2017.

Hauptman, P. J., Swindle, J., & Hussain, Z. (2008). Physician attitudes towards end-stage heart failure: A national survey. *American Journal of Medicine, 121*, 127–135.

Hill, L., et al. (2016). Implantable cardioverter defibrillator (ICD) deactivation discussions: Reality versus recommendations. *European Journal of Cardiovascular Nursing, 15*(1), 20–29.

Kaufman, S. R. (2005). *... and a time to die: How American hospitals shape the end of life*. Chicago/London: The University of Chicago Press.

Kaufman, S. R. (2011). Ironic technology: Old age and the implantable cardioverter defibrillator in U.S. health care. *Social Science and Medicine, 72*(1), 6–14.

Kaufman, S. (2015). *Ordinary medicine: Extraordinary treatments, longer lives, and where to draw the line*. Durham/London: Duke University Press.

Kellehear, A. (2008). Dying as a social relationship: A sociological review of debates on the determination of death. *Social Science & Medicine, 66*(7), 1533–1544.

Kramer, D. B., Mitchell, S. L., & Brock, D. W. (2012). Deactivation of pacemakers and implantable cardioverter-defibrillators. *Progressions in Cardiovascular Disease, 55*(3), 290–299.

Lampert, R., et al. (2010). HRS expert consensus statement on the management of cardiovascular implantable electronic devices (CIEDs) in patients nearing end of life or requesting withdrawal of therapy. *Heart Rhythm, 7*(7), 1008–1026.

Lock, M. M. (2004). *Twice dead: Organ transplants and the reinvention of death*. Berkeley: University of California Press.

Looi, Y. C. (2006). And it can go on and on. *Journal of Pain Symptom Management, 31*, 1–2.

Lunney, J. R., Lynn, J., & Hogan, C. (2002). Profiles of older medicare decedents. *Journal of the American Geriatric Society, 50*, 1108–1112.

Lunney, J. R., Lynn, J., Foley, D. J., Lipson, S., & Guralnik, J. M. (2003). Patterns of functional decline at the end of life. *The Journal of the American Medical Association, 289*, 2387–2392.

Lupton, D. (2012). *Medicine as culture: Illness, disease, and the body* (3rd ed.). Los Angeles/London/New Delhi/Singapore/Washington, DC: Sage Publications.

Nambisan, V., & Chao, D. (2004). Death and defibrillation: A shocking experience. *Palliative Medicine, 18*, 482–483.

Nederlandse Vereniging voor Cardiologie. (2013). *Implanteerbare cardioverter defibrillator (ICD) en het levenseinde. Patiënten folder ter voorlichting van patiënten met een ICD en hun behandelend arts*. Utrecht.

Padeletti, L., et al. (2010). EHRA expert consensus statement on the management of cardiovascular implantable electronic devices in patients nearing end of life or requesting withdrawal of therapy. *Eurospace, 12*, 1480–1489.

Pernick, M. S. (1999). Brain death in cultural context: The reconstruction of death, 1967–1981. In S. J. Youngner, R. M. Arnold, & R. Shapiro (Eds.), *The definition of death: Contemporary controversies* (pp. 3–33). Baltimore: Johns Hopkins University Press.

Pollock, A. (2008). The internal cardiac defibrillator. In S. Turkle (Ed.), *The inner history of devices* (pp. 98–110). Cambridge, MA: MIT Press.

Pollock, A. (2015). Heart feminism. *Catalyst. Feminism, theory, technoscience, 1*(1), 1–30.

Riley, J. W. (1983). Dying and the meaning of death. *Annual Review of Sociology, 9*, 191–216.

Rodgers, T. (2011). "What, for me, constitutes life in a sound?": Electronic sounds as lively and differentiated individuals. *American Quarterly, 63*(3), 509–530.

Snipes, G., Rosman, J., & Sears, S. (2014). *End of life and heart rhythm devices*. Washington, DC: Heart Rhythm Society.

Stoevelaar, R. (2018). Gesprek over deactiveren ICD wordt vaak te laat gehouden. *STIN Journaal, 3*, 8–11.

Wu, E. B. (2007). The ethics of implantable devices. *Journal of Medical Ethics, 33*(9), 532–533.

第九章

起搏器的二次生命：在南方国家为起搏器的再利用创建韧性植入物和基础设施

死后会发生什么？

在本书接近尾声时，还有一个重要问题留待解答以理解体内技术如何影响生与死。第一眼我们可能倾向于认为混合身体的生命周期随着连线心脏赛博格的死亡而终止。我第一次意识到故事并不就此结束是在我参观阿姆斯特丹一个墓园的博物馆[1]时，那里展出了火化后遗体残留的金属物质。其中一个陈列柜包括一组人工髋关节和膝关节，在远端我发现了一个爆炸后的起搏器（图 9.1 和图 9.2）。

我向博物馆服务人员询问此起搏器情况时，他告诉我其实应该在火化前取出该设备，并且取出的起搏器可被重复使用。显然，起搏器在死后还有生命：植入起搏器或除颤仪的人可能在这些设备停止工作前就抵达生命终点（Kramer et al. 2012）。

因此，本章将追溯死后发生的事情。如何从死者的身体里移除技

© The Author(s) 2020
N. Oudshoorn, *Resilient Cyborgs*, Health, Technology and Society,
https://doi.org/10.1007/978-981-15-2529-2_9

图 9.1　火化身体的金属遗骸藏品（由作者拍摄，荷兰葬礼博物馆 Tot Zover）

术设备？对这些回收设备的未来"使用者"来说，哪些脆弱性会出现，这些"使用者"又是谁？在介绍我这部分研究所使用的理论方法后，本章将描述美国、英国和荷兰为死后移除起搏器和除颤仪制定的相关政策。接着我将追踪在南方国家与创造韧性起搏器和与重复使用起搏器相配套的医疗保健基础设施相关的新兴实践。

路径创建、脆弱性和韧性

重复使用在技术设备的生命轨迹中并不少见。技术史上有许多当第一个使用者不再需要时设备如何重获新生的例子。重复使用的动机

第九章 / 起搏器的二次生命

图 9.2　爆炸的起搏器（由作者拍摄，荷兰葬礼博物馆 Tot Zover）

是多方面的。技术设备可能会找到新使用者，因为人们收集废弃的物品并修复或解构它们以重复使用有价值的部件，这可能是出于利润或可持续性的原因。重复使用未必涉及新使用者。有时，使用者对他们的机器如此依恋，以至于他们付出巨大努力来创建基础设施，以继续使用被生产商视为过时的设备。例如，在首次问世 25 年后，TRS-80 个人电脑还被热情的使用者保持着活力并运行着（Lindsay 2003）。促进重复使用也可以减少在贫困经济体的技术设备可及性不公平，例如北方国家的志愿者团体发起的眼镜重复使用项目，让在世界上眼镜不可及或太贵的地区能使用上这些辅助设备（Holden et al. 2000）。

尽管技术设备的重复使用越来越普遍，但为体内技术创造第二次生命更为特殊。如我们将在本章看到的,这些设备的重复使用面临着不同挑战。与体外技术不同,植入物首先必须从死者身体里取出才能被重复使用。如起搏器和除颤仪所示,这应该在火化或埋葬死者之前完成;或者在火化之后。

置换的髋关节和再造的膝关节是后一种方式的代表。[2] 此外,这些设备的重复使用需要在高度监管的医学世界中创造新的利基市场。为了解创造这些用于重复使用的利基市场所涉及的工作,我使用路径创建和路径依赖的概念。拉古·加鲁德和彼得·卡诺(Raghu Garud & Peter Karnoe 2001)提出了路径创建的概念,作为对技术变革进化论的关键干预,后者主要从路径依赖的角度描述技术发展。路径依赖方法强调历史对未来发展的重要性。由于前期的物质、社会和象征性投入,新技术的开发将基本与现有技术一脉相承(David 1985; Arthur 1989)。避孕技术的发展提供了一个路径依赖的显著例子,行动者继续专注于女性而非男性使用者,这导致发明了许多新的女性避孕药,但没有一个是给男性服用的(Oudshoorn 2003)。然而,加鲁德和卡诺认为技术开发人员可能并不总是循规蹈矩的;他们可能会通过"对物件进行有意识的偏离以创造新的未来"的方式,忽视既有结构性压力(Garud & Karnoe 2001, 1)。这不意味着历史不再重要。因此,路径依赖和路径创建应均被视为将技术变革作为"需要再生产和创造的变革过程"进行研究的相关概念(Karnoe & Garud 2001, 25)。

尽管多数路径创建和路径依赖研究都聚焦于新技术的设计过程,但我提出将这种方法扩展至包括技术设备的重复使用也很重要。与故意偏离既有结构的设计实践类似,重复使用需要由愿意偏离先前轨迹的行动者创造全新的使用路径。尽管为一项已在使用的技术寻找新使

第九章 / 起搏器的二次生命

用者未必涉及对原有设备的重新设计，但这肯定意味着与过去的割裂。如我将在本章描述的，因为涉及其他地理空间，为起搏器创造第二次生命需要建立新的基础设施。虽然新起搏器主要是植入富裕工业化国家公民体内，但重复使用的倡导者试图覆盖南方国家贫穷经济体的人们。同样重要的是，创造这些重复使用的利基市场需要转向其他行动者，而不是参与内置心脏设备原始设计的人。要理解为起搏器创造第二次生命所涉及的变革过程，我们必须纳入发明和生产这些设备的大学和工业界实验室工程师之外的其他世界。如我们本章所见，心脏科医师、葬礼和火葬场馆长、慈善组织以及已故心脏病患者的近亲都在回收起搏器方面起到关键作用。

解析路径创建过程对理解在为起搏器创造第二次生命过程中出现的脆弱性很重要。实际上是谁的身体受到影响？起搏器重复使用倡导者如何设想和配置取出设备的未来使用者？在降低起搏器重复使用的风险方面开展了哪些工作？重要的是，为起搏器重复使用创造路径涉及两类不同的使用者：捐赠其起搏器供死后重复使用的连线心脏赛博格，即首次使用者，以及接受取出设备的人，即二次使用者。我将追踪路径创建过程中出现的脆弱性，以及起搏器重复使用倡导者如何通过建立韧性起搏器和医疗保健基础设施来保护首次使用者和二次使用者免受潜在伤害。

死亡之后：解离混合身体

在参观过阿姆斯特丹墓园的小型展览后，我开始思索为什么植入的心脏设备实际上必须被移除。为什么去世后的混合身体不能简简单单地保留原样呢？为什么要打扰家人和朋友对他们亲人的身体进行另一次手术呢？从我收集的文件中，我了解到重复使用并不是大多数国家制定出解离混合身体程序的首要原因。移除起搏器和除颤仪的主要动机是这些设备存在爆炸的风险。如今，绝大多数植入式心脏设备都装有锂碘电池，它们会在火化过程中引起强力爆炸。[3] 此外，许多起搏器和除颤仪带有一种特殊的密封剂，在火化期间暴露在高温高压下也会爆炸。[4] 因此，尽管混合身体死去了，但他们的技术组件依然具有能动性。火化期间起搏器和除颤仪会以猛烈的爆炸宣告它们的存在。墓园的主人们担心这些爆炸，因为炸飞的金属会严重损坏火化炉的门和砖砌体。[5]

爆炸设备不仅会造成物质损失，还会给在火葬场附近工作的工作人员造成伤害，尽管后一种情况发生的频率较低（Gale & Mulley 2002）。此外，这些爆炸还会严重影响家人和亲属如何体验亲人的火化。植入式心脏设备的爆炸能动性可能会在火葬炉里肢解身体，从而使死者和观看此事件的亲属无法有尊严地火化（Anonymous 2015）。因此，起搏器和除颤仪获得一个新的不想要的身份。火化过程的高温将它们变成给火化炉带来损害、给火葬场工作人员带来损伤风险并且给死者身体带来不尊重对待的技术设备。尽管避免爆炸是移除植入式心脏设备最常被提及的原因，但移除它们还有另一个原因。由于锂电池会造成环境破坏，许多墓园建议将其移除以避免对墓地造成过多污染（Sawyer 2017; Erven & Smit 2010）。因此，死亡后混合身体的解离不仅涉及火化的尸体，还可以涉及埋葬的尸体。[6]

死亡后起搏器和除颤仪的移除给医师、殡仪馆馆长、火化人员以及死者的近亲带来了新的责任。鉴于美国、英国、荷兰及其他欧洲国

第九章 / 起搏器的二次生命

家[7]不断增长的植入式心脏设备数量及火化人数的增长，大多数火葬场和葬礼组织都制定了关于谁负责移除这些设备的实用指南。在英国，医师有法律责任在他们患者死后查验他们的身体，并填写一份表格，询问患者是否曾戴起搏器或除颤仪以及如果是，设备是否已被移除。火化尸体之前这些表格必须被签署完毕。由于修复起搏器爆炸造成的损害可能非常昂贵，医师、卫生当局以及殡仪馆和火葬场馆长可能会被认定赔付起搏器留在体内时造成损失的责任（Gale & Mulley 2002; Sawyer 2017）。在美国，起搏器和除颤仪移除也是强制性程序，负责执行逝者遗愿的家人和亲属应该告知殡仪馆太平间或火葬场的工作人员，他们的亲人是否戴有起搏器或除颤仪并且该设备必须被移除。[8]在英国和荷兰，家人和亲属的责任还包括签署移除和保留所植入心脏设备的同意书（Anonymous 2015; Erven & Smit 2010）。此外，家人也可能要对设备移除后发生的事情负责。例如，在美国他们被要求就起搏器或除颤仪是否应捐赠于重复使用或送回制造商进行回收处理提供同意。[9]最后，家人或近亲还需承担移除植入式心脏设备的费用（Sawyer 2017）。

死后移除所植入的心脏设备不仅会带来新的责任，也会给照护死者的人带来新的工作和脆弱性。在医院太平间工作的专业人员以及在殡仪馆和火葬场工作的殡仪师必须学习新的技能来移除这些设备。这些技能包括在死者皮肤上做一个小切口，切开用缝线固定设备的地方以释放设备，取下电线，并在植入物移除后用缝线缝合切口（Sawyer 2017）。这项工作需要非常仔细认真，因为死者的家人可能会担心这项死后手术是否以尊重其亲人身体的方式完成。[10]对于除颤仪，殡仪师还必须负责关闭设备，这可能需要医师或制造商技术人员的协助，并停用除颤仪的磁铁。[11] 这项工作并非没有风险。在潮湿的环境切割除颤仪的电击线或在水中清洗取出的设备可能给移除它们的人带来电击。为避免这些电击,殡仪师被要求戴绝缘手套工作。此外,他们还被建议用磁铁关闭除颤仪的电击功能,但这种方法只有在磁铁与设备接触时才有效。当没有磁铁时,他们被指示用绝缘钳剪断电线(Erven & Smit 2010; Anonymous 2003)。因为这些电击风险,殡仪馆工作人员有时不愿意从尸体移除除颤仪(2012年访谈12号除颤仪患者)。

因此,死后植入式心脏设备的能动性带来了新的脆弱性,包括对火葬场的破坏、扰乱有尊严的火葬以及给太平间工作人员带来电击风险。此外,它们的移除给照护死者的专业人员和已故连线心脏赛博格的家人创造了新的责任和工作。

抵抗和伦理担忧:重复使用是一种"令人反感的做法"[12]

乍一看,我们可能倾向于认为让南方国家的人用上使用过的设备可以轻松地完成,因为实际上没有什么新东西。起搏器已经在人体内使用,为什么它们不能被简单地重复使用呢?移除的起搏器已经证明了它们的有效性,而且植入内置心脏设备是在心脏病学得到公认的做法。然而,为从逝者取出的起搏器创造一个新未来要比预想的复杂许多。为理解在人体重复使用起搏器所涉及的工作[13],我聚焦于近期在美国发起的一项致力于让中低等收入国家的人们用上使用过的起搏器的活动:"我的心你的心"(My Heart Your Heart)项目。[14] 该项目由密西根大学安娜堡分校心脏科医师托马斯·克劳福德和金·伊格尔(Thomas Crawford & Kim Eagle)于2010年发起,由密西根大学心血管中心、密西根州殡仪馆馆长们、已故心脏病患者的近亲、医师以及世界医疗救援组织（World Medical Relief）合作，后者是一家位于底特律的专门向贫困经济体运送用过的医疗设备的国际人道主义组织（Norton 2011）。[15] 2018年6月，世界医疗救援组织为承接"我的心你的心"项目设立了"有史以来第一个起搏器回收中心"，被誉为"世界上首个心脏起搏器翻新和回收项目"（Dimick 2018）。显而易见，取出的起搏器不能简单地按原样使用而需要经过翻新才能重新植入。

在设立项目和启动起搏器回收中心的九年间，"我的心你的心"项目的发起人所付出的努力表明提供使用过的起搏器给新患者群体所涉及的复杂工作。克劳福德和伊格尔没有简单地依靠先前的物质、社会和象征性投资，即路径依赖过程，而是开启了一段涉及创造性工作的旅程，以生产一种新设备——"翻新的起搏器"。然而，重复使用起搏器的想法并未得到热情回应，反而遭到了强烈抵制，尤其是来自产业界和美国食品药品管理局的抵制。没有一家植入式心脏设备制造商批准重复使用其植入物（Runge et al. 2017, 299）。在大多数制造商所在的美国，起搏器和除颤仪被作为一次性使用设备进行包装和销售（Kirkpatrick et al. 2010）。一次性使用设备"是不作为可被拆解、清洗、重新组装和重复使用的"，因为这会"损坏它的物理和/或化学完整性、性能、安全性和有效性"（Knox 2010），并且制造商的保修不覆盖重复使用（Kirkpatrick et al. 2010）。将设备归类为一次性使用的责任完全在产业界手中，尽管公司没有法律义务提供任何证明来支持此标识（Kapoor et al. 2017）。因此，倡导起搏器重复使用与产业界的既得利益相冲突，不仅因为它会影响新设备的销售，还因为制造商担心因设备故障被提起的诉讼（Kirkpatrick et al. 2010）。

产业界将起搏器标识为一次性使用设备之后，美国食品药品管理局认为这些设备的重复使用是"令人反感的做法"（FDA 2015）。美国食品药品管理局对起搏器和除颤仪重复使用采取限制措施的一个主要原因是担心取出的设备会传播传染病，因为不可能做到对它们正确地重新灭菌。[16] 因此，在路径创建之初，未来使用者的脆弱性就成为一项关键制约因素。根据美国食品药品管理局的说法，重复使用的起搏器是一种让二次使用者容易受传染病侵害的设备。因此，美国食品药品管理局不鼓励重复使用并且警告愿意参与起搏器重复使用项目的组织，它们可能"根据《联邦食品、药品和化妆品法案》（FDA Act）受到民事甚至刑事处罚"（Baman et al. 2010, 1654）。此外，因其在这些设备回收方面所起的作用，起搏器重复使用倡导者还必须处理潜在的产品责任问题，以及在从制造商那里获得新设备合同时可能遇到的问题（Baman et al. 2010, 1654）。这些安全和监管限制在决定允许哪些人成为翻新起搏器的使用者具有巨大影响：美国食品药品管理局禁止在美国境内重复使用起搏器和除颤仪。[17] 这意味着重复使用的倡导者只被允许在美国之外创造重复使用的利基市场。[18]

向南方国家提供翻新的起搏器：一项"道德责任"

虽然美国食品药品管理局和产业界的限制性政策让起搏器在美国的重新使用成为不可能，但这并不是"我的心你的心"决定将重点放在南方国家的主要原因。在他们对重新使用的倡导中，富裕和贫穷国家公民可及性之间的差异是将使用过的起搏器提供给国外的主要动机。在密西根大学的研究者和参与"我的心你的心"[19]（缩写 MHYH）合作伙伴的出版物里,提高公众对起搏器全球可及性不公平的认识构成其文本的主要部分。这些文章里的图例描述了起搏器(和除颤仪)使用在南方国家和北方国家之间的巨大差距,这我在本书第一章已有所介绍。在2017年《世界心脏病学杂志》(World Journal of Cardiology)上发表的文章里,MHYH研究者着重指出起搏器和除颤仪植入率的差异,并强调起搏器植入的专业性"在许多低等和中等收入国家严重不发达或根本不存在"(Baman et al. 2010, 1649)。[20]

起搏器植入服务的匮乏或欠缺对南方国家的死亡率造成了严重影响。根据MHYH网站,"全世界每年有100万到200万人由于起搏器和除颤仪不可及问题死亡"[21]。在他们的出版物中,MHYH研究者尝试修正主流印象,即心血管疾病主要是富裕国家的问题,而疟疾、腹泻和艾滋病是贫穷经济体的主要死因(VanArtsdalen et al. 2012, 300)。[22] 过去十年间,由于引入了包括植入性心脏设备在内的预防性医疗技术和疗法,高等收入和中等收入国家心血管疾病的致残率和致死率已大幅下降。相比之下,南方国家尚未受益于这些医疗保健服务(Baman & Eagle 2011)。结果是,这些国家承担着"心血管疾病死亡率最高的负担"[23],并且心脏病"已经取代疟疾和肺结核成为21世纪的流行病"(Baman & Eagle 2011)。援引世界卫生组织的研究,MHYH研究者解释了何以"世界上至少有四分之三的心血管疾病死亡发生在低等收入和中等收入国家"[24]。起搏器重新使用的倡导者还描述了未经治疗的心血管疾病不仅会增加死亡率,还会因人无法工作失去收入而加剧贫困(Crawford & Eagle 2017, 34)。

起搏器使用的差异不能归因于南方国家和北方国家之间的疾病谱差异。据起搏器重复使用倡导者所说,这些设备高昂的价格是造成这些差异的主要原因。如MHYH项目的领导者托马斯·克劳福德所说：

> 世界上大部分地区，人们每日生活消费不足1美元，花费数千美元的设备基本上是遥不可及的。[25]

如第一章所描述的，最便宜的起搏器价格在2500至3000美元之间，这还不算手术和住院费用，并且导线要另花费800—1000美元。因此，一个新起搏器的花费超过贫穷经济体中普通人的年收入（Kirkpatrick et al. 2010; Baman et al. 2010; Greene 2018, 1）。[26] 由于这些国家鲜有医疗保险覆盖，起搏器对许多生活在南方国家的人来说根本支付不起（Ross 2010）。在他们的倡导中，MHYH研究者强调使用过的起搏器比新植入物便宜得多，因此给支付不起新设备的人提供了一个重要选择。在讨论这些财务障碍时，他们介绍了移除的起搏器未来使用者的非常具体的概况。在他们的出版物中，未来使用者被定义为"资源匮乏的患者""没有其他方法获取设备的人""世界各地贫困的患者"或者"低等收入和中等收入国家被忽视的患者"。[27] 因此，这些倡导者阐明了一种经济论述，其中使用过的起搏器的未来使用者被定位为缺乏资源来支付新的心脏设备。

这种起搏器重复使用的经济框架帮助他们解答了美国医师和伦理学家对在国外重复使用未获准在美国使用的设备所表达的伦理担忧。正如在一项试点研究中与MHYH研究者合作的医学伦理学家詹姆斯·柯克帕特里克（James Kirkpatrick）对这一批评的概括："最大的伦理问题是……我们所做之事是不是带来更多伤害而非益处？"（Ross 2010, 2）这个问题呼应了起源于希波克拉底誓言的医学职业核心伦理原则:"首先,不伤害。"医疗专业从业者有伦理责任以"最大化利益、最小化伤害"的方式治疗患者(Sedhai et al. 2017, 17)。如美国食品药品管理局一样,医师们也想知道重复使用起搏器的植入风险是否高于新设备,特别是由移除设备再消毒问题引起的感染风险(Ross 2010)。此外,如果没有对植入这些设备的患者进行定期医疗随访,重复使用起搏器可能带来更多伤害而非益处。这一风险在南方国家可能要高得多,部分因为缺乏可以提供这些随访检查的医疗设施,部分因为生活在偏远地区的患者做不到定期检查他们的设备(Runge et al. 2017, 300)。因此,移除起搏器的未来使用者不仅容易受到设备带来的传染病伤害,而且由于缺乏对起搏器的定期随访,他们还面临植入物潜在故障、不当调试或电池耗竭等不会被发现的风险。出于对植入物安全性和随访照护的担忧,美国医师提出在南方国家重复使用起搏器是不道德的。在他们的批评中,他们将起搏器重复使用描绘为低于美国医疗实践标准,从而在富裕和贫穷经济体医疗保健方面引入了双重标准(Stanyon 2010; WHO medical device regulations; VanArtsdalen et al. 2012; Aragam et al. 2011)。MHYH 研究者的出版物显示倡导者非常清楚这些伦理困境。在《回收起搏器:一个时机已到的概念》(*Pacemaker recycling: a notion whose time has come*)中,他们承认制定双重标准的风险,因为起搏器重复使用项目违反了世界卫生组织仅允许重复使用经美国食品药品管理局批准的医疗设备的标准(Runge et al. 2017, 300)。

因为想避免被指责为向发展中国家"出口伤害"的风险[28],这些关键问题促使 MHYH 研究者解释为何他们认为起搏器重复使用是可以得到伦理辩护的,这也是他们努力的一个非常重要的方面。在一篇详细阐述医学文献所描述的不同伦理原则的文章中,他们提出"分配正义"

或"社会资源的公平分配"应该作为在南方国家重复使用起搏器的主要伦理辩护（Aragam et al. 2011, 2005）。通过讨论公正的核心方面之一，即差异原则，该原则主张"社会经济不平等"应按照"为最弱势群体带来最大利益"的方式安排，他们得出结论，仅当包括对重复使用设备是否"使最不富裕的人受益"的评估，该原则才会支持在低等收入和中等收入国家重复使用起搏器。因此，起搏器重复使用项目应该在重复使用起搏器的"负担、伤害和风险"和"潜在风险的不确定性"以及这些设备的获益之间进行平衡（VanArtsdalen et al. 2012, 303）。在他们的出版物中，他们得出结论，"翻新起搏器的使用似乎很大程度上益远大于弊"（VanArtsdalen et al. 2012, 304）。

这种辩护的主要原因是在南方国家没有可行的替代方案。引述 MHYH 研究者的话：

> 我们的立场是，植入经过再次消毒的[心脏植入式电子设备]是符合伦理的，因为它仅提供给无法通过其他方式获得设备且经过知情同意的患者，并且与替代方案，即没有设备相比，它提供显著的死亡率和生活质量益处。（Hughey et al. 2014, 8）

讨论这些伦理困境时，这些倡导者甚至进一步强调促进起搏器的重复使用应被看作一项道德责任。如提米尔·巴曼（Timir Baman）所说：

> 考虑到工业化国家和发展中国家不断扩大的医疗保健差距，我们认为起搏器重复使用是一项道德义务，可以满足那些无力支付治疗的人的医疗需求。（Anonymous 2009b）

第九章 / 起搏器的二次生命

因此，起搏器二次生命的路径创建涉及一个 MHYH 研究者作为道德主体，试图说服他们的批评者起搏器重复使用项目的伦理必要性过程。重要的是，这些倡导者的努力不局限于他们在伦理原则上的辩论。他们还强调了制定严谨的质量程序的重要性，以确保起搏器重复使用项目尽可能接近工业化世界的医疗质量（Hughey et al. 2014）。因此，制定保证翻新起搏器质量的指南成为路径创建轨迹的一个关键方面。

生产安全的翻新起搏器：减少未来使用者的脆弱性

将移除的起搏器从不合法植入物改造为美国食品药品管理局批准的设备

来自医师、美国食品药品管理局和起搏器行业的批评和抵制给 MHYH 研究者带来了严重后果。面对在南方国家重复使用起搏器的法律和伦理障碍，他们的角色逐渐从倡导者转变为再制造商。在美国，只有当再处理者"证明有能力对消毒设备、保持设备的特性和质量完好并确保设备将遵守美国食品药品管理局相关要求"，才有可能允许重复使用被初始制造商标识为"一次性使用设备"（Kirkpatrick et al. 2010）。因此，法律要求起搏器重复使用项目"遵守与初始制造商相同的处理和产品标准，包括质量体系管理、医疗设备报告注册、上市前批准和通知、发布和标识"。通过应用这些法规，例如透析过滤器的重复使用在美国已成为惯例（Kirkpatrick et al. 2010）。从倡导者到再制造商的转变给 MHYH 集体带来了新的责任。作为再制造商意味着责任从初始制造商向再处理者的转移，即前者不再对设备的正常运行和安全负责。相反，再制造商对设备的质量和安全负全部责任（Kapoor et al. 2017, 359）。[29]

一次性使用设备再制造商可以尝试向美国食品药品管理局申请所谓研究设备豁免以开启研究轨迹，为此他们必须制定严格的质量控制标准和规程以获得临床研究的批准（Hughey et al. 2014, 7）。MHYH研究者认为这个监管轨迹"很有吸引力"，因为它提供了一种回应批评者担忧的策略：

>……研究设备豁免将允许前瞻性数据收集，以回应制造商和其他人对设备重复使用的恰当性、安全性和可行性的担忧。（Baman et al. 2010, 1654）

回应美国食品药品管理局对重复使用监管限制的另一个选择是把移除的起搏器"不进行处理，作为无意供人使用的危险材料"运输，在这一轨迹中，南方国家的接收组织将负责翻新起搏器，这也是美国非营利组织"心对心"（Heart to Heart）所采用的方式。MHYH集体否定了这种替代方法，因为它"可能会给能力欠佳并经费不足方带来沉重负担"（Badin et al. 2013, 5）。研究设备豁免轨迹提供了一种更彻底的方式，因为如果他们成功制定出所要求的规程，美国食品药品管理局可能会改变其对起搏器重复使用的限制性政策（Hughey et al. 2014）。在与美国食品药品管理局的协商中，MHYH研究者被告知，只有当他们"开发出经过验证的可用于死后设备的获取、清洁、性能测试和灭菌的规程"时，他们才被允许开始对使用过的起搏器的安全性进行临床研究。随后，研究设备豁免可用于下一步生产经美国食品药品管理局批准的设备：组织随机临床试验来"验证起搏器重复使用的安全性和可行性"（Baman et al. 2010, 1644）。规程的制定将在美国完成，而临床研究将在

"符合条件的低等收入和中等收入的研究中心"进行（Baman et al. 2010, 1644）。

这些研究地点的选择包括一个将移除起搏器的未来使用者配置为特别选定测试点的临床试验参与者的过程。尽管"低等收入和中等收入"的标准可能也包括北方国家不富裕地区的测试点，但如我们将看到的，临床研究的真实地点却位于南方国家。这种研究地点的全球分布反映了美国食品药品管理局仅允许在美国境外进行重复使用的政策与MHYH集体的使命所达成的共识。在位于美国的实验室开发质量规程让双方得以"完全控制设备评估和翻新全过程"，而将临床测试放在南方国家让MHYH得以实现其减少富国和穷国公民之间获取起搏器差异的使命。

因此，路径创建不仅涉及MHYH集体角色的转变，还包括改变起搏器身份和研究地点的全球分布。移除的起搏器必须从非法医疗植入物转变为研究设备。在美国监管背景下，翻新的起搏器构成了一种需要获得美国食品药品管理局新批准的新型设备。因此，MHYH集体面临着满足美国食品药品管理局规定的所有要求的一项充满挑战的任务。在此过程中，他们的使命变得更加雄心勃勃，他们将其重新定义为"制定安全的心脏植入式电子设备（CIED）再处理的蓝图"并建立"设备再利用路线图"，这将使"全国其他卓越中心"得以"创建它们自己的受监管的设备重复使用项目，来挽救低等收入和中等收入国家成千上万甚至数百万人的生命"（Crawford et al. 2017; Baman et al. 2012, 695）。

设定电池寿命标准：减少未来使用者的植入负担

生产安全的翻新起搏器的第一个关键步骤是制定足量的电池寿命

和其他性能测试规范的标准（Baman et al. 2010, 1652）。当起搏器电池电量不足以提供足够的电刺激来调节低心律时，它们就没有资格被纳入美国食品药品管理局要求的进一步测试程序。测试电池性能的任务委派给了密西根大学受过专业训练的工作人员，他们在检查起搏器的潜在外部损坏后，检查电池寿命及任何其他设备故障（Baman et al. 2012, 212）。[30] 根据他们的研究，MHYH研究者将足够电池寿命设定为至少75%容量或预计四年的寿命。该标准的基本原理是，电池寿命为四年的起搏器有足够的能力在心跳缓慢的情况下支持电刺激，但不会给接受它们的患者在有生之年可能经历的植入次数方面带来过多负担（Baman et al. 2010, 1652; VanArtsdalen et al. 2012, 304）。由于电池耗尽时无法充电，继续起搏器治疗需要植入一个全新的设备。因此，电池寿命的选择包括对未来使用者的保护，让他们不易受到太多次起搏器替换的影响。根据他们的测试，MHYH研究者得出结论，捐赠给他们项目的超过1万个移除起搏器中大约有20%有足够的电池寿命并符合翻新标准（Badin et al. 2013; VanArtsdalen 2012, 304）。这些结果表明，生产安全的翻新起搏器需要大量移除起搏器。这也显示了这些设备在初次选择时所涉及的耗时工作，不仅涉及测试电池寿命，还涉及控制设备外壳的外部损坏。在本章前面描述的世界医疗救援组织的起搏器回收中心，约有50名志愿者参与筛选合格的起搏器来进行电池测试（图9.3）。

此项电池测试规程也已被其他起搏器重复使用项目采纳，最著名的是英国的Pace4Life项目，这表明MHYH提供"设备再利用路线图"的使命不局限于美国的研究机构。

第九章 / 起搏器的二次生命

图 9.3 世界医疗救援组织的志愿者从捐赠的起搏器中筛选用于翻新的起搏器（世界医疗救援组织供图：https://www.worldmedicalrelief.org/pacemaker-project）

清洁和灭菌规程：降低感染风险

再制造使用过的起搏器的第二步涉及开发设备清洁和灭菌方法。与其他医疗设备，例如使用过的透析过滤器一样，路径创建过程的这一部分包括为重新使用制定标准化灭菌规程，以最大限度地减少潜在的感染风险（Kirkpatrick et al. 2010）。在《使用过的心脏植入式电子设备的工艺验证式清洁和灭菌：设备回收的下一个障碍》("Cleaning and sterilization of used cardiac implantable electronic devices with process validation. The next hurdle in device recycling"）一文中，作者展提出了一个"经验证可重复的灭菌规程"，其中包括对移除起搏器进行清洁和灭菌的详细分步方法。使用这些技术将达到可重复使用医疗设备平常标准的无菌水平（Crawford et al. 2017, 36）。MHYH 研究者将此规程描述为第一个"用于起搏器再处理的综合规程"和"为安全有效回收使用过的心脏植入式电子设备我们所做努力的关键一步"（Crawford et al. 2017, 5）。鉴于清洁和灭菌移除起搏器的专业性，MHYH 纳入了一家专门从事医疗器械灭菌的私营公司以获取其专长（Crawford et al. 2017, 7）。与测试电池寿命标准一样，这一规程已被用于翻新使用过的起搏器的标准流程，不仅被位于美国的起搏器回收中心也被英国 Pace4Life 起搏器重复使用项目采用。

　　路径创建过程的这一部分阐明了 MHYH 集体如何通过降低移除起搏器感染风险来努力减少未来使用者的预期脆弱性。因此，灭菌规程的制定可以理解为他们努力保护未来使用者免受潜在伤害的又一步。

为临床测试构建全球基础设施：配置未来使用者

　　MHYH 集体不仅成功地在美国和英国引入了起搏器重复使用项目标准化方法；他们还成功说服了美国食品药品管理局，他们已充分达到对开始生产安全、翻新的起搏器的最后一步的要求：在发展中国家组织随机临床试验。2018 年 6 月，MHYH 集体获得了美国食品药品管理局颁发的为支持临床试验进行翻新起搏器出口的许可证，其中包括 130 个新设备和 130 个翻新设备。出口许可还包括批准在未在数据库登记的临床测试的患者中植入设备，我将随后介绍这一数据库。[31] 同样重

第九章 / 起搏器的二次生命

要的是，MHYH 研究者似乎也已经部分说服了起搏器行业有关设备重新使用的重要性，因为美国的两家主要制造商表示有兴趣捐赠可用于临床试验的新导线。提米尔·巴曼如此描述了这个再制造最后阶段的关键作用：

> 设备灭菌程序已经建立，起搏器重复使用的大量文献也证实这种做法是安全的。我们想与美国食品药品管理局一道开展临床试验，好好做这件事并且真正一劳永逸地得到答案。我们认为很多人会获益。（Anonymous 2009a, 1）

这一声明表明重复使用倡导者有些不耐烦，因为他们实际上已经确信起搏器重复使用的临床安全性。许多前期研究，包括他们自己的工作，都表明"总体感染率和设备故障率较低"（Baman et al. 2011, 1）。因此，说服美国食品药品管理局翻新起搏器的未来使用者要比许多起搏器重复使用批评者所预期的更不容易受到感染是临床研究的主要目标。

为了组织这项临床试验，MHYH 必须在南方国家和北方国家找到合作伙伴。为构建这项测试的全球基础设施，他们可以依靠在前期小规模临床研究中与世界医疗救援组织所建立的合作伙伴关系，后者为"海外"[32]工作提供了后勤保障。其他同意参与临床试验的组织还包括泛非洲心脏病学会（Pan-African Society of Cardiology）、北美巴基斯坦裔心脏医师协会（Association of Pakistani-descent Cardiologists of North America）和 Pace4Life。最终有七个国家参加了临床试验：尼加拉瓜、菲律宾、巴基斯坦、塞拉利昂、肯尼亚、加纳和尼日尔。[33]因此，路径创建过程的最后这个部分涉及进一步配置翻新起搏器使用者的过程：

与其让低等收入和中等收入国家的人广泛代表未来使用者，这些人在北方国家也能找到，未来使用者被定义为南方国家的公民。[34]

建立有韧性的医疗保健基础设施

新颖的捐赠方法："这像捐赠器官"

正如我对 MHYH 及其合作伙伴组织的临床试验的描述已经显示的，起搏器重新使用的路径创建不仅包括新设备即翻新起搏器的生产，还包括建立一个连接南方国家和北方国家的新医疗保健基础设施。与移除起搏器的再制造一样，降低未来使用者预期脆弱性是这项工作的一个关键目标。为解答有关起搏器重复使用可能导致"出口伤害"的伦理担忧，MHYH 集体参与制定了有韧性的医疗保健基础设施蓝图，这一基础设施将保护初始使用者和二次使用者免受伤害。由于在医疗世界引入了一种新的捐赠形式，起搏器重复使用构成了一种新的医疗服务递送模式。尽管器官捐赠在过去四十年已发展成一种普遍做法，但捐赠植入设备供他人在捐赠者死后使用意味着一种全新的捐赠类型。由于这一程序的新颖性，决定捐赠起搏器的人有时会将他们的经历与器官捐赠进行比较："这像捐赠器官。"（Lange et al. 2014）或者，如一位起搏器患者的女儿解释的：

> 就我们而言，这是显而易见的。在许多方面，这与器官捐赠相当，因为你正在为真正可以使用它的人提供新的生命。（Rossiter 2011）

起搏器重复使用项目"我的心你的心"的名字本身也意味着捐赠

第九章 / 起搏器的二次生命

器官而不是技术设备，因为它表达了心与心之间的移动。因此，起搏器似乎被视为身体固有的一部分。由于捐赠对于起搏器重复使用路径创建的整体成功至关重要，评估戴起搏器的人死后捐赠设备的意愿是MHYH研究者进行的首批研究之一（Baman et al. 2010, 1650）。在他们的网站上，他们强调如果有机会，接近90%参加问卷调研的人愿意把他们的植入物捐赠给有需要的人。[35] 该网站还呼吁医师与患者讨论死后捐赠他们起搏器的可能性。一项针对普通人群的问卷调查也得出了类似令人鼓舞的结果，其中70%的人对其近亲捐赠起搏器持肯定态度。预料到亲人的死亡，他们期望起搏器捐赠能帮助他们应对失去亲人的痛苦（Lange et al. 2012）。因此，在此过程中，起搏器初始使用者成为他们植入物二次使用者的捐赠者。然而，这一转变意味着潜在的新风险，因为身体在死后可能受到不想要的设备移除的影响。

为保护初始使用者免受这种做法的侵害，起搏器二次使用倡导者已经制定了捐赠患者或其近亲的知情同意的法律流程。正如本章前面简要描述的那样，戴起搏器的人或他们的近亲必须就起搏器在死后的处理方式给出同意：捐赠给重复使用或让制造商回收。根据MHYH集体的说法，讨论死亡之际起搏器的处理方式甚至可能比讨论器官捐赠更重要，因为每个戴起搏器的人都可以成为潜在捐献者，而成为器官捐赠者则受到寻找生物学匹配的捐赠者和接受者问题的限制（Badin et al. 2013, 3）。为鼓励合法形式的捐赠，MHYH集体制定了起搏器移除和捐赠的法律同意书，并通过其网站进行宣传。[36] 为保护同意捐赠（起搏器）的初始使用者遗体免于其不希望遭受的侵犯，起搏器重复使用的倡导者还提议引入起搏器/除颤仪生前遗嘱，允许个人授权殡仪馆业工作人员移除他们的设备用于捐赠（Kirkpatrick et al. 2010）。

未来使用者的知情同意程序及随访照护

为起搏器重复使用建立有韧性的医疗保健基础设施涉及的不仅是保护起搏器的初始使用者。如前文描述的,新医疗保健服务也可能给二次使用者带来脆弱性,不仅因为存在感染的潜在风险,还因为难以提供随访照护。尽管 MHYH 试图尽可能降低感染风险,他们仍然认为让未来使用者知晓翻新起搏器的可能风险很重要。因此,制定知情同意程序构成了他们为证明设备安全性组织大规模试验的一个方面(Hughey et al. 2014, 8)。预估到随访照护问题,MHYH 还建立了确保翻新起搏器的未来使用者在植入后能得到必要照护的程序。这些程序包括仅选择那些具备植入程序所需专业技能的医院的标准,以及合格技术人员的定期随访。例如,为大规模临床试验筛选医院包括参与 MHYH 集体的医师的现场访问(Runge et al. 2017, 301)。此外,负责植入工作的医师还应使用引进的在线登记系统来跟踪和监测患者,尤其是因导线断裂风险制造商应该召回起搏器的情况下。[37] 在菲律宾和越南的首个试点临床研究期间,MHYH 集体研究者设计了此在线登记系统(Baman et al. 2010, 1652)。此外,在线数据库也应被用来监测植入起搏器引起的潜在感染(Baman et al. 2010, 1652)。

保护新医疗保健基础设备免遭滥用

在线登记系统不仅旨在保护未来使用者,它还被设计来保护医疗保健基础设施本身不被滥用。重复使用的批评者提出的一个主要担忧是,向南方国家出口使用过的起搏器可能会创造一个"黑市"。由于缺乏市场监管,翻新的起搏器有被植入包括医疗旅游人员在内的富有患者体内的风险,而不会抵达那些最需要他们的人,从而违反了医疗资源公平分配的原则（Hughey et al. 2014）。为回应这一批评，起搏器重复使用倡导者强调了为捐赠设备开发追踪系统的重要性，以确保"正确的资源在正确的时间和地点抵达正确的接收者"，为此他们开发了在线登记系统（Runge et al. 2017, 300; Badin et al. 2013）。为了使新医疗保健设施不易被滥用，MHYH 集体还制定了审慎的程序来选择有资格获得翻新起搏器的患者（Runge et al. 2017; Badin et al. 2013）。该系统应"限制未经授权的销售或以物易物交换重复使用设备"（Baman et al. 2010, 1652）。在菲律宾试点临床研究中对参与者的选择是这一程序的范例。在起搏器植入之前，社会工作者评估了患者的经济状况，以确定他们是否无力以当地市场价格支付新的起搏器（Baman et al. 2010, 1652; Runge et al. 2017）。

综上所述，我得出结论，建立在南方国家和北方国家之间的新医疗保健基础设施旨在保护两类不同使用者的脆弱性：死后捐赠他们起搏器的富裕工业化国家的公民，以及低等收入和中等收入国家接收翻新后起搏器的公民。尽管两类使用者对起搏器重复使用都很关键，但后者的声音鲜有听到。尽管潜在捐赠者被纳入了 MHYH 研究者开展的用来评估他们捐赠起搏器意愿的调查研究，但是接收者的声音在新兴的起搏器重复使用医疗服务中依旧缺失。[38]

完整的循环

我对起搏器重复使用路径创建的描述说明了为这些植入物创造第二次生命的复杂性。与涉及新技术设计的路径创建过程相比，重复使用轨迹不一定涉及全新设备的制造。如果我们把创新仅视为一个技术过程，我们可能会倾向于得出翻新和新起搏器代表了一种相同的技术结论，因为在物质组成部分和功能方面仍然相同。然而，采用社会技术视角看创新的话，翻新的起搏器必须被理解为一个新的实体。本章介绍了翻新起搏器和新起搏器之间两个重要差别。首先是设备的法律框架。新起搏器被贴上一次性使用设备的标识进行营销，而翻新的起搏器作为预期得到美国食品药品管理局批准用于二次使用的设备被制造。因此，路径创建涉及为起搏器引入一个新身份，该新身份与设备行业生产的原始起搏器并存。翻新起搏器和新起搏器之间的第二个主要差异在于后者可以在任何地方使用，而前者只允许在美国境外使用。由于配置使用者是设计轨迹的关键组成部分，创建位于不同地理位置的使用者群体构成了起搏器重复使用倡导者的第二项创新。

如我们在本章所见，再处理的起搏器的未来使用者被配置为生活在南方国家的人。创造起搏器第二次生命过程中的这个部分说明了一种有趣的路径创建模式。加鲁德和卡诺将路径创建描述为因为技术发明者无视现有结构的压力，他们得以创造新技术，但起搏器重复使用的情况显示了更复杂的情况。MHYH集体不能无视现有结构的压力，即美国食品药品管理局的监管政策根本不允许起搏器重复使用。MHYH集体的唯一选择是在这些限制性结构内工作，并遵循美国食品药品管理局对再制造起搏器的监管要求。然而，在这个受到严格监管的空间行动并没有限制他们的创造性工作，相反使他们能够发明出符合美国食品药品管理局要求的起搏器、创造新的使用者群体并建立新的医疗保健基础设施，这构成了他们工作的第三项创新。这个将美国的实验室、殡葬行业和慈善组织与南方国家的医院连接起来的医疗保健基础设施包括了在医学世界创造一种新的捐赠形式，即医疗植入物

第九章 / 起搏器的二次生命

的设备捐赠。反思这些创新,我得出结论,研究现有技术的新兴再利用实践是理解创造新颖性的一个非常丰富且重要的研究场所,该研究超越了将创新视为仅发生在实验室的看法。

我的叙述还说明了在研究创新时将常见"嫌疑人",即科学家和工程师之外的行动者包括在内的重要性。如利·斯塔尔(Leigh Star)及其他女性主义科学技术研究学者所强调的,超越"执行方法论"对于扩展我们对谁实际参与了社会技术变革的理解很重要(Star 1991; Caspar & Clarke 1998)。MHYH集体的例子展示了倡导起搏器重复使用的心脏科医师如何成为开发全新专业领域的主要行动者。当无法获得所需的专业能力时,他们自己开发了新知识和新技能。随着时间的推移,他们的角色从重复使用倡导者转变为再制造商,他们的目标不仅是生产新设备,即翻新的起搏器,还包括了制作生产安全设备再处理的蓝图来帮助其他机构创建他们自己的起搏器重复使用项目。[39] 他们为实现这一目标引入的测试电池寿命和灭菌的规程例证了路径创建过程如何还可能涉及新技术的设计,这些新技术让最初标识为一次性使用技术的设备得以被重复使用。

最后但同样重要的是,创造韧性所涉及的责任分配与本书前几章我所描述的韧性技术地理非常不同。我对起搏器重复使用的路径创建过程的描述表明,减少初始使用者和二次使用者脆弱性的责任是如何主要委派给起搏器重复使用倡导者而非(未来)连线心脏赛博格或他们的近亲。重要的是,MHYH集体的目标不是开发由未来连线心脏赛博格启用的韧性技法;相反,他们试图增强植入物和医疗保健基础设施的韧性。因此,我对在南方国家起搏器重复使用路径创建的描述说明脆弱性和韧性不一定仅限于人类。如脆弱性研究学者已论证的,脆弱性可能包括（技术）基础设施（Hommels et al. 2014）。本章表明，任何针对包括医疗风险和技术的意外使用在内的脆弱性建立韧性所涉及工作的理解都应当包含韧性设备和基础设施的构建。然而，将保护未来使用者免受伤害的责任委派给创新者、设备和基础设施并不意味着未来连线心脏赛博格将不必参与提高其混合身体韧性。目前还不确定当美国食品药品管理局最终批准更广泛的起搏器重复使用和扩展 MHYH 所建立的基础设施后，实际会出现起搏器重复使用的何种做法，或这将如何影响重复使用的使用者。因此，在实证研究的最后一章的末尾，我们完成了完整循环又回到了本书开始的地方。与初始使用者一样，起搏器的二次使用者可能不得不参与到学会与其混合身体的脆弱性和风险共同生活的各种工作中。看起来建立韧性也可能包括其他类型工作，因为每个群体和文化会有不同的规范、价值观念和例行程序来应对高科技医疗对身体的干预。因此，当翻新起搏器的植入已融入南方国家的医疗保健时，追踪这些新赛博格会发生什么构成了一个重要的新研究领域。

注释

1. 荷兰葬礼博物馆 Tot Zover，位于阿姆斯特丹 De Nieuwe Ooster Begraafplaats。2012 年 2 月 12 日访问。
2. 不同于内置心脏设备，死者的置换的髋关节和再造的膝关节不会植入其他身体而是作为金属元件回收，包括昂贵并越来越稀有的钛。过去十年，回收人工髋关节和膝关节已成为一个虽然不是很赚钱但蓬勃发展的产业，尤其是在火化率和人工关节植入率都很高的富裕工业化国家（Williamson 2016）。当地火葬场收集火化后身体的金属残余并将其运送到专门从事回收和分离金属的公司。

3 火化过程中，当温度可能达到 1300℃（2400℉）并持续 90 分钟时，电池中的碘会产生一种气体，迅速扩散并导致设备外壳爆裂。与融化的锂发生化学反应也会造成爆炸并释放电池能量（Gale & Mulley 2002, 353）。

4 2017 年 5 月 30 日访问网站 Decorated Urns, https://decorative-urns.com/cremation-blog/about-cremation/cremation-pacemaker-removal-death/。

5 2018 年 5 月 30 日访问网站 Neptune Society, https://www.neptunesociety.com/cremation-information-articles/why-a-pacemaker-should-be-removed-prior-to-cremation。Website Decorative Vrns。见尾注 6。

6 虽然许多国家的法律或火葬场管理条例强制要求移除起搏器和除颤仪，但为避免环境污染而移除的要求仅在包括瑞典和比利时佛兰芒区在内的一些欧洲国家有法律规定（Heuverswyn et al. 2013; Erven & Smit 2010）。

7 在英国火化占所有葬礼的 70%，在荷兰占 50%（Arber 2000; Erven & Smit 2010）。美国的火化率也在快速提高，预计 2015 年将达到 55%（Heuverswyn et al. 2013）。

8 见 Neptune Society 和 Decorative Urns 公司网站，见尾注 5 和 4。

9 Neptune Society 网站，见尾注 5。

10 研究期间，一位家属告诉我，目睹从他父亲体内移除起搏器的私人护士认为手术相当不尊重，因为手术做得很粗暴（2013 年访谈安德鲁）。

11 Neptune Society 网站，见尾注 5。

12 FDA (2015)。

13 因为绝大多数重复使用项目涉及起搏器，我没有在分析中纳入除颤仪。尽管除颤仪也被回收再利用，但由于担心不恰当电击，它们的电击功能在植入前就被关闭了，因此翻新的设备仅作为起搏器使用（Hasan et al. 2011）。

14 尽管有其他一些组织参与了为南方国家提供移除后的起搏器，但我选择了"我的心你的心"项目，因为它是一项致力于让回收过程成为主流医疗保健中法律和道德上可接受的一部分的运动。在美国，非营利组织"心对心"（Heart to Heart）自 1994 年以来就参与收集和在前东欧和南美国家发放移除的起搏器的工作（Pace4Life 2013）。与"我的心你的心"不同，"心对心"将其活动限制在收集移除的设备并将它们运送到接收国，接收国负责对设备进行消毒（Anonymous 2009a）。成立于 1984 年的慈善组织

15. 国际心跳（Heart Beat International）一直参与分发美国制造商捐赠的无菌期即将到期的起搏器的工作。这个组织通过国际扶轮社（Rotary International）当地分会成立的起搏器银行开展工作，并与中美洲的公立医院建立了当地合作伙伴关系（Baman et al. 2010）。在英国，2012 年成立的慈善组织 Pace4Life 致力于将移除的起搏器提供给"发展中国家的弱势人群"（Pace4Life 2013）；它可被看作是"我的心你的心"的姐妹组织。

15. 1953 年为支持朝鲜战争孤儿而成立的世界医疗救援组织主要向非政府组织提供医疗辅助物品，例如处方药物、医疗设备、液体营养品和床垫。这些年来，该组织扩展了其使命，也向底特律地区低收入人群提供医疗设备（Greene 2018）。

16. 根据美国食品药品管理局的合规政策指南，由于体液可能已经进入起搏器的终端导线，因此无法对移除的起搏器进行全面重新消毒。结果是，外来蛋白质材料可能会影响设备的新使用者（FDA 2015）。美国食品药品管理局特别担心病毒传播和克雅氏类似蛋白疾病（Creutzfeldt-Jacob-like prion deceases）（Kirkpatrick et al. 2010）。

17. 美国食品药品管理局禁止"将任何……造假或贴错标签的……设备引入州际贸易"（Baman et al. 2010, 1654）。欧盟也禁止移除设备的二次使用，尽管重复使用已成为包括瑞典在内的许多国家常规医疗保健的一部分。在 20 世纪 90 年代早期，瑞典有 5% 的起搏器植入涉及重复使用设备。然而，这种做法在瑞典加入欧盟后停止了（Runge et al. 2017, 297）。与植入式心脏设备不同，导管、内窥镜和血液透析机等其他医疗设备在美国和欧洲已获准重复使用（VanArtsdalen et al. 2012）。

18. 在美国，联邦法律没有禁止收集从死者身体取出的设备。

19. 尽管我在本章分析的出版物的作者们隶属美国和美国之外的多所大学，但在本章的余下部分我将用 MHYH 研究者指代这个合作研究团队。

20. 在非洲，泛非洲心脏病学会问卷调查的 31 个国家中有四分之一没有任何植入中心。

21. 2018 年 7 月 30 日访问"我的心你的心"项目主页，www.myheartyourheart.org。

22. 世界范围死亡的主要原因包括心血和呼吸系统疾病、糖尿病和癌症。2008 年，"这些死亡中近 80% 发生在低等收入和中等收入国家"（VanArtsdalen et al. 2012, 300）。

23. Anonymous (2009) 引用 MHYH 研究者之一提米尔·巴曼（Timir Baman）。

24. Crawford & Eagle (2017, 34) 中引用的世界卫生组织研究。世界银行将低等收入和中等收入国家定义为"人均国民总收入低于 9200 美元"的国家（Baman et al. 2010, 1649）。

25. Stiles (2013) 引用 Crawford。

26. 包含更多功能的更先进的起搏器的价格在 1 万至 5 万美元之间（Ross 2010）。

27. 2018 年 7 月 30 日访问"我的心你的心"项目主页 www.myheartyourheart.org；

第九章 / 起搏器的二次生命

Gakenheimer et al. (2010); "我的心你的心"项目,法律同意书; Crawford & Eagle (2017, 34)。

28　Anonymous (2009a) 引用 Baman。

29　法律上对责任重新分配进行规定对起搏器行业非常重要,这确保原始制造商不再为再处理设备的潜在故障承担责任(Crawford & Eagle 2017, 34)。

30　为获得这些测试所需的移除起搏器,MHYH 已经与密西根殡仪馆馆长联合会以及一家位于底特律的植入物回收公司开展密切合作,为 MHYH 稳定地提供从死者身体移除的起搏器。殡葬行业的起搏器获取涉及质量保证规程的制定,以使尸检技术人员熟悉从尸体移除起搏器所需的必要技能。该培训特别关注断开起搏器发电机与导线的连接以避免切断导线,这不仅给技术人员带来风险还可能导致设备故障(Badin et al. 2013)。

31　2018 年 9 月 8 日与托马斯·克劳福德进行电子邮件交流。

32　Crawford et al. (2017, 7)、Kirkpatrick et al. (2010) 和 Runge et al. (2017)。

33　2018 年 9 月 8 日与托马斯·克劳福德进行电子邮件交流。

34　我对 MHYH 集体起搏器重复使用路径创建过程的描述必然止步于 2018 年 9 月 17 日,当我完成本章撰写时。后面的发展,包括临床试验结果的发表(预计在 2020 年左右),以及美国食品药品管理局的广泛批准(其时间范围仍然未知)无法包括在内(2018 年 9 月 8 日与托马斯·克劳福德进行电子邮件交流)。

35　2018 年 7 月 30 日访问"我的心你的心"主页,www.myheartyourheart.org。

36　MHYH 网站包括一项条款,即"该设备仅供研究使用,未经美国明确批准,不得植入人体"。

37　在菲律宾和越南的首个试点临床研究期间,MHYH 集体已设计了一个在线登记系统来跟踪和监测植入翻新起搏器的患者(Baman et al. 2010, 1652)。

38　据托马斯·克劳福德所说,对尼加拉瓜、巴基斯坦、厄瓜多尔和约旦的翻新起搏器的潜在使用者的问卷调查结果将于 2019 年发表(2018 年 9 月 8 日与托马斯·克劳福德进行电子邮件交流)。

39　尽管其他组织可以从 MHYH 集体的工作获益,但他们必须向美国食品药品管理局递交自己的申请以获得起搏器重复使用的批准,因为美国食品药品管理局的批准是基于项目的(2018 年 9 月 8 日与托马斯·克劳福德进行电子邮件交流)。

参考文献

Alternative Solutions. (2012). *Help us end the commercialization of recycling at U.S. crematories!* www.alternativesolutionsusa.net/publicletter.pdf. Accessed 29 May 2018.

Anonymous. (2003). *Verwijderen van een pacemaker.* http://www.overledenen-zorgpro.nl/0202003.html. Accessed 13 Nov 2017.

Anonymous. (2009a, August 28). *Charitable donation of pacemakers harvested after death ramps up in the U.S.* https://www.medscape.com/viewarticle/708113. Accessed 3 July 2018.

Anonymous. (2009b). Patients who received donated pacemakers without complications. *Medical Press.* https://medicalxpress.com/news/2009-10-patients-donated-pacemakers-survive-complications.html. Accessed 26 Apr 2018.

Anonymous. (2015). *Cardiovascular implanted electronic devices in people towards the end of life, during cardiopulmonary resuscitation and after death. Guidance from the Resuscitation Council (UK), British Cardiovascular Society and National Council for Palliative care.* Resuscitation Council (UK), British Cardiovascular Society and National Council for Palliative Care.

Aragam, K. G., et al. (2011). The ethics of pacemaker reuse: Might the best be the enemy of the good? *Heart, 97*, 2005–2006.

Arber, R. N. (ed.). (2000). *Directory of Crematoria.* London: The Cremation Society of Great Britain.

Arthur, W. B. (1989). Competing technologies, increasing returns, and lock-in by historical events. *Economic Journal, 899*, 116–131.

Badin, A., Baman, T. S., & Crawford, T. C. (2013). Pacemaker reutilization for those in underserved nations. Examining preliminary data and future prospects. *Interventional Cardiology, 5*(6), 695–702.

Baman, T. S., & Eagle, K. A. (2011). Cardiac device reutilization: Is it time to "go green" in underserved countries? *Pacing and Clinical Electrophysiology, 34*(6), 651−652.

Baman, T. S., et al. (2010). Pacemaker reuse. An initiative to alleviate the burden of symptomatic bradyarrhythmia in impoverished nations around the world. *Circulation, 122*, 1649−1656.

Baman, T. S., et al. (2011). Safety of pacemaker reuse. A meta-analysis with implications for underserved nations. *Circulation. Arrhythmia and Electrophysiology, 4*(3), 318−323.

Baman, T. S., et al. (2012). Feasibility of postmortem device acquisition for potential reuse in underserved nations. *Heart Rhythm, 9*(2), 211−214.

Bonny, A., et al. (2017). Statistics on the use of cardiac electronic devices and interventional electrophysiological procedures in Africa from 2011 to 2016: Report of the Pan African Society of Cardiology (PASCAR) Cardiac Arrhythmias and Pacing Task Forces. *Europace, 20*(9), 1513−1526.

Casper, M. J., & Clarke, A. E. (1998). Making the Pap smear into the "right tool" for the job. *Social Studies of Science, 28*(2), 255−290.

Condliffe, J. (2012). *What happens to medical implants when their owners are cremated?* www.gizmodo.com/whathappens-to-medical-implants-when-their-owners-are-cremated. Accessed 29 May 2018.

Crawford, T. C., & Eagle, K. A. (2017). Reuse of cardiac implantable electronic devices to improve and extend life: A call to action. *Heart Asia, 9*(1), 34−35.

Crawford, T. C., et al. (2017). Cleaning and sterilization of used cardiac implantable electronic devices with process validation. The next hurdle in device recycling. *Journal of the American College of Cardiology: Clinical Electrophysiology, 3*(6), 623−631.

David, P. A. (1985). Clio and the economics of QWERTY. *The American Economic Review, 75*(2), 332−337.

Dimick, K. (2018, June 13). World medical relief opens first-ever pacemaker recycling center. *Southfield Sun.* https://www.candgnews.com.news/world-medical-relief-opens-firtsever-pacemaker-recycling-center-108513. Accessed 3 July 2018.

FDA. (2015). *U.S. food and drug administration compliance policy. Inspections, compliance, enforcement, and criminal investigations*. https://www.fda.gov/ICECI/ComplianceManuals/CompliancePolicyGuidanceManual/ucm073891.htm. Issued 10/1/80; revised 3/95; page last updated: 03-20-2015. Accessed 14 Feb 2017.

Gakenheimer, L., et al. (2010). Pacemakers: Are they really a renewable resource? *Heart Rhythm, 10*(1), 1–2.

Gale, C. P., & Mulley, D. M. (2002). Pacemaker explosions in crematoria: Problems and solutions. *Journal of the Royal Society of Medicine, 95*(7), 353–355.

Garud, R., & Karnoe, P. (2001). Path creation as a process of mindful deviation. In R. Garud & P. Karnoe (Eds.), *Path dependence and creation* (pp. 1–38). Mahwah: Earlbaum.

Garud, R., Kumaraswamy, A., & Karnoe, P. (2010). Path dependency or path creation? *Journal of Management Studies, 47*(4), 760–774.

Greene, J. (2018). World Medical Relief OK'd to deliver refurbished pacemakers to underserved countries. *Crain's Detroit Business*. http://www.crainsde-troit.com/print/664086. Accessed 3 July 2018.

Hasan, R., et al. (2011). Safety, efficacy, and performance of implanted recycled cardiac rhythm management devices (CRM) in underprivileged patients. *Pace, 34*, 653–658.

Heuverswyn, F. E., et al. (2013). Implantable cardioverter-defibrillators. Is there life after death? *Pacing and Clinical Electrophysiology, 36*(1), 2–6.

Holden, B. A., Sulaiman, S., & Knox, K. (2000). The challenge of providing spectacles in the developing world. *Community Eye Health Journal, 13*(33), 9–10.

Hommels, A., Mesman, J., & Bijker, W. E. (Eds.). (2014). *Vulnerability in technological cultures: New directions in research and governance*. Cambridge, MA: MIT Press.

Hughey, A. B., et al. (2014). Heart Rhythm Society members' views on pacemaker and implantable cardioverter-defibrillator reuse. *Pacing and Clinical Electrophysiology, 37*(8). https://doi.org/10.1111/pace.12418.

Jeffrey, K. (2001). *Machines in our hearts: The cardiac pacemaker, the implantable defibrillator, and American health care*. Baltimore/London: The Johns Hopkins

University Press.

Kapoor, A. V., et al. (2017). Guidance on reuse of cardio-vascular catheters and devices in India: A consensus document. *Indian Heart Journal, 69*(3), 357-363.

Karnoe, P., & Garud, R. (2001). Path creation and dependence in the Danish wind turbine field. In M. Ventresca & J. Porac (Eds.), *Construction industries and markets: Essays in cognition, institutions, and economy*. New York: Elsevier Science.

Kirkpatrick, J. N., et al. (2010). Reuse of pacemakers and defibrillators in devel oping countries: Logistical, legal, and ethical solutions. *Heart Rhythm, 7*(11), 1623-1627.

Knox, A. (2010). *Guidelines on single use devices*. NHS Dumfries & Galloway. http://www.nhsdg.scot.nhs.uk/dumfries/files/2.05%20Guidelines%20on%20Single%20Use%20Devices.pdf. Accessed 23 July 2018.

Kramer, D. B., Mitchell, S. L., & Brock, D. W. (2012). Deactivation of pacemakers and implantable cardioverter-defibrillators. *Progressions in Cardiovascular Disease, 55*(3), 290-299.

Lange, D. C., et al. (2012). *Post-mortem cardiac device retrieval for re-use in Third World nations: Views of the general public and patient population*. www.myheartyourheart.org. Consulted at 14 October 2017.

Lange, D. C., et al. (2014). *Post-mortem cardiac device retrieval for re-use in third world nations: Views of the general public & patient population*. www.myhearty-ourheart.org. Accessed 13 Feb 2017.

Lindsay, C. (2003). From the shadows: Users as designers, producers, marketers, distributors, and technical support. In N. Oudshoorn & T. Pinch (Eds.), *How users matter: The co-construction of users and technology* (pp. 29-50). Cambridge, MA/London: MIT Press.

Mayosi, B. M., et al. (2015). *Report of the PASCAR task force on pacemaker and ICD re-use*. http://www.pascar.org/uploads/files/report_of_Pascar_pace-maker_re-use_task_force_2015.pdf. Accessed 28 Apr 2017.

Mond, H. G., & Proclemer, A. (2011). The 11th world survey of cardiac pacing and implantable cardioverter-defibrillators: Calendar year 2009 – A World Society of

Arrhythmia's project. *Pacing and Clinical Electrophysiology, 34*, 1013–1027.

Moye, D. (2011). *Artificial solutions. A non-profit charity recycles hips from cadavers.* https://www.huffingtonpost.com/…/artificial-solutions-hip-replace…. Posted 28 June 2011; Accessed 28 May 2018.

Norton, A. (2011, October 26). Reused pacemakers safe option in poor nations. *Health News.*

Nunamaker, D. M. (2005). *Total joint replacement.* Chapter 44. http://cal.vet.upenn.edu/projects/saortho/chapter_44/44mast.htm. Accessed 27 Apr 2018.

Oudshoorn, N. (2003). *The male pill: A biography of a technology in the making.* Durham/London: Duke University Press.

Pace4Life. (2013). *Reuse/recycling of pacemakers. A guideline to funeral directors and associated parties.* www.Pace4life.org. Accessed 11 Apr 2018.

Project My Heart – Your Heart. (2018). *Legal consent form.* www.myheartyourheart.org. Accessed 30 July 2018.

Ross, V. (2010). *Tackling heart trouble in the developing world. A new pilot study suggests that pacemakers can be safely reused.* http://scienceline.org/2010/tack-ling-heart-trouble-in-the-developing-world/. Accessed 3 Apr 2017.

Rossiter, J. (2011). *Donated pacemakers can help save lives when allowed to be reused, advocates say.* http://www.pressofatlanticity.com/life/donated-pace-makers-can-help-save-lives-when-allowed-to-be/article0bdd356a-bff9-5292-8e33-c53b0a304186.html. Accessed 30 July 2018.

Runge, M. W., et al. (2017). Pacemaker recycling: A notion whose time has come. *World Journal of Cardiology, 9*(4), 296–303.

Sawyer, E. (2017). *How are pacemakers removed, and who does it before the cremation of a body? How does the funeral home know if there is a pacemaker?* https://www.quora.com/How-are-pacemakers-removed-and-who-does-it-before-the-cremation-of-a-body-How-does-the-funeral-home-know-if-there-is-a-pacemaker. Accessed 30 May 2017.

Sedhai, Y. R., et al. (2017). Cadaveric donation and post-mortem reuse of pace makers and defibrillators in Nepal: Medical, legal and ethical challenges. *Journal of Advances in Internal Medicine, 6*(1), 14–20.

Stanyon, R. (2010). Donation of explanted pacemakers for reuse in underserved nations. *Journal of Healthcare Risks and Management, 29*(4), 6–14.

Star, S. L. (1991). Power, technology and the phenomenology of conventions: On being allergic to onions. In J. Law (Ed.), *A sociology of monsters*. London/New York: Routledge.

Stiles, S. (2013). HRS members support charitable ICD/Pacemaker donation for reuse overseas. *Medscape Medical News*. http://www.medscape.com/view-article/805015. Accessed 25 Apr 2018.

Tandon, K., & Kirkpatrick, J. N. (2017). Pacemaker reuse in low-income/middle-income countries: Moral duty or dangerous precedent? *Heart (Biomedical Journal), 103*, 23.

van Erven, L., & Smit, F. (2010). *Praktijkrichtlijn voor postmortale handelswijze omtrent ICD patienten. Explantatie van een implanteerbare cardioverter defibrillator (ICD) bij een overledene*. Vesalius/Nederlandse Vereniging voor Cardiologie (NVVC).

VanArtsdalen, J., et al. (2012). Pacemaker reuse for patients in resource poor countries: Is something always better than nothing? *Progress in Cardiovascular Diseases, 55*(3), 300–306.

WHO. *WHO medical device regulation*. http://www.who.int/medical_devices/publications/en/MD-Regulations.pdf.medical. Accessed 15 Oct 2017.

Williamson, B. (2016). *What happens to joint replacements after you are cremated?* www.abc.net.au/what-happens-to-replacement-joints-after-you-are-cremated. Posted 12 August 2016; Accessed 29 May 2018.

第十章

结论：走向韧性赛博格社会学

启发式方法

本书要回答的问题——成为韧性赛博格需要什么？——可以用两个字来总结：很多！前几章已经说明了让混合身体保持存活需要戴这些植入物的人、他们的近亲、技术人员、护士和心脏科医师、治理和医学基础设施以及设备本身的积极参与。重要的是，建立韧性还包括死亡的阶段和重复使用从死者身体里移除的起搏器。在最后总结的这章，我想反思我们可以从我对连线心脏赛博格的描述中学到什么，以发展韧性赛博格社会学。由于混合身体的持续存在，从社会学角度来理解与皮肤下运行的技术同生共死需要些什么很重要。由于新医疗植入物的发展，这种存在在（不久的）将来只会增长。过去五年，身体的混合已经扩展到包括治疗睡眠呼吸暂停的起搏器，用于减缓阿兹海默症的实验性脑起搏器，减轻帕金森病症状的脑植入物，替代现有除颤仪电击的、结合基因治疗和植入式光源的内置除颤仪，减轻风湿病引起的疼痛的电子植入物，以及将身体变为人类指南针的人工感官设备（Healy & Bonhomme 2017; Scharre et al. 2018; Nynse et al. 2019; Koopman et al. 2014; Minor 2016）。[1]考虑到技术对身体改造的不断增加，从社会学角度来理解如何才能成为一个韧性赛博格很重要，这有助于批判性地干预不是庆祝就是谴责身体和技术融合的论述，这让我们回到唐娜·哈拉维在《赛博格宣言》中提出的核心论点（Haraway 1985）。聚焦韧性是关键一步，因为它使我们能够在不将赛博格变成他们植入物的被动受害者的情况下，描述"日常赛博格"的脆弱性（Haddow et al. 2015），而这在医学文献和患者信息中鲜有出现。

反思我对连线心脏赛博格的描述，我提出韧性赛博格社会学应该至少包括以下五种启发式方法，本章的下面几节将对其进行描述：

1. 将日常赛博格积极参与韧性的建立概念化为一种工作；
2. 纳入感官体验和韧性技法来说明他们的专业技能；
3. 将内置设备概念化为身体伴侣技术；
4. 随访混合身体的整个生命周期，包括死亡过程和死亡；
5. 对差异的敏感性。

将韧性的建立视为工作

我在整本书的论点是，与起搏器和除颤仪共同生活的人远非被动。与医学论述假设连线心脏赛博格为被动角色相反，我已经描述了保持混合身体存活如何涉及与其植入物的积极互动，这甚至包括死亡过程。在前面几章，我描述了与经技术改造的身体同生共死如何需要一个建

第十章 / 结论：走向韧性赛博格社会学

立韧性的终生轨迹。由于技术的变革性能力，与内置心脏设备共同生活的人必须学会应对影响日常生活许多方面的新脆弱性。连线心脏赛博格面对的脆弱性包括由于起搏器和心脏能动性的不当调试所引起的疲劳（第三章）；带来的伤害（第三章）、不恰当的除颤仪电击（第四章）或外部物件（第五章）造成的伤害；限制个人能或不能做什么（第四章和第五章）；与标记可见的身体共同生活（第六章）；对失去控制的焦虑（第四章和第七章）；植入物如何影响死亡过程（第八章）；以及，最后，死后不想要的设备移除和回收起搏器感染的风险（第九章）。

为避免将韧性视为人们要么具备要么缺乏的本质主义观点，我采用将韧性视为一个过程的研究方法（第二章）。或引用西蒙娜·德·波伏娃（Simone de Beauvoir）的话：一个人不是出生就是，而是（逐渐）变成一个韧性赛博格的[2]。这种对变成的强调很重要，因为它让我得以研究连线心脏赛博格如何积极参与学习应对他们混合身体的脆弱性。在前面几章中，我们已经了解了与起搏器和除颤仪共同生活的人如何变得不仅要对自身照护疾病负责，还要对植入物预期和非预期的后果负责。尽管医护人员和近亲在建立韧性方面起到重要作用，但大部分责任还是委派给了连线心脏赛博格本身。受已故的安塞姆·施特劳斯及其同事在医疗工作方面开创性工作的启发，我提出最好将此能动性理解为工作。在《医疗工作的社会组织》（Social Organization of Medical Work）（Strauss et al. 1997）中，他们描述了医师、技术人员和护士如何长期漠视住院患者在诊断和治疗慢性疾病中的积极参与，"因为那些工作没有被真正看到、被当作秘密或者即使被看见也不被定义为工作，而只是患者活动或一般性参与到他们自身的照护"（Strauss et al. 1997, 191）。[3] 这种未能将患者的知识和技能理解为正式工作的情况出现在现代社会，现代社会只将涉及金钱交易的活动视为工作（Daniel 1987）。[4]

安塞姆·施特劳斯及其同事做出的重要理论论述是，无论何时当患者作为"工作"的客体时，他们并非仅仅"对发生在他们身上或为他们所做的事做出反应"。他们也可能成为"为完成工作的劳动分工中一部分，即使他们的参与可能未被医护人员或患者自身视为工作"（Strauss et al. 1997, 192）。在对美国医院慢性病患者医疗照护的研究中，他们描述了患者如何在管理和塑造他们所接受的照护方面发挥积极作用。其中一些工作是对医院工作人员工作的补充（例如收集用于实验室检测的尿液），但其他工作代替了护理人员的工作，或纠正了照护工作中的错误，例如未与患者身体正确连接的静脉注射器。患者也可能做到医院工作人员不能做的事，因为这些工作需要只有患者才具备的专业知识（Strauss et al. 1997, 202）。将患者积极参与管理医院的照护定义为工作的概念性转变至关重要，因为"什么才算是工作"塑造了特定行动者群体及其特定专业知识的不可见性（Strauss 1985; Star & Strauss 1999）。[5]因此，安塞姆·施特劳斯及其同事发展出的用象征性互动研究来研究医学的方法不限于让患者的工作可见，还有助于让他们特定的专业知识和技能得到承认。[6]患者的专业知识不局限于对他们身体和疾病的经验性知识。在身体会对诊断和治疗其健康问题的医疗技术——例如心律监测仪和移动式 X 光机——做何反应方面，患者也变得知识丰富和技术熟练起来，并且他们还学会了管理这些互动。因此，施特劳斯及其同事指出，住院患者应被视为"熟知机器的患者"，因为"他们了解机器和他们的身体"（Strauss et al. 1997, 64）。

因此，通过纳入之前未被考虑在内的[7]、与体内技术同生共死的工

第十章 / 结论：走向韧性赛博格社会学

作，我对成为韧性赛博格需要做些什么的描述补充了这些关于患者工作的早期学术研究。将赛博格对维系他们混合身体的积极参与概念化为工作对纠正植入物的错误形象很重要，这个形象将植入物当作以成品形式——即一旦植入体内就无须采取进一步行动来使其工作——离开实验室的设备。将塑造韧性所涉及的活动描绘为工作，让包括其具身体验和专业知识在内的日常赛博格的能动性处于与工程师、技术人员和心脏科医师的工作同等重要的地位。描述这种能动性和专业知识对赛博格本身也很重要，因为它可能会减轻学习如何与脆弱的、经技术改造的身体共同生活的负担。与施特劳斯及其同事对慢性病患者的研究相比，日常赛博格积极参与韧性建设的工作更有可能不被视为工作，因为它涉及隐藏在他们体内不可见的技术。如我们所见，给戴起搏器或除颤仪的患者提供的患者信息没有告诉他们，作为赛博格，要为生和死都做些什么（第三、四、六和第八章）。让保持混合身体存活所涉及的所有工作变得可见，可以帮助护理人员和日常赛博格更好地为与皮肤下运行的技术同生共死所需做的事做好准备。

为发展韧性赛博格社会学，我们需要对患者工作和专业知识的象征性互动研究做出两处改进。首先，我们需要将研究的关注点拓展到医院之外的地方。与施特劳斯研究的住院患者不同，日常赛博格的工作不局限于他们在医院或诊所接受的医疗。因为植入身体的技术会伴随其一生，日常赛博格的工作涉及日常生活的所有阶段和场所。本书采用的技术地理研究方法说明了在生、死和重复使用过程中建立韧性是如何分散在不同的地方，例如家中（第四、五和七章）以及工作和公共场所（第四、五和六章）。这些场所大多数是不相连的，并且在维系混合身体方面，涉及不同的脆弱性和责任分配，这意味着连线心脏赛博格必须在每个场所重新学会应对他们经技术改造的身体。对患者工作不可见性的象征性互动研究的第二处改进涉及重新思考患者的专业知识，这将在下一节描述。

日常赛博格的专业知识

为了说明与体内技术共同生活的人的特殊知识和技能，我提出重要的是反思什么样的专业知识是重要的。与通过正式教育、认证和专业训练获得专业知识的医护人员、科学家和工程师不同（Wilcox 2010, 47），日常赛博格与所有非专业人士一样，以不同的方式获取知识和技能。[8] 因此，理解非专业人士如何获取专业知识已成为医学社会学和科学技术研究的一个重要主题。在两项关于非专业人士专业知识的经典研究中，史蒂文·爱泼斯坦（Steven Epstein, 1995）和希拉里·阿克塞（Hilary Arksey, 1994）描述了艾滋病治疗积极分子和重复性压迫损伤支持小组如何通过自学基础科学和医学来获得其专业知识。这些研究及许多其他关于健康行动主义和患者组织的报道，说明了人们如何通过运用专业的医学和技术知识、参与健康行动和组织支持性团体或其他患者集体来获取专业知识。[9] 由于它们使患者和照护者得以获得超出他们自身经验的知识和技能，这些社会组织将他们的专业知识转化为集体知识（Wilcox 2010, 45, 56）。第四章和第六章描述的与起搏器或除颤仪共同生活的人的在线社群提供了这类集体专业知识的生动示例。在有关医疗保健数字化的大量文献中，患者常被描述为"专家患者"，该术语也常常出现在自我管理项目和旨在赋权患者和社区的政策中（Greenhalgh 2009, 631）。近几十年来，互联网和其他数字

第十章 / 结论：走向韧性赛博格社会学

媒体已发展成为患者了解自身疾病和可用治疗方案的重要资源，尽管对这是否以及如何有助于赋权患者存在相当大的争论（Harris et al. 2010）。[10] 然而，由于它们提供了获取医学和技术知识的便捷途径，这些媒体的使用构成了与体内技术共同生活的人获取专业知识的一个重要途径。

非专业人士的专业知识不仅涉及科学和医学的专业知识。医学社会学家和人类学家还描述了患者的知识如何比其获取的专业知识广泛得多。这些丰富的文献描述了患者如何基于他们疾病的具身经验发展出他们的专业知识，以及医疗如何影响到他们的身体、身份、社会关系和日常生活（Brown & Webster 2004; Faulkner 2009; Lehoux 2006; Lupton 2012; Mol 2002; Webster 2007）。例如，珍妮特·波尔斯（Jeanette Pols）提出最好将患者知识理解为旨在"打造可接受的日常生活"的"行动中的实用知识"（Pols 2014, 78）。这种实用知识"不是静坐在教科书或头脑里"而是融入"实践、设备和情景"中（Pols 2014, 83, 75）。研究知识的这种方法与理解日常赛博格的专业知识很相关，因为它强调了知识的形式也可以出现在照护实践和日常生活中（Moser 2011）。由于患者基于经验的知识与科学家和临床医师的专业知识的边界常变得模糊，这种方法没有区别对待患者知识与医学知识（Akrich 2010; Pols 2014, 77）。如我在前几章所描述的，与起搏器和除颤仪共同生活的人在他们日常生活中许多不同的场景，以及在诊所参与监测实践和在互联网搜索医疗信息等方式，获取关于与其植入物共同参活意味着什么的知识。

重要的是，我对连线心脏赛博格如何建立韧性的研究指出了非专业人士可以获取知识的另一条路径：对他们的心脏和植入物相互交织的能动性的感官经验。因此，本书采用的再物质化赛博格的研究方法也有助于完善我们对非专业人士的认知方式的理解，因为它明确说明了体内技术帮助获取知识的方式。如我们在本书中所见，起搏器和除颤仪参与创造全新的感官体验，通过这些体验，连线心脏赛博格真正开始了解其混合身体。电脉冲或电击、疲乏感、植入物电池电量不足发出的警报音、心悸或心跳缺失"教育"连线心脏赛博格了解其植入物的恰当工作、不恰当调整或设备故障。这些身体感觉还有助于创造一个日常赛博格的主体定位，因为它们不断提醒着他们经技术改造的身体。至关重要的是，感官体验有助于形成一种知识，这种形式的知识使连线心脏赛博格得以在提高其植入物的正常工作和减少其混合身体的某些脆弱性方面发挥积极作用。他们记录自身的心律不齐和脉冲测量值来帮助技术人员解释他们的心电图，区分恰当的、不恰当的电击（第三章和第四章），并且开发听觉技法来探测指示电池耗尽的嘟嘟声（第三章）。他们还开发出预测电击（第四章）以及保护其身体免受外部物体和他人伤害（第五章）的技法。此外，他们还开发了一些技法，让他们标记的身体不易受到他人的凝视、感染、晒伤和瘙痒的影响（第六章）并减少对在随访测试中失去对心跳控制的恐惧（第七章）。

这些韧性技法大多包含被珍妮特·波尔斯恰如其分地称为"当下的知识"，这可理解为"一种情境化的认知活动"（Pols 2014, 80, 88）。由于搏动或电击你的心脏或发出嘟嘟声的设备引入了全新的情景，连线心脏赛博格必须当场解释它们并必须思考正在发生什么以及他们将如何应对。由于其他既有的、新的和新兴的日常赛博格在日常生活中可能面对相似的或非常不一样的情景，理解感官体验如何构成认识身体

第十章 / 结论：走向韧性赛博格社会学

的新方式、追踪各种形式的"当下的知识"和韧性技法因此构成了韧性赛博格社会学的一个重要部分。

作为身体伴侣技术的内置设备

本总结章第一部分描述的建设韧性工作的不可见性也可以通过植入技术在医疗论述中的表现方式来解释。在医学文献和大多数患者信息中，对起搏器和除颤仪的描述几乎完全限于解释这些设备的能动性。其结果是，内置心脏设备被描述为涉及人与技术单向关系的技术物。植入体内后，它们会自动干预重要的生理过程以提高个人的健康与福祉。反思我对连线心脏赛博格的描述，我提出我们需要一个不一样的、关系性的方法来研究植入技术，因为维持混合身体存活涉及人与技术的双向而非单向关系。

过去十年间，女性主义哲学家为重新思考身体与植入技术之间的关系做出了重要贡献（Alaimo & Hekman 2008; Dalibert 2014, 2016; Lettow 2011）。为理论化身体与植入物和义肢之间的双向关系，露西·达利伯特引入了"躯体技术"（somatechnologies）的概念来描述"技术改造身体的方式，以及身体反之影响后者的方法"（Dalibert 2016, 653）。这种方法对未能解释植入式技术且忽略身体物质性的后现象学研究进行了重要干预。女性主义对混合身体的研究方法强调了内置设备如何提高了"个体物质存在的亲密性"，从而"深远地影响了个体存在于世的状态"（Dalibert 2014, 192; 2016, 643）。因此，躯体技术可被视为一个适宜的概念来理解身体和技术相互的、亲密的关系，特别是对它们物质性的交织而言。

为理解维系这些双向关系所涉及的工作，我们还需要另外一个概念。受唐娜·哈拉维伴侣物种工作的启发，我提出植入技术最好被视为身体伴侣技术。这一概念邀请我们将植入体内技术当作终身伴侣那般的设备对待，其需要大量工作维持人与技术之间（通常是相互的）关系。在《伴侣物种宣言》(*Companion Species Manifesto*)中，哈拉维探索"如何[可以]通过认真对待狗与人的关系学习一种致力于繁荣重要的他者的伦理和政治"(Haraway 2003, 3)。她批判为人类等级式统治自然辩护的伦理学，而主张将人类和动物概念化为伴侣物种。"伴侣物种"的概念强调人类和动物是彼此共同构成着进化的物种。根据哈拉维所说，这些伴侣关系并非固定的，而是不断移动且处于一个生成的阶段。与《赛博格宣言》一样，通过强调它们相互依赖式发展，《伴侣物种宣言》旨在弥合对自然与文化以及人类与非人类之间的二元区分(Haraway 2003, 33, 78, 4)。因此，人与动物以及人与技术之间的相互关系都可以理解为伴侣关系。如同与视力受损者共同生活的导盲犬一样，身体伴侣技术可以被视为需要被驯化和照护的"同行者"(Haraway 2003, 9)；反之，身体伴侣技术也训练和照护那些在体内植入它们的人(Haraway 2003, 53)。作为一个关系性概念，身体伴侣技术引起了人们对塑造韧性赛博格所涉及的多重双向式人机交互和相互依赖的关注。

首先，赛博格和身体伴侣技术的互动和相互依赖涉及一种相互保护。为确保更规律的心跳，起搏器和除颤仪已被引入监测可能危及生命的心律失常。这种守护关系很好地反映在连线心脏赛博格有时称呼他们体内设备的方式上，比如"守护犬"或是"它们一直守护着主人"（第五章）。反之，连线心脏赛博格必须通过确保外部物理物件、电子

第十章 / 结论：走向韧性赛博格社会学

设备、(孙)子女或亲密伴侣不会破坏他们的植入物来看护其植入物正常运行功能(第五章)。守护其植入物以保护它们免受外部伤害涉及许多去纠缠工作，其中连线心脏赛博格发展出不同技法来建立韧性。然而，有些电子威胁是人类无法控制的。因此，例如防止黑客攻击会涉及激进的去纠缠工作方式，包括不使用和选择性使用(第五章)。

在我对连线心脏赛博格描述中出现的第二种互动涉及一个相互训练的过程。在植入后的头几个月，内置心脏设备必须被驯服，这通过调试和重新调整它们的能动性以与心脏的能动性相适应来实现。尽管这种训练需要技术人员和连线心脏赛博格的合作，但后者投入了技术人员不具备的知识和技能：当你心跳被机器管理时的感官体验如何(第三章)。反之，内置心脏设备试图通过发出提示电池电量不足的警报音来训练赛博格，从而促使他们去心脏诊所就诊。连线心脏赛博格的训练还包括遵守服药规则、定期到诊所随访，以及对与起搏器共同生活的人来说，在除颤仪电击后三个月内不要开车(第四章和第七章)。训练连线心脏赛博格的这部分工作没有被刻入他们的植入物，而是委派给了技术人员、护士和心脏科医师。

尽管有这种守护和训练，身体伴侣技术可能会失控甚至伤害你，例如导线断裂、错误调试(第三章)，甚至发生在死亡过程的不恰当电击(第四章和第八章)，身上可见的疤痕(第六章)以及回收起搏器引起的感染(第九章)。因此，身体伴侣技术和日常赛博格的第三种互动和相互依赖涉及驯化，与保护和训练相比，这只涉及赛博格和技术人员。虽然驯化常用来指驯化农作物、牲畜和野生动物，但它也可以指代技术。罗杰·西尔弗斯通(Roger Silverstone)及其同事通过论证将技术设备融入日常生活涉及"野性的驯化和驯化物的培育"

（Silverstone et al. 1989），将驯化的概念挪用并延伸到技术上。当新技术走进家庭，它们必须从可能带有威胁感的设备转变为融入日常生活惯例和实践的令人熟悉的事物（Silverstone & Hirsch 1992; Lie & Sorenson 1996）。虽然驯化研究方法常被用来研究消费者技术的采用，但驯化也是一个研究驯服身体伴侣技术所涉及工作的合适概念。如我们所见，连线心脏赛博格和技术人员必须投入大量工作来获得对故障设备的控制权，并且面对强加于混合身体的威胁，开发出各种技法来建立韧性（第三章和第四章）。与训练一样，这种驯化包括亲密伴侣的积极参与（第五章）。此外，驯化野性的身体伴侣技术也可能涉及学习应对焦虑和不确定性，因此需要大量的情感工作（第三、四、七、八章）。此外，驯化可能需要女性做更多工作。由于内置心脏设备会在植入处留下疤痕，戴植入物的女性必须开发出以正常通过的技法（第六章）。最后，驯化不局限于故障设备，还涉及正常工作的植入物。有些连线心脏赛博格通过给它们取名和庆祝"周年纪念日"来驯化身体伴侣技术（第六章）。

因此，建立韧性包括人类与植入技术之间三种不同类型的互动和相互依赖。守护、训练和驯化身体伴侣技术和赛博格涉及与这些植入物共同生活的人、他们的近亲、技术人员和植入技术本身的大量工作。至关重要的是，这些互动和相互依赖在维系混合身体所需投入的注意力和时间方面有所不同。守护需要持续的警觉和工作，而训练只需要间隔性完成，其中最多的工作发生在植入后的一段时间（通常3至6个月）以及替换植入物后。与训练一样，驯化不需要持续参与，尽管它还包括死亡过程（第八章）。然而，不是所有的日常赛博格都需要在相同程度上驯化身体伴侣技术。如果幸运的话，他们不需要忍受植入物

第十章 / 结论：走向韧性赛博格社会学

的任何变形，这减少了他们为建立韧性所必须做的工作。同等重要的，对其他老的、新的和新兴的赛博格来说，守护、训练和驯化可能涉及非常不同的工作类型，这将在本章末尾予以讨论。

描述死亡过程和死亡

因为身体伴侣技术涉及人和植入物持续一生的关系，描述死亡过程和死亡构成了韧性赛博格社会学的一个重要组成部分。值得注意的是，赛博格和人类增强研究对技术如何影响人类生命最后阶段较为沉默。绝大多数研究关注技术如何改变人类生活并如何可能有助于延迟死亡，而不是当混合身体分崩离析时会发生什么。[11]但这些论述是有问题的，因为它们将身体表现为可以无限修复的。因此，它们强化了一种拒绝接受死亡过程和死亡是整个生命周期一部分的观点（Wiener 1989, 18）。这种挥之不去的谈论死亡的禁忌也存在于为连线心脏赛博格提供的照护中，医生不愿讨论起搏器和除颤仪如何影响死亡过程和死亡（第八章）。我对成为韧性赛博格需要做些什么的研究表明描述死亡过程和死亡至关重要，因为日常赛博格从生到死的过程与那些不戴内置设备的人不一样。身体伴侣技术引入了关于是否应当在死前关闭植入物的新的脆弱性和焦虑。它们还让日常赛博格和他们的近亲担心戴着停用的植入物死去会发生什么，甚至是否会死亡的问题。最后但同等重要的是，未关闭的内置心脏设备会带来因不恰当电击或与心电图检测仪互动而破坏（正常）死亡的风险。缺乏关于内置心脏设备如何影响死亡过程和死亡的明确医疗指南只会增加连线心脏赛博格的情感负担，并削弱他们在这个艰巨的生命最后阶段的韧性（第八章）。

内置心脏设备可能不仅会让人担心戴植入物的人最终会如何死亡，还会如戴除颤仪的情况所阐明的，让人担心他们将经历何种类型的死亡。由于降低了死于突发性致命心脏病发作的可能性，除颤仪改变了死亡（第八章；Kaufman 2015, 143）。除颤仪使用的增加将突发心脏病死亡变成了可以通过植入该设备避免的过早死亡（Kaufman 2015, 17; Pollock 2008, 100）。此外，除颤仪深刻塑造了人们对死亡的意识。由于除颤仪不断提醒人们可能的死亡，它们发出的电击创造了一种接近生命的有限性的状态。如安妮·波洛克所说，"死亡不会悄无声息地等候；每一次电击都是它的预兆"（Pollock 2008, 98）。最后，内置心脏设备不仅改变了死亡和死亡的意义，它们还影响了尸体的处理方式。出于安全性和环境方面的考虑，植入技术必须从死者身体里移除，因此这些设备也带来了新型的照护死者实践（第九章）。

因此，我的研究表明，理解技术影响死亡过程和死亡方式的重要性不局限于涉及生命终结时使用的非治疗性技术（例如机械呼吸机）、旨在减轻痛苦死亡负担的治疗（例如安乐死或安宁疗护）、旨在延迟死亡的器官移植，或重新定义死亡的新兴技术（例如永生细胞系和组织样本库）（Brown & Webster 2004; Kaufman & Fjord 2011; Kaufman 2015; Lupton 2012）。终生植入体内的老的、新的和新兴的技术引入了全新的技术类型，这些技术不一定是为了延迟死亡，但可以改变死亡过程轨迹并重新定义人们将面临的死亡类型以及人们对死亡和死后他们的身体会发生什么的预期（第八章和第九章）。

与赛博格的死亡一样，技术的"死亡"在技术社会学和技术哲学中也基本上被忽视了。多数研究倾向于只关注技术如何产生，而不是它们如何终结。这种失衡可能与优先从进步和连续性的角度看待技术变

第十章 / 结论：走向韧性赛博格社会学

革的观点有关（Stegmaier et al. 2014, 111）。然而，不可思议的是，即使是那些认为技术可以有传记的学者也对技术如何终结一事保持沉默。例如，在"人工制品传记和实践方法"中，山姆萨·海萨楼（Sampsa Hyysalo）及其同事强调了在"技术生命的不同地点和时间"研究技术发展的重要性（Hyysalo et al. 2019, 7）。[12] 批评科学技术研究领域过度依赖采用民族志研究方法的"快照式研究"，他们发展出一种基于纵向和多地点研究设计的方法（Hyysalo et al. 2019, 1）。尽管这种传记式研究方法自 20 世纪 90 年代首次提出以来一直非常有成效，但他们所引入的替代方法却反映了一种狭窄的研究技术创新的思路。此类学术研究通过排除研究技术终止的方式，强化了一种技术终结无须创新知识、技能或实践的观点。然而，对社会技术系统治理感兴趣的学者已提出，关注技术如何不复存在很重要，因为它为技术变化的治理提供了新的见解。与新技术的引入一样，终止涉及政策制定者和专家的创新性学习过程，因为终止一项技术挑战了"他们所知道和所珍视的（技术）"（Stegmaier et al. 2014, 125）。当然，对终止现行的社会技术体系的治理研究所关注的范畴及议程与本书提出的研究不同。然而，这些学者的工作支持我的论点，即将技术"死亡"纳入技术传记研究构成了韧性赛博格社会学研究的一个重要方法。

追踪日常赛博格死亡后身体伴侣技术发生什么邀请我们重新思考时间性（temporality）和奇点（singularity）的概念。尽管植入技术常被看作一次性使用设备并且现行的监管制度限制其重复使用，我对连线心脏赛博格的描述说明起搏器的生命周期不一定在戴这些设备的人死去时结束。如我已描述的，起搏器的重复使用已成为新兴实践，哪怕在美国遭到产业和强有力的监管机构的抵抗（第九章）。这种重复使用挑战了一种观点，即将人与技术关系描述为严格意义上个体的、一对一的关系，其中植入设备只有一个"使用者"，而这种观点对技术社会学和技术哲学中大多数混合身体的研究有重大影响。相比之下，本书发展出的身体伴侣技术传记式研究方法强调了同一个技术设备如何可以有多个连续的"使用者"。因此，韧性建设不仅限于第一个"使用者"，还涉及植入了回收利用的起搏器的人的工作，这些人很可能生活在世界上较不富裕地区（第九章）。因此，探索身体伴侣技术的第二次生命可被视为韧性赛博格社会学的另一个重要主题。

差异性如何重要

本书的一个重要见解是，建立韧性对每个赛博格都不一样。对一些人来说，成为韧性赛博格并不是一个复杂的过程，但另一些人则必须投入不少工作来学习应对他们经技术改造的身体的脆弱性。对还有一些人来说，可能永远无法成功建立韧性。因此，理解日常赛博格世界中差异的重要性构成了韧性社会学的一个重要部分。如我对连线心脏赛博格的描述所说明的，差异性至少通过四种不同的方式起作用。

首先，赛博格可能不得不忍受的脆弱性类型有所不同。例如，女性会面临与男性不同的脆弱性，这可能与植入过程的并发症、医疗植入物设计中的性别偏见和/或身体美学的性别规范歧视带疤痕的女性身体有关。除了性别，年龄也很重要。在偏离关于女性身体外观的主流文化观念方面，年长的女性可能有更大的回旋余地。从这个角度讲，老去可能有助于减少身体带有植入物造成疤痕的女性的脆弱性（第六章）。记录年龄相关差异很重要的另一个原因是，与身体伴侣技术共同

第十章 / 结论：走向韧性赛博格社会学

生活的年轻人和老年人可能在所经历的焦虑和可以获取的用来建立情感韧性的社会资源方面有所不同。由于身患疾病的年龄存在差异，接受相似植入物治疗的人的焦虑也可能不同（第七章）。因此，与其他身体一样，赛博格身体也在女性气质、美丽、衰老和强制性健能身体的文化规范范围之内（McRuer 2006; Dalibert 2016, 652）。尽管本书没有涉及其他差异，例如种族、民族、性取向或残疾，但韧性赛博格也可以纳入这些相关差异。因此，采用交叉性分析提供了一种重要的启发式方法来理解这些差异在塑造韧性的过程中相互作用和彼此塑造的方式。

关注差异不仅对描述脆弱性差异很重要。差异重要的第二种方式是，日常赛博格可能无法平等地获取让他们得以成为韧性赛博格的资源。因为韧性不是个人或技术设备的静态的、天生的能力，它需要通过招募不同资源一而再，再而三地构建和重建。在研究连线心脏赛博格的过程中，我发现一项重要资源的是感知身体和设备互动式能动性的知识和技法，然而，这种资源并没有在所有赛博格中平均分配。一方面，有些赛博格能够依靠他们的认知能力，开发他们自己的专业知识、阐明他们的感官体验并向技术人员表达和讨论他们对特定调试或测试的偏好。另一方面，有些赛博格，例如有认知障碍或失智症的人无法表达自己或说出他们的偏好，这将限制韧性的建立（第三章）。此外，在获取互联网、在线支持社区和近亲的社会支持方面也可能存在分配不均。这些不平等限制了日常赛博格获取专业知识或向他人寻求（情感）支持，这两项都是建立韧性的重要资源（第三、四、六和七章）。

在这方面，皮埃尔·布迪厄（Pierre Bourdieu 1986）的社会、文化和象征资本理论是理解这些资源差异的恰当起点。尽管布迪厄的工作主要关注不同形式的资本何以被用来生产或再生产社会流动性和社会地位的不平等,但其工作,尤其是社会资本的概念已被用来理解社交网络和社群的获取何以有助于减少健康不公平(Vyncke et al. 2013)。为理解维持混合身体存活需要做些什么,我提出将布迪厄的资本形式扩展到纳入物质资源这一点很重要。对赛博格而言,技术物件是建立韧性的重要资源,如使用磁铁终止不恰当除颤仪电击或使用便携式心电图记录仪等医疗设备监测不规律心跳所示例的(第四章)。如同其他形式的资本,获取物质资源对每个赛博格都不尽相同。

这让我引入差异在赛博格日常生活中很重要的第三种方式。获得使你成为韧性赛博格的(物质)资源可能取决于你居住在何处。例如,由于不恰当使用的责任问题,在美国与除颤仪共同生活的人无法获得可用来停用故障除颤仪的磁铁。[13] 相比之下,生活在英国的连线心脏赛博格可能会在医院收到磁铁,因此被授予更大的自主性来暂时停用除颤仪。因此,国家之间治理文化方面的差异可以对塑造赛博格的脆弱性和韧性产生重大影响。一般来说,就获取身体伴侣技术而言,居住地的差异也很重要。因为医疗植入物是需要专门的医疗基础设施的非常昂贵的高科技设备,在世界上富裕和贫穷地区的公民之间,这些设备的获取分配不均。除却全球差异,在缺乏覆盖这些昂贵技术的医疗服务保险的富裕国家,贫富公民之间也可能存在获取这些技术的差距(第九章)。因此,对谁的身体最有可能变成混合体保持敏感构成了韧性赛博格社会学的一个重要的启发式方法。

最后但同样重要的是,身体伴侣技术之间的差异也很重要。不同的植入技术可能涉及人与设备之间不同类型的互动和相互依赖。例

第十章 / 结论：走向韧性赛博格社会学

如，守护关系可能在植入物主动干预身体过程的程度上有所不同。起搏器、除颤仪、人工耳蜗和带微处理器的膝关节假体被设计为具有能动性的植入物，人工髋关节和乳房植入物替换身体的一部分而不对身体过程加诸能动性。身体伴侣技术的守护也可能因其守护的身体组成部分类型而异。与植入手臂或腿部的植入物相比，在维系身体存活起到关键作用并具有强烈文化和宗教内涵的器官（例如心脏和大脑）中植入的设备，对其建立韧性可能对情感要求更高。此外，成为一个韧性赛博格也可能受到植入技术内嵌的监控系统种类差异的影响。持续性或间歇性守护你的植入物，和／或启用共享或拒绝访问系统收集的身体数据的远程监控，可能会以非常不同的方式塑造赛博格的脆弱性和韧性。

与守护一样，训练中涉及的关系和相互依赖也可能因身体伴侣技术而异。植入技术的正常运行在多大程度上取决于到诊所定期随访以调试设置、维护、修理或更换（设备）可能会深刻影响成为韧性赛博格所涉及的工作。需要每隔7—10年更换一次的植入物，例如起搏器和除颤仪，涉及反复训练的过程，其中赛博格必须在每次新植入后重建他们的韧性。这对于年轻时接受这些植入物的人来说更是任务艰巨。相比之下，仅在25年后才需要更换的新一代人工髋关节所需的训练频率要低很多。由于医疗基础设施和专业知识的差异，训练也可能有所不同。例如旨在减轻帕金森病衰弱症状的脑植入物依赖于专业医疗中心，而支持导航技能的人工智能设备则不需要这类专业化照护。由于专业化诊所在世界许多地区分布不足甚至不存在，为依赖大量训练工作的身体伴侣技术建设韧性可能会受到严重限制或几乎不可能（第九章）。

最后，身体伴侣技术在驯化这些设备所涉及的工作类型上也会不同。驯服故障植入物的活动空间可能取决于它们可以被赛博格禁用或不能被禁用的程度。与出现设备故障时不应由赛博格停用的植入物，例如与除颤仪相比，可由其"使用者"控制的植入技术，例如内置胰岛素注射泵可能带来更小压力。同样重要的是，身体伴侣技术的驯化也可能受到植入位置的影响，这对理解韧性建设中的性别差异尤为相关。在身体公开可见部位留下疤痕的植入物，例如起搏器和除颤仪，需要女性进行更多的驯化工作，而在身体不那么可见部位留下痕迹的人工髋关节在这方面就更加性别中立。可以肯定的是，这项对身体伴侣技术之间潜在差异的初步调查不应被理解为由技术的静态固有能力导致的。人类与技术之间的互动和相互依赖的差异总是出现在设计、维护、修理和使用的互动过程中（Oudshoorn & Pinch 2003; Hyysalo et al. 2016）。因此，探索和解释许多既有的、新的和新兴的身体伴侣技术之间的这些差异可被视为韧性赛博格社会学的最后一个具有挑战性的启发式方法。

注释

1 这份清单并不穷尽，只提及了几个新的和新兴的皮肤下植入技术的例子。
2 Beauvoir, S. de (1949).
3 在《可见和不可见工作的生态学》("Ecology of visible and invisible work")中，苏珊·利·斯塔尔和安塞姆·施特劳斯描述了将工作变成可见/不可见的不同方法。这包括在可见工作中将工作人员降至如背景一般而不再是一个人，例如家庭环境中的清

第十章 / 结论：走向韧性赛博格社会学

洁工作。其逆向过程是去嵌入背景工作，其中工人在场，但他们所做的大部分工作被视为理所当然，例如护士工作的许多方面。也可能通过使用正式指标让工作或工作人员变为不可见。

4　见 Harris et al. (2010) 最近一项关于政策和技术如何塑造医疗保健中可见和不可见工作的研究。

5　见 Mesman (2008)、Mort et al. (2003) 和 Oudshoorn (2011) 对医护人员和患者不可见工作的近期研究。

6　医疗工作、照护和技术的象征性互动研究已激励了许多学者研究医院、诊所和疗养院的照护实践。见 Casper & Morrison (2010) 和 Clarke (2010) 对这些文献的批判性讨论和延伸。

7　格拉泽和施特劳斯的两本书包括了起搏器，但他们仅关注了护士的工作而非患者及其家人的工作（Glaser & Strauss 1965, 1968）。

8　过去十年，关于非专业人士的专业知识是否可以被视为一种专业知识，还是应该被理解为"疾病经验"，一直存在两极分化的辩论。见 Wilcox (2010) 对这一争论的详细讨论。我提出，重要的是理解没有任何专业背景的人如何发展出关于他们疾病和治疗的知识和技能，而不是定义什么知识才算专业知识。

9　见 Callon & Rabeharisoa (2002) 一项代表性研究。

10　过去十年，"专家患者"一词以及关于自我照护和赋权的论述一般都遭到了批评，因为它们将患者和公民表现为原子化的个体，并强化了一种"积极负责的自我的制度"（Rose 1996）。这些论述带来将医疗保健变成个人的义务而不是（医疗保健）社群或整个社会的集体责任的风险（Greenhalgh 2009, 631; Wyatt et al. 2010, 3）。

11　Kaufman (2005, 2015)、Kaufman & Fjord (2011) 和 Pollock (2008) 的研究是两个重要的例外。

12　对采用传记式研究方法研究技术的倡导建立在前期研究的基础上，这些研究邀请学者追踪技术全生命周期，而不是仅解答实验室里发生了什么。科皮托夫（Kopytoff）最早于 1986 年提出了"技术的传记"一词。在 20 世纪 80 年代和 90 年代，技术的社会化塑造研究也强调了纳入多种情景和更长时间尺度的重要性（MacKenzie & Wajcman 1999），而多地点民族志研究最早于 1995 年提出（Marcus 2016），且纳入多个时间和空间尺度也是情景分析的关键组成（Clarke 2005）。见 Cockburn & Ormrod (1993) 和 Oudshoorn (2003)，了解采用传记式研究方法研究技术的两项代表性研究。

13 停用除颤仪和起搏器的美版共识声明对诊断出绝症的人采取例外,但这一建议是否被医护人员采纳还不是很清楚(第八章)。

参考文献

Alaimo, S., & Hekman, S. (2008). Introduction: Emerging models of materiality in feminist theory. In S. Alaimo & S. Hekman (Eds.), *Material feminisms* (pp. 1-19). Bloomington: University of Indiana Press.

Akrich, M. (2010). From communities of practice to epistemic communities: Health mobilizations on the internet. *Sociological Research Online, 15*(2), 10.

Arksey, H. (1994). Expert and lay participation in the construction of medical knowledge. *Sociology of Health & Illness, 16*(4), 448-468.

Beauvoir, S. (1949). *The second sex*. English version published in 2011. New York: Random House.

Bourdieu, P. (1986). The forms of capital. In J. Richardson (Ed.), *Handbook of theory and research for the sociology of education* (pp. 241-258). Greenwood: New York.

Brown, N., & Webster, A. (2004). *New medical technologies and society: Reordering life*. Cambridge/Malden: Polity Press.

Callon, M., & Rabeharisoa, V. (2002). The involvement of patients' associations in research. *International Social Science Journal, 54*(71), 57-65.

Casper, M. J., & Morrison, D. R. (2010). Medical sociology and technology: Critical engagements. *Journal of Health and Social Behavior, 51*, 120-132.

Clarke, A. (2005). *Situational analysis: Grounded Theory after the postmodern turn*. Thousand Oaks: Sage.

Clarke, A. E. (2010). *Biomedicalization: Technoscience and transformations of health and illness in the U.S*. Durham, NC: Duke University Press.

Cockburn, C., & Ormrod, S. (1993). *Gender and technology in the making* (1st ed.).

第十章 / 结论：走向韧性赛博格社会学

London: Sage.
Dalibert, L. (2014). *Posthumanism and technologies: Exploring the intimate relations between humans and technologies.* PhD thesis, University of Enschede, Enschede.
Dalibert, L. (2016). Living with spinal cord stimulation: Doing embodiment and incorporation. *Science, Technology & Human Values, 41*(4), 635-660.
Daniel, S. A. (1987). Invisible work. *Social Problems, 34,* 403-415.
Epstein, S. (1995). *Impure science: AIDS, activism, and the politics of knowledge.* Berkeley/Los Angeles/Oxford: University of California Press.
Faulkner, A. (2009). *Medical technology into healthcare and society: A sociology of devices, innovation and governance.* Houndmills/Basingstoke/Hampshire/New York: Palgrave Macmillan.
Glaser, B. G., & Strauss, A. L. (1965). *Awareness of dying.* Chicago: Aldine Publishing.
Glaser, B. G., & Strauss, A. L. (1968). *Time for dying.* Chicago: Aldine Publishing.
Greenhalgh, T. (2009). Chronic illness: Beyond the expert patient. *British Medical Journal, 338,* 629-631.
Haddow, G., King, E., Kunkler, I., & McLaren, D. (2015). Cyborgs in the everyday: Masculinity and biosensing prostate cancer. *Science as Culture, 24*(4), 484-506.
Haraway, D. (1985). Manifesto for cyborgs: Science, technology and socialist feminism in the 1980s. *Socialist Review, 80,* 65-108.
Haraway, D. (2003). *The companion species manifesto: Dogs, people, and significant otherness.* Chicago: Prickly Paradigm Press.
Harris, R., Wathen, N., & Wyatt, S. (Eds.). (2010). *Configuring health consumers: Health work and the imperative of personal responsibility.* Houndmills/Basingstoke/Hampshire: Palgrave Macmillan.
Healy, C., & Bonhomme, C. H. (2017). Can a pacemaker improve our ability to manage sleep apnea? *Heart Rhythm, 14*(3), 365-366.
Hyysalo, S., Elgaard Jensen, T., & Oudshoorn N. (Eds.). (2016). The New Production of Users: Changing involvement strategies and innovation collectives. Routledge.
Hyysalo, S., Pollock, N., & Williams, R. (2019, forthcoming). Methods matter in the

social study of technology: Investigating the biographies of artifacts and practices. *Science and Technology Studies*.

Kaufman, S. R. (2005). *And a time to die: How American hospitals shape the end of life*. Chicago/London: University of Chicago Press.

Kaufman, S. R. (2015). *Ordinary medicine, extraordinary treatments, longer lives, and where to draw the line*. Durham/London: Duke University Press.

Kaufman, S. R., & Fjord, L. (2011). Making longevity in an aging society: Linking technology, policy and ethics. *Medische Antropologie, 23*(1), 119–138.

Kaufman, S. R., Mueller, P. S., Ottenberg, A. L., & Koenig, B. A. (2011). Ironic technology: Old age and the implantable cardioverter defibrillator in US health care. *Social Science and Medicine, 72*(1), 6–14.

Koopman, F. A., et al. (2014). Vagus nerve stimulation: A new bioelectronics approach to treat rheumatoid arthritis? *Best Practice & Research Clinical Rheumatology, 28*(4), 625–635.

Kopytoff, I. (1986). The cultural biography of things: Commoditization as pro cess. In A. Appadurai (Ed.), *The social life of things: Commodities in cultural perspective* (pp. 64–91). Cambridge: Cambridge University Press.

Lehoux, P. (2006). *The problem of health technology: Policy implications for modern health care systems*. New York/London: Routledge, Taylor & Francis.

Lettow, S. (2011). Somatechnologies: Rethinking the body in philosophy of technology. *Techne, 15*(2), 110–117.

Lie, M., & Sorenson, K. H. (1996). *Making technology our own? Domesticating technology into everyday life*. Oslo/Stockholm/Copenhagen/Oxford/Boston: Scandinavian University Press.

Lupton, D. (2012). *Medicine as culture: Illness, disease and the body* (3rd ed.). Los Angeles/London/New Delhi/Singapore/Washington, DC: Sage.

MacKenzie, D., & Wajcman, J. (1999). *The social shaping of technology* (2nd ed.). Buckingham: Open University Press.

第十章 / 结论：走向韧性赛博格社会学

Marcus, H. J. (2016). Regulatory approval of new medical devices: Cross sectional study. *British Medical Journal 2016*, 353.

McRuer, R. (2006). *Crip theory: Cultural signs of queerness and disability*. New York: New York University Press.

Minor, J. (2016). *North Sense implant turns you into a human compass*. https://www.geek.com/tech/north-sense-implant-turns-you-into-a-human-com-pass-1656462/. Accessed 16 June 2019.

Mesman, J. (2008). *Uncertainty in medical innovation: Experienced pioneers in neonatal care*. Basingstoke: Palgrave Macmillan.

Mol, A. (2002). *The body multiple. Ontology in medical practice*. Durham and London: Duke University Press.

Mort, M., May, C. R., & Williams, T. (2003). Remote doctors and absent patients: Acting at a distance in telemedicine? *Science, Technology, & Human Values, 28*(2), 274–295.

Moser, I. (2011). Dementia and the limits to life: Anthropological sensibilities, STS interferences, and the possibilities for action in care. *Science, Technology & Human Values, 36*(5), 704–722.

Oudshoorn, N. (2003). *The male pill: A biography of a technology in the making*. Durham/London: Durham University Press.

Oudshoorn, N. (2011). *Telecare technologies and the transformation of healthcare*. London/New York: Palgrave Macmillan.

Oudshoorn, N., & Pinch, T. (Eds.). (2003). *How users matter: The co-construction of users and technologies*. Cambridge, MA: MIT Press.

Pollock, A. (2008). The internal cardiac defibrillator. In S. Turkle (Ed.), *The inner history of devices* (pp. 98–110). Cambridge, MA: MIT Press.

Nynse, E. C. A., et al. (2019). An automated hybrid bio-electronic system for autogenous restoration of sinus rhythm in atrial fibrillation. *Science Translational Medicine, 11*(481), 6447.

Pols, J. (2014). Knowing patients: Turning patient knowledge into science. *Science,*

Technology & Human Values, 39(1), 73−97.

Rose, N. (1996). Governing 'advanced' liberal democracies. In A. Barry, T. Osborne, & N. Rose (Eds.), *Foucault and political reason: Liberalism, neo-liberalism and rationalities of government* (pp. 37−64). London: University of Chicago Press.

Scharre, D., et al. (2018). Deep brain stimulation of frontal lobe networks to treat Alzheimer's disease. *Journal of Alzheimer's Disease, 62*(2), 621−633.

Star, S. L., & Strauss, A. (1999). Layers of silence, arenas of voice: The ecology of visible and invisible work. *Computer Supported Work, 8*, 9−30.

Stegmaier, P., Kuhlmann, S., & Visser, V. R. (2014). The discontinuation of socio-technical systems as a governance problem. In S. Borras & J. Edler (Eds.), *The governance of socio-technical systems: Explaining change* (pp. 111−132). Cheltenham/ Northampton: Edward Elgar Publishing.

Strauss, A. (1985). Work and the division of labor. *The Sociological Quarterly, 26*, 1−19.

Strauss, A. L., Fagerhaugh, S., Suczek, B., & Wiener, C. (1997). *Social organization of medical work* (2nd ed.). New Brunswick/London: Transaction Publishers.

Silverstone, R., et al. (1989). *Families, technologies, and consumption: The household and information and communication technologies.* CRICT discussion paper, Brunel University.

Silverstone, R., & Hirsch, E. (1992). *Consuming technologies: Media and information in domestic spaces.* London: Routledge.

Vyncke, V., et al. (2013). BMC Public Health. Does neighbourhood social capital aid in levelling the social gradient in the health and well-being of children and adolescents? A literature review. *BMC Public Health, 13*, 65.

Webster, A. (2007). *Health, technology & society: A sociological critique.* Houndmills/ Basingstoke/Hampshire: Palgrave Macmillan.

Wiener, C. (1989). Untrained, unpaid, and unacknowledged: The patient as worker. *Arthritis and Rheumatology, 2*(1), 16−20.

Wilcox, S. (2010). Lay knowledge: The missing middle of the expertise debates. In R.

Harris, N. Wathen, & S. Wyatt (Eds.), *Configuring health consumers: Health work and the imperative of personal responsibility* (pp. 45−65). Houndmills/Basingstoke/Hampshire: Palgrave Macmillan.

Wyatt, S., Harris, R., & Wathen, N. (2010). Health(y) citizenship: Technology, work and narratives of responsibility. In R. Harris, N. Wathen, & S. Wyatt (Eds.), *Configuring health consumers: Health work and the imperative of personal responsibility* (pp. 1−13). Houndmills/Basingstoke/Hampshire: Palgrave Macmillan.

·索 引·

A

Access 获取/可及性
　～与创造 21
　～在(的)差异 10–11, 276, 282, 320
　～与平等 319
　～与全球差异 21
　～与全球…… 276
　～与不公平 269, 276

Age 年龄
　～与动摇了 178
　～与差异 21, 46, 50, 53n15, 190, 191, 217, 220, 318
　～与群[体] 46
　～与中年 191, 192, 209, 217
　～与老龄 218
　～与相关 55n15, 165, 190, 191, 217, 220, 318
　～与关系 178
　～与特异的期望 166
　～与戴除颤仪的年轻人/孩子 192–201

Ageing 老龄化/老去 7, 10, 212–214, 216, 217, 318
　～与文化规范 318

Agency/ies 能动性
　～与调整设备的能动性与心脏的能动性[相适应] 68, 313
　～与预测除颤仪的能动性 49, 94
　～与相互冲突的能动性 77–80, 139
　～与赛博格身体的 13
　～与委派给设备 13–15
　～与委派给使用者 13, 14, 26n25
　～与区别性对待 104
　～与失灵设备 99

注：页码后"n"指代尾注。

© The Author(s) 2020
N. Oudshoorn, *Resilient Cyborgs*, Health, Technology and Society,
https://doi.org/10.1007/978-981-15-2529-2

～与心脏的 20, 69, 73-77, 84, 86, 87, 104, 105, 205, 313

～与人的 12-14

～与混合身体的 16-22

～与植入物与心脏交织的能动性 20, 309

～与物质（的）19, 40, 97

～与非人的 13

～与体内技术共同生活的人 3-22

～与电击 105

～与压制 47

～与驯服除颤仪的能动性 49, 94

～与的理论 12

～与调试 63-89, 105, 313

～与不需要的 87, 94, 95, 103-108

～与连线心脏赛博格（的）21, 45, 108, 139-140

Akrich, M. 玛德琳·阿克里奇 13, 47, 233, 309

Ambulance personnel 急救人员 110

Anticipating/ion 预期 / 预测

～与理解为溯因推理 111

～与除颤仪电击 93-111, 234, 313

～与从生到死的旅程 234

～与潜在有害事件和情景 49, 118

～与故障技术 / 设备风险 44

同见 Awareness 认识

Anticipatory 预期［的］

～与制度 119

～与工作 119, 260, 261

Anxiety/ies 困扰 / 焦虑

～与异常心跳的 204, 205

～与老去的身体 212-214, 216

～与变得依赖他人 / 失去独立（性）209, 210

～与建立韧性 206, 246, 249

～与随访门诊的 82, 206, 249

～与应对 194, 197, 198, 212, 215, 218

～与共同生成的 192, 219

～与设备和疾病共同生成的 192

～与减少 204, 205

～与设备的 68

～与衰败的身体的 212-214, 216

～与一颗衰竭（的）心脏 202, 212, 214, 218

～与除颤仪测试的 205-207

～与不戴除颤仪生活的 198-201

～与潜在伤害的 40

～与植入物正常行使功能的 210

～与起搏器 / 除颤仪相关 202-204, 219, 220

～与心力衰竭相关 202-205

～与信仰相关 207-208, 218

～与工作相关 210, 218

同见 Fear(s) 恐惧

Appropriate/ing/ion 适应

～与带疤痕的身体 178

～与标识 / 变化可见的身体 153-180

索 引

Artificial 人工
　～与心脏 11, 260
　～与髋关节 xiii, 11, 142, 267, 294n2, 320-322
　～与膝盖 11, 142, 267, 294n2
Autonomy 自主性
　～与停用除颤仪 108, 243, 320
　～与患者的 108, 242-244
Awareness 认识
　～与物质 76
　～与潜在伤害的 40
　～与混合身体的脆弱性的 45, 73
　同见 Anticipating/ion 预期

B

Baman, T. 提米尔·巴曼 10, 11, 24n17, 276, 277, 280-283, 286, 288, 290, 295n14, 296n17, 296n23, 298n37
Battery/ies 电池 70
　～与嘟嘟声/警报音 70, 71, 88, 89n3, 90n4, 118, 310, 313
　～与检测嘟嘟声 71, 310
　～与检测电池耗尽 70, 71, 310
　～与检查 76
　～与寿命 68-70, 73, 79
　～与替换 198
　～与测试 283-285, 292
Beck, U. 乌尔里希·贝克 44
Besmer, K. 26n26

Betcher, Sharon 17
Bijker, W.E. 维贝·比克 41, 42, 98
Biographical approach 传记式研究方法 317, 323n12
Biohacking 生物黑客攻击 137
　同见 Hacking 黑客攻击
Bjorn, P. 佩尼尔·比约恩 47, 64
Blume, S. 12
Body/ies 身体/体内 xii, 3-22, 37-50, 63, 93, 117, 153-180, 189, 229, 272, 303
　～与健能(的) 119, 125, 142, 155, 156
　～与成人/成年 154, 182n3, 199
　～与老去/衰老 212-214, 216, 217
　～与改变了(的) 162
　～与儿童(的) 154, 182n3, 199
　～与死去/尸[体] 272, 274, 289, 297n30, 316
　～与死者 55n15, 267, 269, 271-273, 294n2, 296n18, 297n30, 303, 316
　～与毁容的 163, 171
　～与衰弱/衰败的 86, 110, 212-214, 216, 217
　～与女性(的)[female] 27n37, 27n39, 46, 154, 157-164, 166, 168, 169, 171, 173, 178, 179, 318
　～与脆弱/脆弱性 4, 22, 39-42, 46, 52n8, 94, 98, 99, 106, 109, 159, 216, 247
　～与健康的 156, 165, 178, 182n3

345

～与混合［的］11-22, 25n20, 27n37, 45, 46, 49, 50, 63-65, 68-73, 76-78, 82, 85-89, 95, 98, 100-103, 106-108, 110, 117-120, 125-130, 133, 134, 136, 138, 141-143, 160, 166, 176, 192, 229, 260, 267, 271-274, 293, 303-307, 309-311, 314, 315, 317, 319, 320

～与形象／影像 122, 155, 161, 165, 307

～与大多数 119

～与男性的 27n39, 154, 155, 159-161, 163

～与管理策略 120

～与标记［的］153-180, 305, 310

～与物质韧性 63-65, 85, 89

～与正常（的）16, 27n39, 68, 143, 155, 157, 162, 166, 179

～与患者（的）5, 64, 70, 77, 85, 86, 158, 306

～与残障人士（的）39, 120, 155, 178

～与发生物理变化的 155

～与带靶痕的 46, 165, 169, 170, 173, 178, 180, 318

～与光滑的 155, 165, 169, 171, 178, 179

～与变化可见的 155, 162, 169, 182n3, 182n7

～与标记可见的 153-180, 305

～与脆弱的／性／受到……影响 37-50, 94, 109, 111, 178, 288, 307, 310

～与女性的［women's］18, 26n28, 154-156, 159-161, 163-169, 173, 175-179, 182n3, 318

Body companion technologies 身体伴侣技术

～与获取 320

～与死后 317

～与差异 320, 322

～与训练 312-314, 321

～与驯化 313, 314, 321

～与守护 312-314, 320, 321

～与第二次生命 318

Bouma, J. 40-42

Bourdieu, P. 皮埃尔·布迪厄 319

Braidotti, R. 罗西·布雷多蒂 94, 106

Broken/fractured leads 断裂的导线／导线断裂 4, 42, 51n2, 68, 87, 104, 107, 109, 112n9, 117, 126, 128, 196, 197, 199, 200, 290, 313

Brown, N. 37, 38, 172, 230, 233, 309, 316

Brune, J 杰弗里·布鲁恩 143, 156, 163, 168, 169, 172

Butler, K. 11, 24n16

C

Cardiac 心脏／心力

～与骤停 4, 23n9, 87, 193, 195, 201-203, 208, 209

索 引

~与衰竭 3, 4

~与诊所/门诊 48, 53n15, 55n16, 64-67, 89, 94, 103, 136, 139, 145n17, 145n20, 196, 197, 220n6, 313

~与心脏骤停/心脏骤停协会 (SCA) 3, 8, 9, 54n15, 93, 98, 99,101, 102, 106, 108-111, 125, 129, 130, 132, 133, 135, 163, 164, 167-169, 171, 181n2, 189-193, 201-211, 213, 217, 218, 220n2, 220n8, 221n9, 221n13, 232, 234

同见 Heart (poli) clinic 心脏诊所

Cardiologist 心脏科医师 3, 5, 7, 10, 23n11, 26n29, 41, 53n15, 55n15, 55n16, 63, 65, 80, 85, 86, 90n9, 90n12, 96, 104, 108, 126, 139, 145n20, 157-159, 161, 162,167, 182n6, 195, 196, 198-200, 213, 214, 219, 221n17, 222n19, 229, 243, 245, 247-250, 252, 262n19, 271, 274, 292, 303, 307, 313

Cardiology 心脏（科/病学）46, 112n8, 194, 196, 220n6, 262n11, 262n14, 274

Cartographies of power 权力制图

~与刻入除颤仪 95

~与嵌入治理文化 106, 108, 109

Casper, M. 38, 323n6

Children 儿童/孩子/子女 3, 10, 43, 44, 52n10, 119, 181n2, 181-182n3, 190, 192-201, 251, 252, 312

Choreography of everyday life 日常生活编排 49, 118

Clarke, A. 323n12

Close relatives 近亲 46, 229, 230, 232-234, 246, 253, 257, 258, 260, 271-274, 288, 293, 303, 305, 314, 315, 319

同见 Family 家人；Intimate 亲密, partners 伴侣；Relatives 亲属

Coeckelbergh, M. 94, 101, 110

Complications 并发症 23n11, 159

~与植入相关 159, 160, 199, 318

Compulsory able-bodiedness 强制性健能身体 156

~与文化规范 318

Consensus statements [专家] 共识声明 230, 233-236, 248, 257, 261n6

~与除颤仪停用相关 230, 233, 234, 243, 244, 323n13

~与起搏器停用相关 237-244, 248, 258

Control visits 随访门诊，见 Follow-up visits 随访门诊

Coping skills 应对技能 43

Crawford, T. 托马斯·克劳福德 274, 275, 277, 283, 285, 296n24, 296n25, 297n27, 297n29, 297n34, 298n38, 298n39

Crematoria 火葬场 [名词复数] 272, 294n2, 294n6

~与工作人员 272

Crenshaw, K. 金伯利·克伦 49, 154

Culture(s)/al 文化／文化的

~与索赔 106

~与治理 106, 108, 109, 320

~与规范 49, 155, 161, 166, 169, 177–179, 293, 318

~与技术-法律 109

~与技术 40, 41, 44, 98

~与技术-医学 94, 106

Cyber 网络

~与攻击 137, 138

~与安全 137, 138, 145n19

Cyborg(s) 赛博格

~与《赛博格宣言》16, 304, 312

~与具身体验／切身经历 12, 17, 19, 142, 307

~与日常赛博格 16–21, 27n36, 39, 40, 43, 46, 47, 50, 142, 144, 259, 304, 307–310, 313–315, 317–319

~与虚构或推测性想象 17

~与人和机器的融合 16

~与性别认同 18

~与对赛博格的性别化 18

~与人-机混合体 18, 19, 27n37, 93

~与赛博格作为男性的想象 18

~与[作为]个体 20

~与作为语言学或比喻性的实体 17

~与新的和新兴的赛博格 11–12, 310, 314

~与老的赛博格 11–12, 310, 314

~与被动（受害者）15, 45, 73, 304

~与流行的概念 17

~与科幻小说[中的概念] 17, 18, 259

~与研究 17, 19, 26n34, 27n36, 27–28n39, 94

~与发声／[的]声音／说出 17, 19, 319

D

Dalibert, L. 露西·达利伯特 12–16, 19–21, 25n21, 26n24, 26n25, 64, 77, 93, 94, 117, 120, 130, 135, 143, 155, 156, 182n11, 311, 318

Dam Nielsen, K. 23n6, 47, 64

Data 数据

~与访问／获取 140, 141

~与所有权 81, 140

Deactivation 停用 230, 233–246, 248, 250–254, 257, 258, 260, 261n6, 261n8, 262n10, 262n18, 323n13

Deactivation of defibrillator(s)/ICD(s) 除颤仪停用 240

~与共识声明 230, 233–235, 237, 242–244, 323n13

~与决定／决策 219, 243

~与指南 243–245

~与的动机 271

348

索 引

～与告知患者 245

～与合法性 236

～与合法化 234-237

～与必要性 236, 237

同见 Switch(ed)/ing off defibrillators/ICDs 关闭除颤仪；Turning off defibrillators/ICDs 关闭除颤仪

Deactivation of pacemakers(s) 起搏器停用 230, 239, 244

～与共识声明 230, 233-235, 237-240, 243, 244, 258, 323n13

～与决定 257

～与分歧 237-242

～与伦理 237

～与指南 241, 243-245, 253

～与动机 241, 271

～与告知患者 50n1, 245

～与内置心脏设备 233, 239, 243

～与合法性 236

～与合法化 234-237

～与必要性 237

～与宗教信仰 243

～与请求 237, 243

～与技能 245

～与缩短受苦的时间 246

～与不可取的 241

同见 Switch(ed)/ing off pacemaker(s) 关闭起搏器；Turn(ed)/ing off pacemaker(s) 关闭起搏器

Death 死亡

～与描述 315-318

～与对……焦虑 250

～与的意识 316

～与[死]因 236, 239, 257

～与应对 50, 229

～与轻松的 4, 231, 248, 258

～与的具身体验 230, 231

～与立即 236, 241, 242, 253, 254, 258

～与自然 238

～与感知 231

～与延迟 315

～与过早[的] 232, 315

～与的过程 50, 229

～与延长 238

～与[作为]提醒 95, 232, 316

～与被破坏的 235, 256, 315

～与延缓 229

～与突然/猝死 41, 51n5, 193, 194, 207, 220n4, 232, 260, 263n22

～与迅速 211

～与谈论……的禁忌 315

～与的时间 238, 244, 253, 254, 257-259

～与转变/改变 230, 260, 315, 316

～与过早 40, 42, 69, 194

同见 Dying 死亡过程

Defibrillator(s) 除颤仪

～与调试 48, 100, 105, 109

349

～与具有能动性的植入物 14, 39, 320

～与警报信号 71, 72, 89

～与算法 104

～与矛盾心理 96

～与的自主性 39

～与心脏复律 5

～与除颤 5, 159

～与（南方国家的）可及性差异 10-11

～与电脉冲 5, 13, 21, 39, 74, 205, 206, 211, 309

～与检查/调查 12, 64, 65, 95, 212

～与作为家庭设备 192-195, 217, 218

～与故障/失灵 42, 99, 103, 104, 107, 108, 110, 111, 112n8, 197, 198, 320

～与是第一批……的电子设备 13

～与随访 6, 65

～与植入（手术）4, 6, 8, 10, 23n11, 23n12, 24n13, 24n15, 24n19, 40, 54n15, 65, 89n3, 96, 105, 127, 155, 157-159, 162, 181n2, 189, 190, 194, 195, 209-213, 262n11, 276, 316, 321

～与侵入性技术 5-7

～与最后治疗手段 189

～与像救生员一般 98

～与起到救命作用的技术 11, 39

～与神奇的技术 46

～与维护 22, 39

～与（出）故障 42, 51n5, 93, 108

～与错误电击 106, 107

～与成为"新常态" 9

～与常规化 10

～与在北方国家已成常规医疗的 5-11

～与过度起搏 5, 69, 73, 205

～与潜在的创伤应激源 190

～与[作为]预防工具 8, 87, 189

～与一级预防 8-10, 23n11, 181n2, 192

～与生产 7, 76

～与重调 104

～与远程监控 136, 137, 139, 140, 145n20

～与更换/替换 4, 15, 48, 54n15, 173, 197, 198, 209

～与二级预防 8, 190

～与标志年老的 166

～与作为一次性使用设备 275

～与远程监控[实践/功能/服务] 47, 55n16, 139, 174, 203, 204

～与不可靠性 106

～与成为故障技术的受害者 110

～与[作为]我们的设备 132

同见 Internal cardioverter defibrillator (ICD) 植入式心律转复除颤器

Device failure 设备故障

～与断裂的导线 42

～与电池没电 42

索　引

～与植入物的错误调试 42

同见 Device malfunction 设备故障；Failing devices 故障设备

Device malfunction 设备故障 41, 199, 283, 286

～与低估……发生率 41

同见 Device failure 设备故障；Failing devices 故障设备

Difference(s) 差异／不同

～与解释 49, 153-154, 322

～与年龄相关的 190, 217, 318

～与焦虑的 217, 219, 220

～与疾病相关的 191

～与情绪困扰 191, 217

～与族群 354n15, 201

～与专业知识的 321

～与混合身体的脆弱性 46

～与性别 159, 160, 199, 218, 322

～与全球差异 21, 46, 320

～与治理文化的 46, 106, 320

～与交叉性分析 49, 154, 319

～与脆弱性类型 318

～与医疗基础设施 321

～与国家之间 320

～与原则 279

～与感官体验 191, 218

～与技术-医学文化 94

同见 Age 年龄；Ethnicity 族群；Gender 性别

Disability/ies 残疾／残障

～与身份 163

～与学者 119, 120, 130, 156, 163, 169, 172, 179

～与污名化 156, 168, 178

～与研究 27n39, 119, 120, 155, 156, 182n10

～与可见踪迹 163

Disabled 残疾／残障 27n39, 119, 124, 141-144, 156

Disciplining 训练 313, 314, 321

Disentanglement work 去纠缠工作 49, 118-135, 139-142, 312, 313

Domesticating/ion 驯化 313, 314, 321, 322

～与身体伴侣技术的 314, 321

Donation/donate 捐赠

～与死后 288

～与医疗植入物 292

～与起搏器 271, 273, 283, 284, 286-291

Dying 死亡过程

～与描述 315-318

～与应对 50, 195, 229

～与具身体验 230

～与过程 50, 55n15, 207, 208, 229, 230, 233, 234, 238, 242, 246, 250-252, 256-261

同见 Death 死亡；Dying trajectories 死亡轨迹

351

Dying trajectories 死亡轨迹
　　～与设想 247–252
　　～与停用导致的 236
　　～与技术介导的 257–261

E

Eagle, K. 金·伊格尔 274, 275, 277, 296n24, 297n29

Elderly 老（年）人／年迈 8, 9, 48, 50, 82, 153, 190–192, 196, 210–217, 219, 220n2, 222n19, 231, 251, 318
　　同见 Age 年龄

Electric 电／电子
　　～与活动 5, 28n40, 127, 129, 206, 262n20
　　～与器／设备 49, 54n15, 118, 126–128
　　～与身体电性 21
　　～与设备 126, 129
　　～与设备 126
　　～与场 127, 129
　　～与电刺激的微调 40
　　～与维护心脏电系统 21
　　同见 Heart(s) 心脏

Electrocardiogram (ECGs) 心电图
　　～与检查 [examine/ing] 86
　　～与检查 [inspection] 69
　　～与解释／解读 76, 81, 89, 310
　　～与记录仪 66, 67, 320

ECG(s), 见 Electrocardiogram 心电图

Electromagnet 电磁 125, 203
　　同见 Magnets 磁铁

Electromagnetic 电磁（的）21, 49, 118, 121, 126, 129
　　～与场 121, 126, 129

Embodied experience(s) 具身／亲身体验 12, 68, 124, 142, 172, 230, 231, 307, 309

Emotional 情感的／情绪的
　　～与依赖 162
　　～与负担 95, 238, 257, 315
　　～与困扰 190–194, 196, 198, 199, 201, 202, 205, 207, 217–220, 232–234, 246, 251, 256, 258, 259
　　～与疗愈 175
　　～与影响 219
　　～与韧性 192, 195, 214–216, 218, 219, 318
　　～与压力 stress 101
　　～与工作 work 50, 189–220, 314

End of life 临终／临近生命终点／结
　　～与照护／关怀 care 55n15, 230, 233–235, 239, 245, 261n7, 316

Environment 环境
　　～与数字 142
　　～与日常 142
　　～与物质 54n15, 119, 120, 130, 142–144
　　～与物理 119, 120
　　～与公共 [场所] 120

索引

～与社会 119, 143

同见 Space(s) 空间

Epstein, S. 史蒂文·爱泼斯坦 23n11, 81, 172, 308

Ethnicity 族群，见 Race 种族

European Heart Rhythm Association (EHRA) 欧洲心律学会 55n15, 236, 261n6

Euthanasia 安乐死 234-237, 241, 245, 248, 252, 257, 316

Everyday cyborg(s) 日常赛博格 16-21, 27n36, 39, 40, 43, 46, 47, 50, 142, 144, 259, 304, 307-310, 313-315, 317-319

Existential uncertainty 生存不确定性[单数] 109

～与技术介导的 109

Existential worries 存在主义式担忧 38, 110

Expert consensus statements 专家共识声明，见 Consensus statements 共识声明

Expertise 专业（知识）

～与集体 308

～与日常赛博格的 307-310, 319

～与非专业人士 308, 323n8

Expert patients 专家患者 81, 82, 89, 308, 323n10

F

Failing devices 故障设备

同见 Device failure 设备故障；Device malfunction 设备故障

Family 家人/家庭 46, 67, 229, 230, 232-234, 246, 253, 256-258, 260, 271-274, 288, 293, 303, 305, 314, 315, 319

同见 Close relatives 近亲；Intimate 亲密的，partners 伴侣

Faulkner, A. 37, 309

Faulty ICD 故障除颤仪 197, 198, 320

同见 Faulty machines 故障机器

Faulty implants 植入物

同见 Faulty machines 故障机器

Faulty machines 故障机器

～与停用 109

～与内部威胁 111

～与的受害者 93-111

同见 Device failure 设备故障；Failing devices 故障设备；Malfunctioning devices 故障设备

Fear(s) 恐惧/害怕

～与减少 195, 218

～与对失去……控制 205-207, 218, 310

～与对再次发生心脏骤停的 203, 217

同见 Anxiety/ies 焦虑

Female scarred bodies 带疤痕的女性身体

～与保护 46

同见 Scar(s) 疤痕

Femininity 女性气质

353

～与和美丽 49, 161, 168, 169, 178, 179, 182n9, 318

～与文化（的）要求 165, 169, 178

～与主流文化观念 179, 318

～与表现 168, 178

～与理想化的想象 168

～与光滑的身体轮廓 155, 165, 179

～与西方文化规范 49, 155, 177

Feminist 女性主义

～与研究方法 16, 117, 311

～与学者 20, 117, 154, 292

～与研究 19, 117

Fibrillations 颤动

～与心房 68, 87, 104

～与心室 87, 104

Follow-up visits 随访（门诊）/ 门诊 / 就诊 46, 48, 53n15, 63–71, 74–77, 79–85, 88, 89, 90n11, 139, 196, 197, 206, 220n6, 245, 248, 249, 251, 262n14, 313, 321

Foucault, M. 米歇尔·福柯 64, 97

Franklin, S. 38

Fuchs, V. 维克多·福克斯 8, 9

G

Garland-Thomson, R. 罗斯玛丽·加兰-汤姆森 119, 120, 143, 155

Garud, R. 拉古·加鲁德 270, 291

Gender/ed 性别

～与美学 156

～与偏见 155, 318

～与动摇 178

～与差异 21, 50, 154, 156, 159, 160, 190, 218, 318, 322

～与认同 18

～与不匹配 49, 177

～与规范 179, 318

～与关系 21, 178

同见 Intersectional approach 交叉性分析

Genetic 遗传（性）

～与变异 9, 190

～与心脏病 193, 199, 220n4

～与易感性 8, 87, 134, 191–193, 199

～与筛查 9, 190, 220n4

Geographies 地理

～与责任 141, 244–247

～与权利 229–261

Giddens, A. 安东尼·吉登斯 44, 89, 109

Global North 北方国家 5–11, 24n14, 24n19, 211, 269, 276, 277, 282, 286, 287, 290

Global South 南方国家 10, 11, 24n14, 24n19, 55n15, 267–293

Goldstein, N. 内森·戈尔茨坦 8, 211, 232, 235, 245, 246, 254

Governance cultures 治理文化 46, 106, 108, 109, 320

索 引

~与国家之间的差异 320

Graber, R. 43, 45, 52n10, 53n13

Grandchildren 孙子女 133–135, 249

Gray, C. H. 克里斯·哈布莱斯·格雷 16, 26–27n34

Guarding 守护 312–314, 320, 321

　~与关系 312, 320, 321

H

Hacking 黑客攻击 54n15, 74, 76, 136–141, 145n17, 145n19, 180, 205, 206, 312

Haddow, G. 吉尔·哈多 17, 18, 27n37, 142, 304

Harm 伤害

　~与由故障植入物造成的 40

　~与应对 101

　~与不必要电击造成/带来的 94, 111

　~与内部 109

　~与无法预测 100, 103

　~与无法逃避 101

　~与保护混合身体免受伤害 49, 117–120, 142

　同见 Risk(s) 风险

Harris, R. 308

Healy, S. 42, 44

Heart(s) 心（脏）

　~与的活动 5, 28n40, 73, 76, 206, 262n20

~与的能动性 20, 69, 73–77, 86, 87, 104, 105, 191, 205

~与心房 68, 74, 75, 87, 91n14, 99, 104, 159

~与跳[动] 4, 5, 13, 21, 39, 47, 64, 69, 73–77, 79–82, 89, 100, 101, 191, 194, 204–207, 218, 240, 248, 249, 251, 259, 283, 309, 310, 312, 313, 320

~与收缩 20, 74, 76, 205, 211, 213

~与损伤 102

~与（疾）病 7, 8, 28n40, 127, 134, 136, 154, 181n2, 192–194, 198, 201, 202, 213, 216, 217, 220n4, 238, 277

~与电刺激 39, 40, 75, 283

~与通过电线连接/电连线 20, 136

~与衰竭（的）38, 86, 191, 202, 212, 214, 215, 217–219

~与（心力）衰竭/心衰 8, 23n10, 86, 87, 112n8, 189, 191, 192, 210–219, 220n2, 231, 232, 240, 241, 261n3

~与的脆弱性 39, 40

~与[心跳]速率 79

~与可被黑客攻击的 136–138

~与黑客攻击 74, 76, 205, 206

~与维护电系统 21

~与物质性 21

~与起搏 40, 78, 211, 213

~与（心）悸 74, 205

~与泵血功能 210, 214, 221n19

355

~与恢复能力 105

~与律 5, 8, 20, 28n40, 39, 40, 67, 74, 75, 77, 79, 81, 87, 104, 105, 111, 131, 193, 205, 221n10, 221n11, 231, 237, 238, 240-242, 257, 258, 283

~与（心）律失常/紊乱 8, 23n9, 69, 81, 86, 88, 93, 106, 109, 127, 159, 191, 194, 197-199, 204, 207, 211, 213, 312

~与（心）律问题 4, 8-10, 15, 39, 46, 47, 63, 81, 87, 111, 131, 190, 192, 213

~与移植 38

~与心室 5, 74, 75, 78, 87, 91n14, 104-106, 159, 160, 201, 202, 205, 213

~与工作 40, 65, 75

Heart (poli) clinic 心脏诊所 48, 53n15, 55n16

同见 Cardiac 心脏，(poli) clinic 诊所

Henwood, F. 80

Hommels, A. 45, 52n8, 293

Huberty, D. 唐·休伯蒂 164, 173, 175, 176, 182-183n13

Human enhancement 人类增强

~与研究 315

~与技术 11, 93, 120

Human technology relations 人与技术的关系

~与人和技术间持续互动 15

~与人与技术的融合 11, 12, 117

~与当作在次数、长短等时间维度上有限的事件 15

~与人-技术关系亲密性 19

~与社会和权力关系 20

~与科学技术研究和技术哲学中的理论 12

Hybrid bodies 混合身体

~与保持/维系存活 12, 73, 229, 259, 260, 303, 304, 307, 311, 319, 320

~与监控[过程/轨迹] 12

~与维系/持 12, 88, 306, 314

同见 Bodies 身体

I

ICD, 见 Internal cardioverter defibrillator 植入式心律转复除颤器

ICD shock(s) 除颤仪电击

~与去世后 235

~与预测 anticipate/ing 98

~与恰当的 46, 48, 94, 95, 100, 102, 103, 111

~与死亡前 234

~与具破坏性 98

~与经历/体验 68, 95-98

~与的恐惧 205

~与重（击）/大力 99, 100

~与不恰当 46, 48, 51n2, 87, 93, 94, 99, 100, 102-110, 112n8, 112n9, 117, 199, 295n13, 305, 310, 313, 315, 319

索 引

～与多重 99, 102, 106

～与痛苦的 96, 234, 240, 245

～与反复 99, 244

～与感知／觉 95, 97, 99-100, 110

～与感官体验 95-98

～与风暴 100

～与驯服 93-111

～与不受控制的 190

～与不必要的 4, 87, 89, 94, 98, 103, 104, 111, 127, 132

～与不需要的 4, 89, 104

Identification 识别 38, 122, 124, 191

～与卡 121, 123, 246

Identity 身份（认同）

～与集体 157, 172-177, 180

～与残障 163

～与疾病 180

～与患者 124, 175

Ihde, D. 唐·伊德 13, 15, 25n24, 142

Implantation indications 植入指征 190

Implantation techniques 植入技术

～与其他／替代 160-162, 178

～与美容方式 161

～与不良后果 160

～与标准的程序 159, 161

Implants 植入物

～与具有能动性的 14, 39, 320

～与脑 11, 26n25, 260, 303, 321

～与乳房 breast 11, 320

～与庆祝［…］纪念日 176, 177

～与人工耳蜗 11, 12, 14, 26n26, 119, 320

～与新（的）69, 179, 198, 278

Incorporation 纳入 27n34, 117, 120, 132-135

Indication creep 适应症蔓延 189

Inequalities 不公平

～与可及性 269, 276

～与健康 319

Infrastructure(s) 基础设施

～与照护 47

～与数字 136

～与全球 286-287

～与医疗保健 271, 287-293

～与专门的医疗 320

同见 Techno-geography/ies 技术地理

Internal cardioverter defibrillator (ICD) 植入式心律转复除颤仪 xii, 3, 37, 63, 93, 117, 153, 189, 229, 271, 304

同见 Defibrillator(s) 除颤仪

Internet 互联网

～与身体的 136

～与物 136

Intersectional approach 交叉性分析 xii, 49, 154, 319

同见 Age 年龄; Difference(s) 差异; Gender/ed 性别

Intersectionality 交叉性［概念］154

357

Intimacy 亲密

～与人-技术关系 19

～与性 130, 132, 133

Intimate 亲密（的）

～与接触 49, 118, 120, 135

～与伴侣 45-47, 67, 120, 130-133, 170, 214, 219, 229, 230, 232-234, 246, 253, 256-258, 260, 271-274, 288, 293, 303, 305, 312, 314, 315, 319

～与关系 20, 120, 130-135, 141

～与身体和技术（的）关系 19, 20, 311

Invisible/bility 隐形的 / 不可见 / 不可见性

～与植入物 47, 215

～与内置心脏设备 246, 255

～与身体损伤 125, 143

～与工作 322n3

J

Jain, S. 莎拉·贾恩 19, 28n39

K

Karnoe, P. 彼得·卡诺 270, 291

Kaufman, S. 萨朗·考夫曼 8, 9, 189, 211, 218, 231-233, 260, 315, 316, 323n11

Kimberlé, Crenshaw 金伯利·克伦肖 154

Kirkpatrick, J.N. 詹姆斯·柯克帕特里克 10, 24n17, 275, 277, 278, 281, 285,
289, 296n16, 297n32

Knowledge 知识

～与集体 308

～与具身 80, 84, 156, 172, 175

～与专业 309

～与创新 317

～与患者 309

～与实用 157, 175, 195, 309

～与科学医学 81

～与技术 81, 308

L

Lampert, R. 55n15, 235-238, 242-245, 257, 261n6, 262n10, 262n18

Larsson, A. 阿恩·拉尔森 153

Latour, B. 布鲁诺·拉图尔 12, 13, 15, 117, 189

Lawsuit(s)（法律）诉讼 106, 109, 145n19, 275

Lead(s) 导线

～与断裂（的）4, 42, 87, 196, 199, 290

～与损坏（的）76, 90n9

～与除颤仪的 41, 76, 206

～与检查 73, 76

～与故障［failures］41, 51n2, 104

～与故障［faulty］104

～与断裂（的）51n2, 104, 107, 109, 112n9, 117, 196, 197, 313

～与故障［malfunctioning］107

~与起搏器的 41

~与短路 100

~与测试 75, 76, 206

Leder, D. 95, 97

Lehoux, P. 37, 38, 47, 309

Lettow, S. 13, 15, 19, 20, 64, 311

Lie, M. 154, 180, 313

Lifestyle 生活方式 77, 105, 208-211, 218

Life-sustaining/extending technologies 生命维持／延长技术

　~与医疗行业日益增长的影响力 9

　~与老年人中使用的增长 9

　~与保险制度 9, 24n15

　~与报销政策 9

Lupton, D. 37, 231, 309, 316

M

Magnetic fields 磁场 72, 129

Magnets 磁铁

　~与倡导者 107

　~与使用 107

　~与停用除颤仪 106, 109

　~与责任问题 108, 320

　~与终止不恰当电击 106

Malfunctioning devices 故障设备 41, 100, 108, 111, 314

Manufacturers 制造商／厂家

　~与设备 50n1, 136-138, 140, 141, 145n18, 146n22

~与除颤仪 72, 93, 112n8, 112n10, 126, 127, 183n13, 196

~与植入式心脏设备 275

~与起搏器 153

Markussen, R. 兰迪·马库森 47, 64

Marres, N. 诺尔特·马雷斯 45

Material 物质

　~与韧性的……形式 45

Materiality 物质性

　~与赛博格的 19, 25n24

　~与日常生活的 117-144

　~与混合身体的 19, 20, 46, 64, 311

　~与身体和技术（的）亲密真实关系 20, 21

　~与韧性 45

　~与社会-技术环境的 46

Materially transformed bodies 经物质性改造的身体 xii, 142, 144

Material practices 物质实践

　~与夺回控制权 20

　~与驯服除颤仪 103-108

Mauldin, L. 12, 119

Mechanical ventilator/respirator 机械呼吸机／呼吸机 231, 232, 260, 316

Medical anthropology 医学人类学 37

Medical sociology 医学社会学 37, 118, 130, 155, 308

Mesman, J. 杰西卡·梅斯曼 42, 44, 99, 111

Misfits 不适宜 54n15, 119, 120, 125, 126, 141-143, 144n4

Mobility 行动力／流动性 209, 319

Mol, A. 16, 37, 309

Mortality 死亡（率）102, 112n8, 211, 222n19, 277, 280

～与南方国家的……率 277

Moser, I. 25n23, 182n3, 309

My Heart Your Heart (MHYH) 我的心你的心／MHYH 55n15, 274-283, 285-293, 295n14, 296n19, 296n23, 297n30, 297n34, 297n35, 297n36, 298n37, 298n39

N

Nancy, J.-L. 让-吕克·南希 38, 110

Network(s) 网络

～与社会／社交 43, 319

～与支持性 43

Niches 适宜小环境／利基市场 180, 270, 271

～与重复使用 55n15, 270, 276

Non-use 不使用

～与迪克·切尼 139

Normalcy 正常 169-171, 177-180

～与不断移动的边界 169

Nurse 护士 7, 47, 76, 163, 166, 171, 195, 229, 243, 255, 262n21, 295n10, 303, 305, 313, 322n3, 323n7

O

Olde Nordkamp, L. 10, 190, 199, 202

Older people 老年人

～与戴除颤仪的 189-220

Online communities 在线社区

～与降低脆弱性的文化适宜小环境 180

～与建立韧性的资源 180

Oudshoorn, N. 娜莉·奥德肖恩 xii, xiii, 13, 20, 47, 48, 64, 73, 270, 322

P

Pacemaker(s) 起搏器

～与的活动 81, 235

～与的能动性 39, 77, 79, 249, 256, 258, 259, 305

～与具有能动性的植入物 39, 320

～与的自主性 39

～与（为）死亡过程的障碍 250

～与价格 24n17, 277

～与和死亡 246, 249

～与（的）电脉冲 5, 39, 255

～与检查 64

～与取出／移除（的）267, 271, 274, 275, 278, 280-285, 287, 295n14, 296n16, 297n30

～与的微调 77, 79

～与第一批……的电子植入设备 13

～与可被黑客攻击的 138

索 引

～与不适当调整 78

～神奇的技术 46

～维系 21

～与在北方国家已成常规医疗的 11

～与的起搏 237

～与的积极体验 177

～与生产 7, 286, 287

～与重新调整 80

～与翻新 275-287, 289-293, 295n13, 298n37, 298n38

～与远程监控 137, 139, 140

～与死后（的）305

～与再处理 285, 291, 292, 297n29

～与标志年老的 166

～与一次性使用设备 275, 291

Padeletti, L. 55n15, 235, 238-240, 243-245, 254, 257, 261n6, 261n7

Palliative 安宁

～与疗护 237, 261n7, 316

～与镇静治疗 253

Palmboom, G. 葛·帕尔姆布姆 42, 88

Pass/ing 通过

～与的代价 172

～与如正常人般/以正常 143, 156, 157, 162, 167-169, 178-180, 314

～与机场安检 49, 118

～与技法 156, 157, 166-169, 171, 172, 177-179

～与（的）理论 156, 179

Passive victims 被动受害者 93-111, 304

Path 路径

～与创建 268-271, 275, 280, 282, 285, 287, 288, 291-293, 297n34

～与依赖 270, 275

Patient(s) 患者

～与乳腺癌 130

～与心脏病 37, 53n15, 65, 72, 93, 122, 124, 239, 261n4, 271, 274

～与高风险 191

～与被忽视的 278

～与起搏器依赖性 237-241, 245, 257

～与有权/权利 236, 239

Pedersen, S. 191, 214

Philosophy of technology 技术哲学 12, 27n39, 316, 317

Physician-assisted suicide 医生协助自杀 235, 236, 241, 257

Pinch, T. 13, 47, 322

Pocket 口袋 5, 129, 145n12, 158, 159, 161, 182n5

～与皮下 158

Pollock, A. 安妮·波洛克 9, 19, 21, 22, 95, 97, 110, 155, 162, 232, 316

Pols, J. 珍妮特·波尔斯 72, 309, 310

Post-phenomenology 后现象学 25n24, 117

Pregnant 怀孕 199, 200

Priori, S. 23n11, 194, 199

Privacy 隐私 136, 137, 220n3, 262n12

Programmer(s) 编程器 66-69, 73, 74, 76, 88, 137, 138, 243, 245

Proprietary rights 所有权权利 140

Prostheses 义肢／假体 119, 120, 130, 142, 143, 156, 161, 311

Prosthetic 义（肢）

～与手 11

～与腿 19, 21

Q

Quality of life 生活质量 5, 40, 237-242, 261n7, 280

R

Race 竞赛／种族 16, 39, 49, 154, 318

 同见 Ethnicity 族群

Recycled/ing 回收

～与中心 275, 284, 285

～与设备 268, 276

～与起搏器 271, 273-276, 279, 284, 285, 288, 297n30, 305, 313, 318

Regimes 制度

～与预期 119

～与监管 140, 317

Regulation(s) 监管／管理

～与缺乏 41, 290

～与调查与监测医疗器械风险 41

～与上市前 41, 51n3

～与医疗器械安全测试 41

Relatives 亲人／家属 46, 67, 80, 193, 229-234, 246, 253, 254, 256-258, 260, 271-274, 288, 293, 295n10, 303, 305, 314, 315, 319

 同见 Close relatives 近亲；Family 家人；Intimate, partners 亲密伴侣

Religion/ious 宗教（信仰）

～与焦虑 207-208, 218

～与信仰 207, 219, 243

～与应对策略 207

～与问题 207

Rematerializing the cyborg 再物质化赛博格 3-22, 40, 45, 309

Remote/ly 远程

～与监控的植入物 136, 139

～与监控 23n6, 137

～与监控数据中心 136

 同见 Telemonitoring 远程监控

Removal 移除

～与死后 272, 288

～与指南 55n15, 272

～与植入的／式心脏设备的 271-273

～与起搏器 14, 15, 55n15, 267, 268, 271-274, 294n6, 295n10, 297n30, 303, 305

Resilience 韧性

～与建立韧性／韧性建设 43, 45, 46, 83, 89, 157, 164, 169-171, 173, 180, 233, 246, 259, 293, 303-307, 310,

314, 317-322

~与创造韧性 88, 98, 293

~与赛博格的 43, 44, 46, 48, 102, 304, 307, 310, 318-321

~与和差异 49-50

~与情感/情绪 192, 195, 214-216, 218, 220n1, 234, 246, 251, 256, 259, 315, 318, 319

~与增强/提高 46, 48, 86, 103, 110, 293

~与本质主义观点 43, 44, 305

~与当作固定的个人特征 220n1

~与医疗保健基础设施的 268, 271, 287-291, 293

~与混合身体的 63, 82, 86, 88, 110, 293, 314

~与[应对]植入(物) 45, 157, 175, 180, 293, 314, 322

~与个人特征 192

~与物质(性) 45, 46, 48, 49, 73, 82, 86, 88, 94, 103, 110

~与多元过程 43, 220n1

~与过程 44, 90n10, 192, 246, 259, 305

~与是随着人一生展开的 43

~与静止的特征 43, 94

~与心理学研究 43, 45, 52n10

~与(的)技法 43, 49, 82, 87-89, 94, 98, 100, 102, 110, 111, 118, 157, 164, 175, 177, 178, 180, 192, 206, 293,

304, 310, 312, 314

~与连线心脏赛博格 xii, 45, 48, 73, 82, 83, 87, 88, 94, 98, 102, 110, 117, 157, 230, 246, 293, 304, 305, 309, 312, 315, 317

Resilience techniques 韧性技法 xii, 49, 94, 98, 100, 102, 110, 111, 118, 157, 175, 177, 178, 180, 293, 304, 310

Resilient 韧性

~与医疗保健基础设施 268

~与植入物 63, 156, 267-293

Resources 资源

~与物质 46, 49, 94, 95, 107, 320

~与社会 46, 195, 216, 218, 318

Reuse 重复使用/再利用

~与倡导/倡导者 270, 271, 275-277, 280, 281, 286, 289-293

~与临床安全性 286

~与减少可及性不公平 269

~与伦理辩护 279

~与是道德义务 280

~与促进 157

~与在南方国家 55n15, 267-293

~与法律障碍 280

~与利基市场 55n15, 271, 276

~与起搏器 55n15, 267-293, 303, 317

~与项目 279-281, 284-286, 288, 292, 298n39

~与(技术)设备的 268-270

同见 Reutilization 重复使用

Reutilization 重复使用／再利用

～与设备 275, 278, 283, 284

～与伦理担忧 274-276, 287

～与起搏器的 274-276, 295n13

同见 Reuse 重复使用／再利用

Risk(s) 风险

～与权衡 199

～与被黑客攻击的 49, 118

～与生物黑客攻击的 137

～与导线断裂 87, 196, 290

～与文化 44, 98

～与社会心理压力 165

～与（植入式心脏）设备爆炸 271

～与体外技术的 40

～与黑客攻击的 136, 137, 139, 145n17, 145n19

～与心脏病（的）8, 154

～与植入的 247, 278

～与感染的 278, 285, 289, 305

～与给火葬场工作人员（带来）损伤 272

～与内置设备的 101, 155

～与起搏器重复使用的 271

～与不可逆性 101

～与法律诉讼的 106

～与危及生命的心脏事件的 201

～与死亡的 102, 112n8

～与负面干预的 128, 203

～与翻新的起搏器的 289, 290

～与破坏（正常）死亡的 315

～与电击的 51n2, 87, 105, 106, 112n8, 112n9, 165, 274, 315

～与社会 44

～与体内技术 45

Rose, N. 尼古拉斯·罗斯 38, 118, 141, 323n10

S

Scar(s) 疤痕

～与勇气的徽章 170, 179

～与遮盖／隐藏 155, 156, 167, 169

～与（有关）讨论 163, 167

～与隐藏 167

～与负面含义 170, 179, 103

～与积极意义 169, 171

～与保护／防止 46, 167, 175, 178, 183n19

～与为……感到骄傲 169-171

～与重塑……的意义 170, 179

～与展示 168, 169, 171

～与作［为］毁容的身体标志 171

Science and technology studies (STS) 科学技术研究 12, 13, 21, 22, 25n23, 37, 40, 42, 45, 47, 52n8, 117, 292, 308, 316

Second 二次

～与起搏器的……生命 270, 271, 280, 291

~与使用者 271, 276, 287–289, 293
Security 安全 / 安检
　　~与机场 121, 123, 125, 143
　　~与机场安检 49, 118, 126
　　~与检测仪 121, 122
　　~与专家 136, 138
　　~与门 121, 123, 124
　　~与漏洞 138
　　~与安检人员 121, 122, 124, 125
　　~与安保人员 121–123, 125
　　~与研究者 / 人员 54n15, 136, 137, 140
　　~与更新 138
Self-identification 自我认同 120, 130
Sensory experiences 感官体验
　　~与阐述 83
　　~与介导产生的 21
　　~与资源 21, 79, 84, 94
Sex/ual 性别 / 性（的） 131–133, 181n2
　　~与亲密性 130, 132, 133
Sexuality 性 / 性取向 39, 49, 132, 154, 318
Shildrick, M. 玛格丽特·希尔德里克 38
Shocks 电击，见 ICD shock(s) 除颤仪电击
Skills 技能
　　~与听觉 72, 73
　　~与创新 317
　　~与移除植入的心脏设备 273
Slatman, J. 120, 130, 155, 156, 168

Sociology of resilient cyborgs 韧性赛博格社会学 303–322
　　~与启发式 heuristics 303–304, 319, 320, 322
Sociology of technology 技术社会学 316–318
Somatechnologies 躯体技术 311
Sorenson, K. 313
Space(s) 空间 / 区（域）/ 场所
　　~与网络 139
　　~与数字 54n15, 119, 141
　　~与公共 46, 54n15, 119–125, 166, 201, 307
　　~工作 65, 126, 141
　　同见 Environment 环境
Spinal cord stimulation 脊髓刺激 77, 135
　　~与植入物 26n25, 142
Sport(s) 运动 / 体育活动 77, 78, 105, 127, 128, 146n23, 194, 209, 221n16
Star, L. 利·斯塔尔 94, 111, 292, 306, 322n3
Stretching 拉伸
　　~与正常的边界 177–180
　　~与实践 179, 180
Sudden Cardiac Arrest Association (SCA) 心脏骤停协会
　　~与在线社区 54n15, 130, 163, 164, 171, 172
　　~与再次发生 202–204, 217

～与幸存者 201-203, 208, 210, 221n13
Surveillance 监控
　～与机器 97
　～与机制 97
　～与系统 321
　～与远程 321
Switch(ed)/ing off defibrillator(s)/ICD(s) 关闭除颤仪，见 Turning off defibrillators/ICDs 关闭除颤仪
Switch(ed)/ing off pacemaker(s) 关闭起搏器
　～与功能 82, 106, 204
　～与有权 236
　同见 Deactivation of pacemakers(s) 起搏器停用；Turn(ed)/ing off pacemaker(s) 关闭起搏器
Switch off defibrillators/ICDs 关闭除颤仪 235, 237, 240, 245
Symbolic interactionist approach 象征性互动研究 306, 307, 322n6

T

Technician(s) 技术人员 5-7, 42, 53n15, 63-71, 73-89, 90n12, 96, 100, 103-106, 110, 126, 131, 132, 136, 139, 196, 203-206, 212, 219, 229, 233, 243, 253, 254, 273, 289, 297n30, 303, 305, 307, 310, 313, 314, 319
Techniques 技法

～与拟人化 177
～与听觉 72, 88, 310
～与通过 156
～与保护身体免受他人凝视 167
～与保护自身 102
～与韧性 43-45, 87-89, 118, 177
～与支持性 177
Techno-geographical approach 技术地理研究方法 307
同见 Techno-geography/ies j 技术地理
Techno-geography/ies 技术地理
～与照护的 47, 48
～与创造安全的工作场所的 126
～与保护连线赛博格的 129
～与韧性（的）46-49, 88, 110, 119, 120, 138, 139, 141, 157, 178, 180, 293
同见 Infrastructure(s) 基础设施；Resilience 韧性；Techno-geographical approach 技术地理研究
Technologically transformed bodies 被／经技术改造的身体
～与适应 171, 177, 191
～与正常化 171
Technology/ies 技术
～与传记式研究方法 317, 323n12
～与文化作用 211
～与反抗死亡 230
～与探测 143
～与数字 39

~与去能 143

~与人类增强 11, 93, 120

~与工具理性的观点 37

~与扫描／筛查 143, 183n17

~与成为生与死的符号 231

~与变革性能力 22, 38, 305

~与的变革性 39

~与意想不到的后果 37

Telemonitoring 远程监控 47, 55n16, 139, 204

~与服务 204

Treatment imperative 强迫性治疗 8-10, 232

Trust 信任

~与建立 203

~与对除颤仪的 203

Tseng, Z.H. 40-42

Turn(ed)/ing off pacemaker(s) 关闭起搏器

~与被视为合理行为 238

~与请求 237

~与权利 236

同见 Deactivation 停用；Switch(ed)/ing off pacemaker(s) 关闭起搏器；Switch off defibrillators/ICDs 关闭除颤仪

Turning off defibrillators/ICDs 关闭除颤仪 124, 204

同见 Switch off defibrillators/ICDs 关闭除颤仪

Turning off the pacemaker 关闭起搏器 230, 238, 245, 250, 253, 257, 258

U

US Food and Drug Administration (FDA) 美国食品药品管理局 10, 23n9, 41, 51n2, 51n3, 112n9, 138, 139, 145n18, 145n19, 275, 276, 278-283, 286, 291-293, 296n16, 296n17, 297n34, 298n39

V

Verbeek, P.-P. 彼得-保罗·维贝克 15, 25n24

Versteeg, H. 190, 191

Vulnerability/ies 脆弱性

~与接受 98

~与建构主义 41, 42

~与应对 15, 55n15, 77, 89, 95, 103, 108, 305, 318

~与降低 101

~与除颤仪的 95

~与新兴属性 41

~与外部威胁 95-100, 109

~与未来使用者 275, 280-287

~与天生或静态的 46

~与人类存在的 40, 44

~与混合身体的 22, 45, 73, 87, 89, 95, 98, 101-103, 107, 108, 305, 307, 310

~与某个个体的固有属性 41

～与除颤仪和起搏器导线的 41

～与新颖性 97

～与起搏器的 41, 53n15

～与技术预先设定的能力 40

～与降低/减少 49, 63, 87-89, 93, 106, 117, 180, 280-287, 310, 318

～与技术（的）109

～与被改变的 101, 103

Vulnerable Bodies 脆弱的身体 37-50

W

Webster, A. 安德鲁·韦伯斯特 25n21, 37, 38, 127, 230, 233, 261n2, 309

Wheel chairs 轮椅 142

Wilde, A. 193, 211, 220n4

Wilson, D. 丹尼尔·威尔逊 143, 156, 163, 168, 169, 172, 182n10

Wired4Life 54n15, 157, 159, 160, 164-167, 169-177, 180, 182-183n13

～与社区 54n15, 157, 159, 160, 164, 165, 167, 172, 174-177, 182-183n13

Wires 导线/电线 5, 68, 76, 86, 112, 129, 158, 196, 273, 274

同见 Lead(s) 导线

Woolgar, Steve 史蒂夫·伍尔加 13

Work 工作

～与合作 76, 313

～与训练 313, 314, 321

World Medical Relief 世界医疗救援组织 274, 284, 287, 295n15

Wyatt, S. 323n10

Y

Young(er) people 年轻（人）/年幼［儿童］

～与戴除颤仪 10, 165, 166, 178, 189-220

～与戴起搏器 166, 178

Young(er) women 年轻女性 159, 161, 165, 166, 178